澳大利亚
新旅行指南
NEW TRAVEL GUIDE !

王红明 / 主编

龙门书局
北京

图书在版编目（CIP）数据

澳大利亚新旅行指南 / 王红明主编.—北京：龙门书局，
2012.9
　ISBN 978-7-5088-3889-2

Ⅰ．①澳… Ⅱ．①王… Ⅲ．①旅游指南－澳大利亚
Ⅳ．①K961.19

中国版本图书馆CIP数据核字（2012）第217219号

责任编辑：周晓娟 王晓婷 穆莉 / 责任校对：杨慧芳
责任印刷：华 程　　　　　　 / 封面设计：彭 彭

龍 門 書 局 出版

北京东黄城根北街16号
邮政编码：100717

http://www.sciencep.com

北京天颖印刷有限公司印刷
中国科技出版传媒股份有限公司新世纪书局发行　 各地新华书店经销

*

2012年10月第一版　　 2012年10月第一次印刷
开本：16开　　　　　　 印张：18
字数：240 000

定价：49.80元
（如有印装质量问题，我社负责调换）

前 言

　　澳大利亚四季分明，拥有550座国家公园以及15项名列世界遗产的自然奇观，每个季节都可以欣赏到独特的风景。这里有壮阔无比的沙漠景观、迷人的热带雨林、巍峨的白色雪峰、五彩缤纷的珊瑚礁、美丽的天然牧场以及憨态可掬的各种小动物……这些景观都令无数旅行者身心向往。

　　《澳大利亚新旅行指南》是新旅行指南系列图书的一种，专为国人游览澳大利亚而量身定做。本书由多位旅游从业者在实地考察、全方位收集资料的基础上编撰而成，其中精心挑选出了最具代表性的热门旅游聚集地，包括悉尼、堪培拉、黄金海岸、布里斯班、凯恩斯、墨尔本、塔斯马尼亚、阿德莱德，详细介绍了每个热门旅游聚集地的概况、著名景点，以及相关的旅行资讯。通过本书的介绍，力求让每位读者都能最全面地获得游览澳大利亚的资讯信息。

　　行前早知道：从澳大利亚概况到城市名片，从人气景点到畅游计划，面面俱到地带您了解澳大利亚，为您的旅行增添一种智慧。

　　出行必备功课：从如何办理护照签证到通关出入境，从如何选择住宿到当地的美食特产，从货币兑换技巧到意外情况的应对，各种繁琐的旅行准备，各种必要的生活点滴，让您没有负担地轻松上路。

　　城市攻略：从城市地图到游玩穿衣指南，从市区著名景点到周边娱乐，从典故历史到交通票价，让您拥有绝对的第一手资料。不仅如此，"旅行资讯"部分还逐步细致地教您如何抵达目的地，如何玩转当地的市内交通，并网罗了当地特色美食和人气餐厅，各级别的酒店旅馆，夜生活娱乐活动，以及最IN走街，让您能够住得舒坦，吃得满足，玩得尽兴，逛得惬意。

　　与此同时，书中还设有专门的主题线路推荐，使您自由行的旅程更为丰富。《澳大利亚新旅行指南》特别附录了出国旅游常用语，以及多组中英文对照词，供您使用方便。

　　澳大利亚有美丽的世界遗产，秀丽的自然风景，丰富的旅游资源，如果您想给自己一个放松的假期，这里无疑是最好的选择。通过阅读本书，您会发现其实旅行原来也可以这么简单和容易，赶紧边走边发现吧！

主编 王红明
2012年9月

澳大利亚

4 悉尼 83

7 凯恩斯   169

9 塔斯马尼亚 233

10 阿德莱德 259

目　录

1 行前早知道

澳大利亚四季分明，每个季节都可以欣赏到独特的风景，所以依季节或者节庆来举办的主题活动很多，可以行前先确认，再安排旅游的行程计划，借此来体会澳大利亚的文化。抵达时，带着万千思绪，离开时，愉悦心情放飞大自然，这就是澳大利亚带给我们最真实美妙的感受，让我们一起踏上旅程来亲身体验这令人屏息的自然风光，回味生活中的各种感动……

澳大利亚概况一点通

澳大利亚知识知多少

　　澳大利亚这个国土面积全世界第六的国家，居民来自不同地区、文化、民族、语言和宗教信仰的人群，是典型的移民国家，被喻为"民族的拼盘"。服务业、制造业、采矿业和农业是澳大利亚的四大主导产业。由于澳大利亚是世界上养羊最多的国家，被誉为是"骑在羊背上的国家"。澳大利亚也是一个体育强国，全球多项体育盛事多次在此举办。多样的地理环境使这片大陆拥有近550座国家公园和15项名列世界遗产的自然奇观，是人们旅行的好去处。人们可以选择去看壮阔的沙漠景观、迷人的热带雨林、高耸的白色雪峰、美丽的天然牧场，或者到昆士兰州的大堡礁在色彩缤纷的鱼类和珊瑚间浮潜；或者去澳大利亚野生动物天堂——袋鼠岛亲密接触考拉、袋鼠、小袋鼠、海狮、鹈鹕和企鹅；或者在鸟类的家园——卡卡杜国家公园探索湿地和瀑布……这些无不召唤着我们启程。

澳大利亚的地理位置

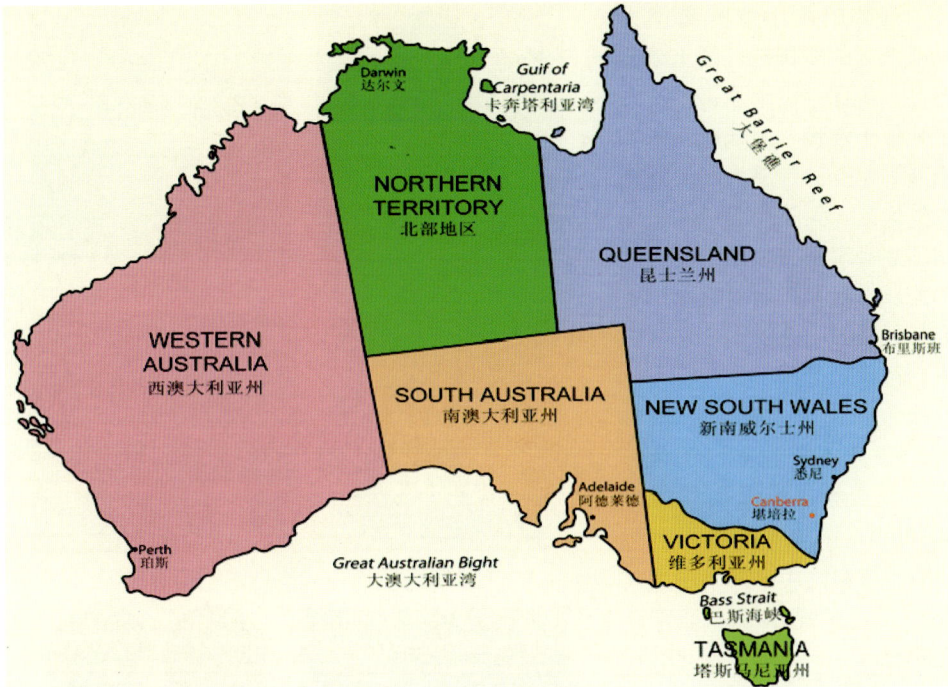

澳大利亚位于南半球，介于西南太平洋和印度洋之间。由澳大利亚大陆、塔斯马尼亚岛等岛屿和海外领土组成。东濒太平洋的珊瑚海和塔斯曼海，北、西、南三面临印度洋及其边缘海。作为国土面积为世界第六大的国家，澳大利亚海岸线全长约36 735公里。全国分昆士兰、新南威尔士、维多利亚、南澳大利亚、西澳大利亚和塔斯马尼亚六个州，以及澳大利亚首都、北部地区和其他两个地区。在地理环境上，澳大利亚四面环水，东部为山地、中部为平原、西部为高原的国度。

澳大利亚的主要语言和宗教

澳大利亚是一个典型的移民国家，人口约2279万，英国及其他亚洲国家移民的后裔占95%左右，亚洲人占1.3%左右，土著人占1.5%左右，其他民族占2%左右。

官方语言为英语。

在宗教方面，澳大利亚是一个宗教自由的国家，其中有60%左右的居民信奉基督教，其余信奉佛教、伊斯兰教、印度教和犹太教等。其中还有一部分居民无宗教信仰。

1 行前早知道

2 出行必备功课

3 堪培拉

4 悉尼

5 黄金海岸

6 布里斯班

澳大利亚的气候类型

　　辽阔的领土意味着澳大利亚气候的多样性。国土近三分之一的部分位于热带，其余部分位于温带。大陆东南角和塔斯马尼亚岛是澳大利亚最寒冷的地区。大陆北部地区是湿润的热带气候，东部中央地区和西部沿海相对而言气候比较温和。澳大利亚的季节与我国大相径庭，春季为9～11月，夏季为12月～次年2月，秋季为3～5月，冬季为6～8月。澳大利亚年平均降雨量低于600mm，阳光普照的天气可谓数不胜数，年平均气温为北部27℃，南部13℃，非常适宜外出。

多种多样的货币

5澳元

10澳元

20澳元

50澳元

100澳元

1澳分

2澳分

5澳分

10澳分

20澳分

50澳分

1澳元

2澳元

澳大利亚的法定货币为：澳大利亚元，简称澳元，货币符号为AUD。

纸币质料是以合成聚酯为材料制成的，共有5种面值：5澳元（紫色）、10澳元（蓝色）、20澳元（红色）、50澳元（黄色）、100澳元（绿色）。硬币有两种颜色，银色的是用铜镍合金制成，而金色的是用铝青铜制成。银色硬币的面值有：1澳分、2澳分、5澳分、10澳分、20澳分、50澳分，金色硬币的面值有1澳元和2澳元。其进位是1澳元等于100澳分。

1.0澳大利亚元=6.7622元人民币（以当时的汇率为准）

和北京的时差

和中国北京的时差为2小时，实行夏令时，和中国北京的时差为3小时。

当地物价先知道

澳大利亚是全世界第十二大经济体，发展速度很快，各类物品供应充足，物价较国内略高一些，不过还是可以接受的。

生活类

↘ 毛巾：8～14澳元/条。

↘ 羊皮：45～120澳元/张。

↘ 羊毛靴：根据牌子、样式不同，差别很大，杂牌20澳元起，UGG同款式比杂牌至少贵一倍。

↘ 羊毛毯：50～100澳元/条。

↘ 袋鼠皮：30～100澳元，如果你要好一些的驼羊毛、羊毛被，会再贵些。

↘ 真皮皮包：200～300澳元/个。

当地的电压及插头

澳大利亚电压是220～240V，频率为50 Hz。

澳大利亚用的是国际标准的插头，特征是三个扁头，但与其他国家略有不同，所以最好能带备一个转换器和万能插座。

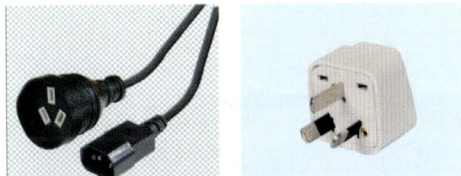

食品类

↘ 鸡蛋：2.5~3澳元/打。

↘ 牛奶：1.2澳元/立升。

↘ 切片面包：1.2澳元/袋。

↘ 苹果：8~15澳元/箱，每箱5千克。

↘ 芒果：15~25澳元/箱，每箱12~20个。

↘ 橘子：14澳元/箱，每箱5千克。

↘ 葡萄：10澳元/箱，每箱5千克。

↘ 蜂胶鱼油之类：100澳元/3瓶，每瓶365
粒，也有1瓶100澳元以上的。

↘ 绵羊油：10澳元4瓶~20澳元1瓶。

不得不提的澳大利亚特产

澳大利亚国土辽阔，物产丰富。得天独厚的条件加上先进的生产技术，使得其特产也极具特色。

特产1. 羊毛皮

澳大利亚羊毛皮皮质细软，毛质部分绒毛细长浓密，经过高科技处理后，无味，防虫、防腐、防过敏，冬暖夏凉，还具有可水洗的特性。可制作高档的沙发垫、床垫、地毯、皮袄或皮夹克等产品。

特产2. 澳宝

澳宝集各种宝石的色彩于一身，是世界上最美的宝石。它的价值主要由它的色泽和清澈度决定，色泽越亮越清透，也就越值钱，价格从几十澳元至几百、几千澳元不等。

特产3. 绵羊油

绵羊油是指从羊毛里提取的油脂。使用绵羊油可令皮肤光滑柔软，起到保湿、防皱、美白、滋养、防止皮肤老化及干燥等功效，使面容更加娇美。

特产4. 蜂蜜

澳大利亚适宜的气候、茂密的植被和纯净无污染的良好环境，使其成为产蜜大国。其产出的蜂蜜晶莹剔透，风味宜人，特别是塔斯马尼亚蜂蜜，品质更为上乘。

特产5.深海鱼油和卵磷脂产品

深海鱼油提炼自深海中冷水鱼类的鱼油，它含有浓缩的海产物油脂，包括健康饮食中必不可少的珍贵的脂肪酸，即众所周知的胆碱（EPA）和卵磷脂（DHA）。卵磷脂是人体生物活性物质胆碱的主要来源，胆碱帮助脂肪消化。两者都具有降低胆固醇、预防血管疾病、提高人体免疫机能等功效。

特产6.牛初乳

牛初乳是健康母牛产仔后72小时内所分泌的乳汁。含珍贵的活性免疫球蛋白及丰富的乳钙质、蛋白质、多种微量元素等营养成分，可以帮助机体抵抗外来病原，促进生长发育。

特产7. 坚果

澳大利亚这片肥沃的土地盛产又大又香甜的坚果。它们呈圆球形，果皮革质、坚硬，果仁米黄色或浅棕色。有"世界坚果之王"之美称，含有人体所需的多种氨基酸和维生素，是人们茶余饭后的健康食品。

1 行前早知道

2 出行必备功课

3 堪培拉

4 悉尼

5 黄金海岸

6 布里斯班

特产8. 皮制品

袋鼠以及鳄鱼皮制品在国际上享有非常高的知名度，且因为猎捕受到严格的控制，所以变得更加紧俏。在澳大利亚它们被制成手袋、提包、皮鞋、皮带等生活用品，用料上乘，做工精细，无论是自用还是馈赠朋友，都是不错的选择。

特产9. 手工艺品

澳大利亚手工艺十分发达，其中艺术陶瓷、编织制品、玻璃艺术品、皮革制品和珠宝饰物等，无论是做工，还是设计都十分精美。而且澳大利亚的土著文化是世界上十分独特的古老文化。他们的手工艺品也非常独特，如飞去来器、树皮画、布画、木吹乐器等，都极具纪念意义。

特产10. 海产类

澳大利亚是个盛产海鲜的地方，既然来到这里，就一定要品尝当地的美味，如鲍鱼、皇帝蟹、蚝、龙虾等，尤其是澳大利亚石蚝是不可错过的美味。如果想带海产品回去，有专门加工过的烘干类海产品供游客选择。

丰富多彩的节日

　　澳大利亚由具有不同文化背景的民族构成，各个民族都保留和发扬了各自的传统文化，因此澳大利亚的节日丰富多彩。除了元旦（1月1日）、国庆（1月26日）、复活节（3月28～31日）、澳纽兵团日（4月25日）、女王诞生日（6月9日）、圣诞节（12月25日）、开盒节（2月26日）等公共节日外，各州也可自行设立节日，如点缀堪培拉、悉尼派对、阿德莱德独立艺术节、昆士兰汇演、西部怨曲等，都为澳大利亚的节日备添姿彩。

当地风俗习惯全了解

　　澳大利亚是非常注重文明礼仪的国家，而且喜欢自由和无拘无束的气氛。澳大利亚人兴趣广泛，他们酷爱体育运动，如冲浪、帆板、赛马、钓鱼、赌赛马、地滚球运动、澳式橄榄球及游泳等；居住在澳大利亚一些部落辖区内的土著人，仍然保持着自己的风俗习惯。澳大利亚人民待人彬彬有礼，也很热情，但是在交际过程中，一定要注意自己的言行举止，以免招来不必要的麻烦。

　　在旅游区，土著居民的艺术品和手工艺品是世界各地游客喜欢购买的物品之一，这也是土著居民的收入来源之一。见面时握手是一种最普遍的打招呼方式，不过有些女子之间不握手，女友相逢时常亲吻对方的脸；澳大利亚人很注重次序，要注意排队，而且有"妇女第一、女性优先"的习惯；澳大利亚讲究用餐礼仪，不能边讲话边吃东西，咀嚼和使用餐具时不能发出大的声响；在澳大利亚坐车不系安全带是违法的，小孩也要系安全带；澳大利亚人不喜欢听"外国"或"外国人"这一称呼；在公共场合不要大声喧哗；澳大利亚的基督教徒有"周日做礼拜"的习惯。

1 行前早知道

2 出行必备功课

3 堪培拉

4 悉尼

5 黄金海岸

6 布里斯班

10大人气HOT景点

TOP 1 悉尼歌剧院

悉尼歌剧院（Sydney Opera House）是澳大利亚的一张名片，也是公认的20世纪世界七大奇迹之一，几乎算是20世纪最伟大的建筑作品，设计师是丹麦建筑师约恩·乌松（Jorn Utzon）。它白色的外表建在海港贝壳般的雕塑体，像飘浮在空中绽放的花瓣，多年来一直令人叹为观止。外形又犹如即将乘风出海的白色帆船，与周围的景色相映成趣。歌剧院白色屋顶下方就是悉尼歌剧院的两大表演场所——音乐厅（Concert Hall）和歌剧院（Opera Theater），屋顶是由一百多万片瑞典陶瓦铺成，并经过特殊处理，所以不怕海风的侵袭。每年在悉尼歌剧院举行的表演大约有3000场，约200万观众前往共襄盛举，是全世界最大的表演艺术中心之一。

TOP 2 大堡礁

举世闻名的大堡礁（Great Barrier Reef）位于澳大利亚东北部，是世界上最大的珊瑚礁群，绵延2000多公里，早在1981年就被列入《世界遗产保护名录》。这里不仅有世界上最大的珊瑚礁和珊瑚岛，还栖息着400多种海洋软体动物和1500多种鱼类，其中很多是世界濒危物种。虽然在大堡礁区域有不少由珊瑚礁形成的小岛，风景也不错，但是来大堡礁旅游的主要目的是观赏绚丽多彩的水下世界。而要清楚地看到甚至亲密接触到一些动物，体验大堡礁精彩刺激的水下世界，游客必须要做好"以身试水"的准备。不会游泳的游客也不必担心，因为旅游公司会提供相应的服务和设备，以便不会游泳的游客也能安全和充分地体验水下观光活动的精彩与刺激。

TOP 3 黄金海岸

黄金海岸（Gold Coast）在澳大利亚的东部沿海，位于布里斯班以南78公里处，是澳大利亚最重要的度假胜地之一，悠闲的度假气氛，丰富多彩的游乐项目，可以满足不同年龄、不同需求的游客。长达70公里、天然洁净的金黄色海滩是黄金海岸最大的特色。其背后则是郁郁葱葱的亚热带雨林。 这里除了景色宜人之外，另外一大吸引游客的特点就是这里分布着众多富有趣味的主题乐

园，比较有名的有华纳电影世界、海洋世界及梦幻世界等。在黄金海岸冲浪也是一项对游客极具吸引力的水上娱乐活动。此外你还可以到天堂农庄（Paradise Country）体验澳大利亚原始的生活方式，在户外边喝茶边欣赏当地人剪羊毛的表演。

TOP 4 维多利亚大洋路

维多利亚大洋路（Victoria Great Ocean Road）号称是全球风景最亮丽的沿海路段之一，也是数以万计旅澳游客的朝圣地。大洋路的起点在维多利亚州的冲浪天堂——托基，沿着西南海岸线，蜿蜒至瓦南布尔，一路途经惊涛拍岸的断崖、宁静的历史小镇以及隐秘的雨林公园，途中长达260公里的峭壁公路即是著名的大洋路。沿途的参观重点为阿德湖峡、伦敦桥、十二使徒岩。十二使徒岩是石灰岩经海蚀切割后形成的奇观，也是大洋路的地标。这独特的景观在日出或日落时刻，尤其雄伟壮观。驾车奔驰在大洋路上，可说是惊奇之旅的大组合，沿途几乎不到一公里就是个绝景，耸立在海上的岩柱没有一块是相同的。很多景致甚至是许多人一辈子都可能见不到的美景。

1 行前早知道

2 出行必备功课

3 堪培拉

4 悉尼

5 黄金海岸

6 布里斯班

23

TOP 5 红色巨岩

红色巨岩（Red Rock）位于澳大利亚北部的西南部，是巨大独体岩之一，也可能是世界上最大的独体岩，高达348米，圆周达9.4公里。这块独体岩（当地的澳大利亚原住民称它为艾尔斯岩）是由长石砂岩构成，随着太阳的冉冉升起，艾尔斯岩

在不同角度会折射出不同的色彩，从黑到紫、蓝到棕、鲜艳的橙黄和红色。相信游客看过日落下的大岩石，会留下毕生难忘的印象。艾尔斯岩石俗称为"人类地球上的肚脐"，被称为"世界七大奇景"之一，距今已有4亿~6亿年历史。如今这里已被辟为国家公园，每年有数十万人纷纷从世界各地慕名前来观赏巨石的风采。它耸立在举世无双、辽阔广大的澳大利亚中部的红色土地之上，无疑是世界上被拍照最多的岩石，但要了解其中奥秘，还得亲临其境。

TOP 6 波浪岩

波浪岩（Wave Rock）位于珀斯以东340公里处的海顿附近，穿越达令山脉，有得天独厚的自然风光，是澳大利亚西部著名的旅游胜地。这块单片岩经过风沙的长期吹袭侵蚀，行成巨大波浪的形状，高约15米，长约110米，耸立于天地间，是一大奇观。经过大自然力量的洗礼，波浪岩表面被刻画成凹陷的形状，加上风雨日积月累的冲刷和早晚剧烈的温差，渐渐被侵蚀成波浪岩的形状，整个侵蚀的过程十分缓慢，但是呈现在我们眼前的景观如此的壮观，令人不得不佩服大自然的神奇力量。每年有大批的观光客慕名而来，为的就是一睹波浪岩奇特壮观的景象。

TOP 7 昆士兰热带雨林

昆士兰热带雨林（Wet Tropics of Queensland）位于澳大利亚东部的昆士兰州，面积达8979平方千米，1988年这里被列入"世界自然遗产"。墨斯曼距离凯恩斯75公里，雨林一直绵延至凯恩斯，至少有上亿年的历史，是地球上最古老的雨林区。在来自热带太平洋的东南信风影响下，昆士兰雨水充足，最高峰巴特尔弗里尔山的年降雨量有1200～9000mm。这里拥有绝佳的雨林生长环境，气候变化不明显，加上直接和大堡礁海岸线衔接，水速湍急的河流、峡谷和瀑布，反而让这些热带动植物更加快速而密集地生长。在这里你可以游览热带原始雨林，观赏澳大利亚独特的野生动植物，搭乘原始森林游览车，参观原住民部落中心，在森林中漫步，还可在林中小溪里滑木舟皮艇探险漂流等。

TOP 8 新国会大厦

新国会大厦（New Capitol）位于澳大利亚首都堪培拉，是世界最著名的建筑之一，自1988年5月9日正式启用以来，这座雄伟壮丽的建筑便成了堪培拉的象征。它以其宏伟的建筑结构著称，占地约32公顷，地上建筑有6层，底层为停车场，圆形的花岗岩外墙与首都山的形状配合得天衣无缝，并以大量使用砖石和优质木材及收藏包括世界上最大的挂毯之一在内的艺术精品为特色。整个建筑的核心是矗立在大厅顶上的不锈钢旗杆，高达81米，直插云霄。大厦的台阶前有一个半月形喷泉水池，水池两侧是造型别致的阶梯式水渠——水从大厦门前的平台下流出，沿着斜缓的水渠逐阶下跌，顺梯流淌，发出叮叮咚咚的清响，好像在弹奏美妙动听的钢琴曲。国会大厦每隔30分钟提供免费导游，使游客进一步了解其奥秘。

25

TOP 9 格里芬湖

格里芬湖（Lake Burley Griffin）位于国会山和首都山之间，湖岸周长35公里，面积704公顷。它从城市中部截断莫浪格河，形成了8千米长的人工湖，湖名来源于规划堪培拉的设计师格里芬。湖面辽阔，碧波荡漾，景色十分美丽，可供人们游泳、驾驶帆船和垂钓。环湖建有公路，路边遍植花木，湖中有为纪念库克船长而建造的喷泉。它从湖底喷出的水柱高达137米，站在全城任何地方，都可以看到高大的白色水柱直刺蓝天，水柱四周的水珠和雾粒在阳光的照耀下，形成一道道彩虹，极为壮观，再加上湖内碧波荡漾，两岸绿草如茵，让水柱越发显得壮观。游客观赏喷泉的最佳点在湖北岸的城市广场，主要国家机关和公共建筑，如国会大厦、政府大厦、国家图书馆、联邦科学院等，都建在人工湖畔，壮美多姿，倒映在碧波万顷的湖水中。

TOP 10 蓝山国家公园

蓝山国家公园（Blue Mountains National Park）位于悉尼以西104公里处，拥有7个澳大利亚国家公园，蓝山公园在2000年被列入自然类世界遗产。与众不同的是，整个景区的空气中弥漫着由桉树树脂挥发出的蓝光，蔚为奇观，每年吸引着大量游客来访。蓝山的中心点是著名的旅游集聚地——卡顿巴，这里有辽阔的丛林景观、峡谷、瀑布，壮观的石柱群，以及位于回声谷的三姐妹峰等。在观光铁路建筑物内，还有边缘超阔银幕电影院播放特大银幕电影，介绍蓝山的荒漠经验。区内除自然景色外也有体现怀旧情感的一面，景区内的建筑物多半都是建于19世纪。当游客步入风景如画的原始森林国家公园时，整个空气中散发着尤加利树的清香，给人一种返璞归真的世外桃源般的感受。

10大热门旅游聚集地

1 行前早知道

2 出行必备功课

3 堪培拉

4 悉尼

5 黄金海岸

6 布里斯班

TOP 1 悉尼

　　悉尼（Sydney）是澳大利亚新南威尔士州的首府，澳大利亚最大的城市和港口，面积约1735平方公里。这是一座几近完美的城市，澳大利亚人很幸运，是命运把他们交付给这个勇敢而美好的海滩，这也是一个充满活力的城市，闪闪发光的魅力令人很容易地就了解并且爱上这里。空间、阳光、自由是悉尼给人最深刻的印象。这里或许不是地球上最适合人类居住的地方，但它安全、干净、污染小。在这里到处可见亚洲面孔，不经意间就听到人们用希腊语、日语或匈牙利语来交谈；这里还有绝佳的水景可供欣赏，只需短短的车程就可以从城市的喧嚣中逃脱，围绕悉尼的海滩和森林使人保持轻松的心情。悉尼的最大资产是它的气候及自然环境，北有碧水及毫克斯贝利河，环绕着南部城市的有植物港及其他海口，再加上黄金海岸及未受破坏的灌木林，更增添了它的美丽。

TOP 2 黄金海岸

　　黄金海岸（Gold Coast），位于昆士兰省首府布里斯班市东南80公里，东面临海，西面靠山。绵延35公里长的洁白沙滩与湛蓝无垠的蓝色海洋间，由一朵朵白色碎花般的浪花相连接；沙滩上五颜六色的阳伞，高高架起的排球网，坐在凉椅上或躺在沙滩上晒太阳的人们，将黄金海岸点缀得异常热闹。黄金海岸北起绍斯波特（Southport），南至可伦宾（Currumbin），终年阳光普照，空气湿润，一年四季都适宜旅游，每年都有超过两百万人来访。明媚的阳光、秀美的沙滩、湛蓝的海水、茂盛的热带雨林，以及来自世界各地的旅客组成了黄金海岸一道独特而迷人的风景线。

TOP 3 布里斯班

布里斯班（Brisbane）位于澳大利亚东南沿海，濒临莫来顿湾，面积约1200平方公里，人口140万，是昆士兰省（Queensland）的首府，也是澳大利亚的第三大城市，由于这里有不少树袋熊——考拉的保护区，因此人们又称它为"考拉之都"。现在的布里斯班是一个干净又充满年轻活力的城市，有着迷人的自然风光，特别是一些澳大利亚特有的动物，与人类的关系十分亲近。此外，布里斯班的人文景观也很丰富，有许多19世纪的古老建筑，游客来到布里斯班，可以感受到浓厚的文化艺术气氛。这里会经常上演大型歌舞剧及音乐会，还有著名的世界级图书馆及美术馆。布里斯班是个旅游城市，吸引着世界各地成千上万的游客。

TOP 4 凯恩斯

凯恩斯（Cairns）位于澳大利亚东北部南太平洋上的市镇，不仅是昆士兰州最北边的都市，同时也是前往大堡礁的门户。以美丽的码头和海港闻名于世的凯恩斯可以说是个热带都市，拥有丰富的热带雨林景观，是生态旅游的最佳地点，不管是上山还是下海，都有令人流连忘返的活动。凯恩斯旅游资源丰富：世界上公认的最佳潜水场所——大堡礁；碧海蓝天、椰林树影、水清沙幼，是最理想的度假胜地；在热带雨林小镇、拥有"童话之地"美誉的库兰达，以及最吸引人的巴伦瀑布！因此，凯恩斯被誉为世界最理想居住城市之一，绝美的陆地景色和独特的太平洋风光一定能让你大吃一惊，使每个到访凯恩斯的旅客都乐而忘返。

TOP 5 墨尔本

　　墨尔本（Melbourne）是维多利亚州的首府，位于亚拉河畔，距离菲利浦湾约5公里，面积约6100平方公里，目前人口约350万，是澳大利亚的第二大城市，也是澳大利亚文化、运动、购物、餐饮中心。墨尔本的繁华带着生机，时尚灵动的韵律浮动在整个城市的空气中，绚丽的外表，丰富的内涵，撼动着每个到这里游玩的人的神经，也触动每个人的感官。在这里，即使只是走走看看，神经也会游离于古典和现代之间，醇厚的底蕴烘托着现代的浮华，让这场旅游盛宴高潮起伏。游客可以汲取文化营养，参加体育、娱乐等休闲活动，品尝美酒佳肴，或漫步于公园和林荫大道，都会是美好的体验！

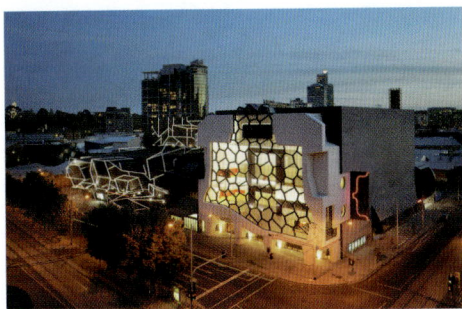

TOP 6 珀斯

　　珀斯（Perth）位于澳大利亚西海岸，是西澳大利亚的首府，并被称为世界上最大的行政地区，也是大陆尽头最后的繁华都市，因为对于澳大利亚人来说，那里过于遥远，距离悉尼还有4300公里的路程。在全澳大利亚，珀斯日照时间最长，即澳大利亚阳光最灿烂的城市，加上美妙得难以形容的印度洋微风，可以媲美南法"蔚蓝海岸"的浪漫风情，被世界各地的旅游者称为"太阳城"和"空气城"。由于地理位置的原因，珀斯和中国的北京没有时差。珀斯还有"黑天鹅城"之称，别处罕见的黑天鹅在珀斯城里却随处可见，这也为珀斯的美丽平添了几分别样的色彩。只要去过珀斯的人，都会被这位于天鹅河畔的美丽城市所吸引。

1 行前早知道

2 出行必备功课

3 堪培拉

4 悉尼

5 黄金海岸

6 布里斯班

TOP 7 塔斯马尼亚

　　塔斯马尼亚（Tasmania）位于澳大利亚南面，面积只有67 800平方公里，是澳大利亚最小的也是唯一的岛州，拥有独特的地理环境，塔斯马尼亚40%左右的地区被列为国家公园和自然保护区。今天的塔斯马尼亚成为了澳大利亚知名的观光胜地，森林覆盖率居全澳之首。这里有原始的国家森林公园，天然纯净的湖泊，澳大利亚遗产——阿瑟港旧监狱等。如此古老而美丽的地方使它成为世界上最令人神往的旅游目的地之一，值得您前来观赏用心体验！

TOP 8 阿德莱德

　　阿德莱德（Adelaide）是南澳大利亚的首府，位于澳大利亚大陆南部圣文森特湾东岸，横跨托伦斯河，南通印度洋的澳大利亚湾，是主要的工商业城市和港口，被称为"教会城"、"南半球的雅典"。环绕在阿德莱德四周的是无数个著名的葡萄酿酒场，出产澳大利亚最著名的葡萄酒。另外，位于阿德莱德附近的阿德莱德群山，是纵观阿德莱德最佳的眺望台，此区也有一些极具历史价值的城镇，包括德国小镇。作为旅游胜地，阿德莱德城市的规划及架构很紧凑，观光客可徒步游览，相当方便。另外，市区内有许多保存完善的老建筑物，整个市中心都被公园绿地包围，是个独具特色与蕴涵历史底蕴的城市。

TOP 9 堪培拉

堪培拉（Canberra）是澳大利亚的首都，一个年轻的首都，城区位于澳大利亚首都特区的北部，坐落于格里芬湖岸边，是澳大利亚政府、国会及很多外国使馆的所在地，离澳大利亚最大的城市悉尼市仅300公里、第二大城市墨尔本650公里。由于四周森林环绕、绿意盎然，且邻近自然秀丽的乡村，堪培拉成为优雅的现代化都市，更享有"天然首都"的美誉。今天的堪培拉已是澳大利亚发展最快的城市。在这个城市，您不会看到突兀和杂乱无章的城市建筑，映入眼帘的是具备美感的城市建筑设计杰作，与周围的自然环境和谐融合。

TOP 10 达尔文

达尔文（Darwin）是澳大利亚北部地区的首府，也是比较著名的旅游城市，因英国生物学家达尔文于1839年曾到此考察，故该市以他的名字命名。达尔文市区中心设在达尔文港口北边的狭长岛上，市郊沿港口扩展，主要大道史密斯街长约20公里，街道两旁棕榈树、橘红色蝴蝶花树和白色素馨花树蔽日成荫，景色秀丽。这是一个人文荟萃的迷人之地，有许多城市观光景点，从可以喂鱼的沟壑到赌场草坪上的黄昏爵士音乐会，都使人激动不已。从达尔文慢慢向外探索，北领地所显示出的原野热带景色，更是美不胜收。

1 行前早知道

2 出行必备功课

3 堪培拉

4 悉尼

5 黄金海岸

6 布里斯班

澳大利亚畅游计划

Plan 1 澳大利亚7日精华之旅

DAY 1
北京—悉尼

从北京出发,乘坐国际航班飞往澳大利亚最大最古老的城市——悉尼,顺便在飞机上就解决住宿问题了。

DAY 2
悉尼

抵达悉尼后,入住酒店进行休息调整。之后参观澳大利亚的象征——悉尼歌剧院,观看悉尼大桥。之后游览皇家植物园。乘游轮环游景色绝美的世界三大美港之一的天然港湾——悉尼港,并享用美味的自助晚餐(住宿悉尼)。

DAY 3
悉尼—堪培拉

在悉尼吃过早餐后,乘车前往澳大利亚的首都、"大洋洲的花园城市"堪培拉,游览新国会大厦,之后接着游览格里芬湖和水柱高达147米库克船长喷泉。随后游览都市计划展览馆、使馆区、战争纪念馆(住宿堪培拉)。

DAY 4

堪培拉—黄金海岸

早上在堪培拉乘车前往黄金海岸。参观华纳兄弟电影世界，观看情景剧《警察学校》，并可参加惊险刺激的娱乐活动。之后前往天堂谷农庄与袋鼠和考拉亲密接触，还可看到精彩的剪羊毛表演（住宿黄金海岸）。

DAY 5

黄金海岸—布里斯班

早餐后，乘车前往阳光之城——布里斯班，游览布里斯班的南岸公园，享受布里斯班亚热带气候的最佳去处。之后游览袋鼠角和故事桥，与大自然亲密接触（住宿布里斯班）。

DAY 6

布里斯班—墨尔本

早晨乘车前往澳大利亚具有"花园之州"美誉的墨尔本。在墨尔本市区闲逛，感受墨尔本的现代与古典。之后游览旧国会大厦广场和位于国王公园旁边的皇家植物园。之后游览圣派翠克大教堂、库克船长小屋、菲兹路易公园和王子桥（住宿墨尔本）。

DAY 7

墨尔本—北京

休整之后，第二天乘车前往墨尔本机场，搭乘国际航班飞回北京结束愉快的澳大利亚之旅。

1 行前早知道
2 出行必备功课
3 堪培拉
4 悉尼
5 黄金海岸
6 布里斯班

Plan 2 澳大利亚10日经典探索之旅

DAY 1

搭乘国际航班飞往布里斯班，开始愉快的旅行，抵达后入住酒店调整时差。

中国—布里斯班

DAY 2

第二天乘车前往布里斯班游览南岸公园，享受布里斯班的亚热带气候。随后游览袋鼠角和故事桥。之后乘车前往冲浪者天堂的黄金海岸（住宿黄金海岸）。

布里斯班—黄金海岸

DAY 3

在黄金海岸游览华纳兄弟电影世界，观看情景剧《警察学校》，并可参加惊险刺激的娱乐活动。之后前往天堂谷农庄与袋鼠和考拉留影，看精彩的剪羊毛表演（住宿黄金海岸）。

黄金海岸

DAY 4

黄金海岸—墨尔本

早餐后，前往被国际人口行动组织评为"世界上最适合人类居住的城市"——墨尔本，游览亚拉河畔，感受墨尔本的现代与古典，之后游览古老的旧国会大厦广场和皇家植物园。然后游览古老的圣派翠克大教堂、库克船长小屋、菲兹路易公园和王子桥（住宿墨尔本）。

DAY 5

墨尔本—悉尼

早餐后，乘车前往悉尼，抵达后游览悉尼的海滩之王——邦迪海滩感受日光浴和冲浪的乐趣。之后游览风光旖旎的双湾和玫瑰湾，并可前往当地海鲜市场"鱼市场"品尝生猛海鲜。然后前往2000年悉尼奥运村进行游览。

DAY 6

悉尼—堪培拉

早餐后，乘车前往享有澳大利亚"天然首都"美誉的堪培拉，游览以大理石为主要建筑材料的新国会大厦，之后游览格里芬湖和库克船长喷泉。最后游览都市计划展览馆、使馆区、战争纪念馆（住宿堪培拉）。

DAY 7

堪培拉—凯恩斯

早餐后，乘飞机前往凯恩斯，抵达后参观市立图书馆以及弗莱克植物园，这里收集了多种热带植物，椰树和木生羊齿类植物规模之大在澳大利亚是独一无二的（住宿凯恩斯）。

1 行前早知道

2 出行必备功课

3 堪培拉

4 悉尼

5 黄金海岸

6 布里斯班

DAY 8

凯恩斯─阿德莱德

吃过早餐后，乘航班飞往阿德莱德，抵达后前往南澳第一登陆港——格雷尔，观赏街道两旁各式各样的商店、餐厅及欧洲式咖啡厅。参观唐人街、维多利亚广场、威廉国王大街、步行街、博物馆、美术馆及圣彼得教堂。之后漫步在站桥欣赏海上的日落（住宿阿德莱德）。

DAY 9

阿德莱德

在阿德莱德的第二天乘车前往野生动物园喂袋鼠、抱考拉，并与可爱的考拉熊一起留影。之后参观风景优美的水坝，看看蓝天、白云、绿树，与大自然亲密接触。之后参观薰衣草农场，品尝新鲜的薰衣草茶，参观杰卡斯酒庄，在奔富酒庄品尝美酒（住宿阿德莱德）。

DAY 10

阿德莱德─中国

早餐后，乘车前往机场办理相关手续，返回国内结束愉快的旅程。

Plan 3 澳大利亚14日深度文化之旅

DAY 1

北京—墨尔本—塔斯马尼亚

早餐后，乘坐国际航班飞往澳大利亚城市墨尔本，抵达后入住酒店休息调整。之后搭乘19:30起航的塔斯马尼亚精神号邮轮前往达文波特港（夜宿游轮上）。

DAY 2

塔斯马尼亚

早餐后，乘车前往游览美丽的摇篮山。之后游览瑞士风格的各种建筑和商店，接着前往塔斯马尼亚-朗塞斯顿市参观美丽的卡特瑞峡谷，参观世界闻名的巧克力工厂（住宿朗塞斯顿）。

DAY 3

塔斯马尼亚—阿德莱德

早餐后，沿着塔斯马尼亚一号公路前往古老的罗丝镇，感受典雅的传统市镇风味。之后乘车前往塔斯马尼亚的首府——霍巴特，参观塔斯马尼亚皇家植物园。然后搭乘班机前往阿德莱德，抵达后入住酒店休息。

1 行前早知道

2 出行必备功课

3 堪培拉

4 悉尼

5 黄金海岸

6 布里斯班

DAY 4

阿德莱德

　　休息后，乘车前往南澳第一登陆港——格雷尔，游览街道各式各样的商店、餐厅及欧式咖啡厅。参观唐人街、维多利亚广场、威廉国王大街、步行街、博物馆、美术馆及圣彼得教堂。之后漫步在站桥欣赏海上的日落（住宿阿德莱德）。

DAY 5

阿德莱德

　　早餐后，乘车前往野生动物园喂袋鼠，抱考拉，并与可爱的考拉熊一起拍照。之后参观风景优美的水坝，看着蓝天、白云、绿树，与大自然亲密接触。然后乘车抵达薰衣草农场，品尝新鲜的薰衣草茶，参观杰卡斯酒庄，在奔富酒庄品尝美酒（住宿阿德莱德）。

DAY 6

阿德莱德—墨尔本

　　早餐后，乘坐班机前往被国际人口行动组织评为"世界上最适合人类居住的城市"的墨尔本，游览亚拉河畔感受墨尔本的现代与古典，之后游览古老的旧国会大厦广场和皇家植物园。然后游览古老的圣派翠克大教堂、库克船长小屋、菲兹路易公园和王子桥（住宿墨尔本）。

DAY 7 墨尔本—堪培拉

享用早餐后，乘车前往疏芬山金矿，在红山溪内亲手淘金，感受19世纪中期中国矿工在巴拉瑞特金矿区淘金的生活状况。之后游览维多利亚艺术中心，包括可以同时容纳2600人的音乐厅，三间供歌剧、芭蕾舞剧和戏剧表演的剧院，是墨尔本人心中的骄傲。之后乘坐航班飞往澳大利亚首都堪培拉（住宿堪培拉）。

DAY 8 堪培拉

早餐后，在享有"天然首都"美誉的堪培拉，游览以大理石为主要建筑材料的新国会大厦，之后游览格里芬湖和库克船长喷泉。然后游览都市计划展览馆、使馆区、战争纪念馆（住宿堪培拉）。

DAY 9 堪培拉—悉尼

早餐后，乘车前往悉尼，抵达后游览悉尼的海滩之王——邦迪海滩感受日光浴和冲浪的乐趣。之后游览风光旖旎的双湾和玫瑰湾，前往当地海鲜市场"鱼市场"品尝生猛海鲜。接着前往2000年悉尼奥运村进行参观（住宿悉尼）。

1 行前早知道

2 出行必备功课

3 堪培拉

4 悉尼

5 黄金海岸

6 布里斯班

DAY 10

悉尼—黄金海岸

早餐后，乘车前往黄金海岸，参观游览华纳兄弟电影世界，观看情景剧《警察学校》，并可参加惊险刺激的娱乐活动。之后驱车前往天堂谷农庄与袋鼠和考拉留影，看精彩的剪羊毛表演（住宿黄金海岸）。

DAY 11

黄金海岸—布里斯班

早餐后，乘车前往布里斯班，之后乘船出海，欣赏地球上最大的自然海洋公园——大堡礁，至今已有近6000年历史，是世界上唯一有珊瑚礁和热带雨林共存的岛屿。游客可以深入雨林区探秘；也可以使用浮潜用具先在海边稍加练习浮潜技巧；也可以参加海底漫步，置身于奇特的珊瑚丛中（住宿布里斯班）。

DAY 12

布里斯班—凯恩斯

休息后，乘车前往布里斯班游览南岸公园，享受布里斯班的宜人风景。随后游览袋鼠角和故事桥。之后乘飞机前往凯恩斯（住宿凯恩斯）。

DAY 13

凯恩斯

早餐后，参观市立图书馆以及弗莱克植物园，这里收集了多种热带植物，椰树和木生羊齿类植物的规模之大在整个澳大利亚都是独一无二的（住宿凯恩斯）。

DAY 14

凯恩斯—北京

休整后，乘车抵达机场办理相关手续，结束浪漫之旅。

1 行前早知道

2 出行必备功课

3 堪培拉

4 悉尼

5 黄金海岸

6 布里斯班

2 出行必备功课

完美的旅行，需要细致并周到的计划与筹备。只有充分了解旅行目的地的生活小细节，才能避免一些意外打扰欢快的游玩心情。出行准备犹如一门细致又烦琐的功课，行程规划、随身证件、气候温差、交通概况、应急求助……林林总总，不一而足。在放松心情，体验异域风情的同时，让充足的准备也为你的旅行增添一种智慧。

行前准备功课

行程规划有窍门

行程规划可以从时间、费用以及最佳旅游时间几个方面进行考虑

↘ 根据时间长短来规划行程

在时间方面，如果时间充足，可以去的城市就多一点，玩得尽兴一点。当然时间少也没关系，出门前做好准备，把时间安排好，也会有一个不错的旅行。总之根据自己的实际情况选择路线，安排时间就可以了。

↘ 根据旅行预算来规划行程

一般来说，出门旅游前要有一个简单的预算，比如出国旅行前的花费包括机票、签证、行囊准备。此外，吃饭、住宿、交通、购物、景点门票的花费，还有意外情况的花费。澳大利亚各城市的物价不同，花费也有所不同，可以根据自己的经济情况选择目的地。

↘ 考虑最佳的旅行时间

不同地方的最佳旅游时间不同。澳大利亚位于南半球，与中国的季节恰恰相反：春季9~11月，夏季12月~次年2月，秋季3~5月，冬季6~8月。去澳大利亚旅游的最佳季节是冬季，气温在25~28℃，人体感觉较舒适。在夏季的时候气温比较高，在悉尼、墨尔本等城市可以进行日光浴、海水浴。当然也可以根据喜好选择旅游时间。

行囊准备要妥当

航空公司一般规定随身携带物品及物品的重量，每位旅客以5千克为限。每件随身携带物品的体积均不得超过20×40×55厘米。超过上述重量、件数或体积限制，应作为托运行李托运。

每位旅客的免费行李额（包括托运和自理行李）为：持成人或儿童票的经济舱

的旅客为20~30千克，限1件。在托运行李内不准夹带：重要文件和资料、外交信袋、证券、现金、汇票、贵重物品、易碎易腐物品，以及其他需要专人看管的物品。承运人对托运行李内夹带上述物品的遗失或损坏按一般托运行李的实际价值承担赔偿责任。

另外，携带摄像机、便携式电脑、进口变焦照相机等，要在出境时向海关申报，否则回国时将征税。在托运的行李中不能有液体物品。

出国旅游，虽然说要轻装上阵，但是某些东西还是要带的，下面是建议的必备物品清单，供出门旅行的人参考。

建议的必备物品清单

↘ **澳元现金**：到澳大利亚旅游需要在出国前将人民币兑换为澳元，可以拨打各大银行的客服电话咨询兑换汇率，随身携带适量货币及零钱以备不时之需。

↘ **信用卡**：在澳大利亚购物，大商店多可刷Master Card、VISA卡，建议将钱存入信用卡中。各个银行、各种卡情况不同，详细情况请咨询发卡行。

↘ **护照及签证**：这是必备的证件。

↘ **机票**：最好到航空公司确认返程日期。

↘ **旅游书及地图**：可以随时查询旅游地的信息。

↘ **驾照**：如果准备自驾游，需要在国内办理驾照公证。

↘ **照片**：几张两寸的照片，以备急用。

↘ **服装**：适合各种天气的服装。

↘ **常规药品**：请带好常备药品，如感冒药、消炎药、肠胃药、止痛药及创可贴、风油精、晕车药等。如有高血压、心脏病、糖尿病等情况，务必根据自身情况带足备用药且保证随身携带。

↘ **相机及摄像机**：随时记录美好的风景。

↘ **电子词典及口语速成小手册**：在紧急时备用。

↘ **电源转换插头及电压转换器**：以便在旅行地为相机等设备充电使用。

↘ **国外旅行伤害保险**：尽量购买国外旅行伤害保险。

↘ **其他**：充气小靠枕、眼罩和小耳塞，也可带一些一次性内裤及一次性马桶垫，这样可以防止各种传染病。

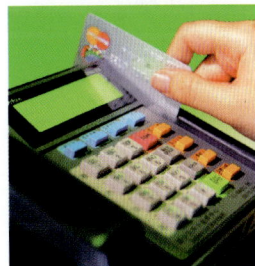

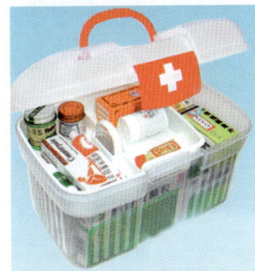

1 行前早知道
2 出行必备功课
3 堪培拉
4 悉尼
5 黄金海岸
6 布里斯班

45

重要证件一个都不能少

到澳大利亚旅游时，需要带护照、澳大利亚的签证。另外，如果准备在旅游地开车，还得带上驾驶证及驾驶证公证文件（由国内的公证机关开具）。

轻松办理护照和签证

下列情况需要办理护照

- 第1次出国，没有办理过护照。
- 护照有效期不满6个月，需要更换护照。

按照下面的步骤流程办理护照

- 需要准备的证件资料：办理护照需要准备户口本、身份证、两寸近期正面免冠彩色照片2张。对于未满16周岁的居民还需携带其监护人居民身份证原件以及能证明监护关系材料的原件（如户口簿、出生证等），并由其监护人陪同前往办理；部队院校在读无军籍学员还须提交所在院校出具的无军籍证明；军人携带军官证（或者离退休证）、部队《因私事出国（境）人员审查批件》原件，所在部队须在《中国公民因私出国申请审批表》上出具意见并盖章，负责人要亲笔签名确认。

另外，下列人员须在《中国公民因私出国申请审批表》上出示单位意见：

- ✦ 各级党政机关、人大、政协、人民法院、人民检察院、人民团体、事业单位在职的县（处）级以上的领导干部，离（退）休的厅（局）级以上干部；
- ✦ 金融机构，国有企业的法人代表，金融机构分支行（分支公司）以上领导成员及其相应职级的领导干部，国有大中型企业中层以上管理人员，国有控股企业中的国有股权代表；
- ✦ 中国人民解放军军人、人民武装警察（含离退休人员）；
- ✦ 各部门、行业中涉及国家安全及国有资产安全、行业机密人员；
- ✦ 其他在公安机关出入境管理部门登记备案的人员。
- 填写并递交申请：携带上述材料去户籍所在地的公安机关出入境管理处填

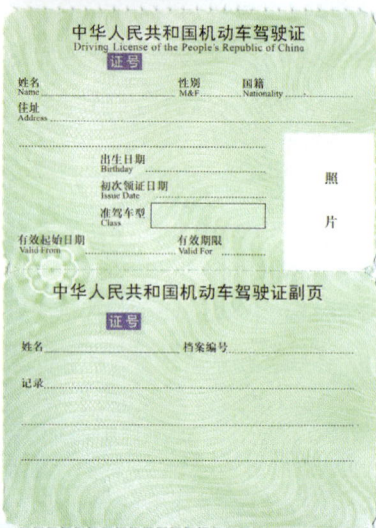

写《中国公民因私出国申请审批表》、复印相关证明材料。将填写好、贴好照片的申请表格和所需材料交给管理人员审核，通过后领取《因私出国（境）证件申请回执》单，并签字。

↳ **缴费**：在递交完申请后，持《因私出国（境）证件申请回执》到收费处交费，200元/本。

↳ **领取护照**：按照回执上注明的取证日期或出入境管理部门通知的取证日期，携带《因私出国（境）证件申请回执》、缴费收据、居民身份证或户口簿，到受理申请的出入境接待大厅领取证件。他人代领的，代领人须携带《因私出国（境）证件申请回执》、本人身份证、护照申请人身份证复印件领取护照。

按照下面的步骤流程办理签证

对一般旅游者来说，需要"个人游"签证的申请，对申请人的资格要求，具体情况请向所在地区的澳大利亚大使馆咨询。以下为办理签证的一般流程。

1. 填写申请表，提供使馆要求的相关材料，并有翻译件。

2. 准时前往领事馆，递交材料。

3. 签证官审核材料合格后，缴费。

4. 保持电话畅通，随时准备面试。

5. 面试合格后，等待颁发签证。

办理澳大利亚旅游签证所需资料

✦ **护照**：有效期在6个月以上的因私护照，在护照最后一页签中文姓名，持换发护照者，需同时提供所有旧护照原件。

✦ **照片**：两寸白底彩色近照4张。

✦ **户口本**：全家户口本复印件。

✦ **身份证**：用A4纸复印正反两面1份，已婚者需要提供结婚证复印件。

✦ **营业执照**：中方营业执照副本的复印件并加盖公章。

✦ **中方派遣函**：须有公司地址、电话、传真、准假证明、停留时间、按期返回中国的保证、申请人姓名、性别、护照号码、出生年月、职务、月薪、身份证号码等，须用加盖公章的有负责人签名的公司抬头信笺打印。

✦ **经济证明**：最近半年活期记录的存折复印件，如无存折，只有卡，请到银行开具存款证明以及近半年的历史交易清单，清单必须显示申请人的姓名。其他财产：房产证、汽车行驶证、股票、国库券、股权证等。

✦ **老人与小孩的要求**：

（1）老年人：退休人员提供退休证复印件，超过75岁以上客人须提供指定医院的健康证明。

（2）学生：年龄在18岁以下的申请人需提供下列补充资料：A. 证明父母和子女关系的材料B. 出生证或关系公证；C. 结婚/离婚/死亡证的复印件；D. 离婚证须说明抚养权的归属。

1 行前早知道

2 出行必备功课

3 堪培拉

4 悉尼

5 黄金海岸

6 布里斯班

澳大利亚出入境指南

澳大利亚入境须知

在飞机降落到澳大利亚机场前，空乘人员会发给所有乘客一张澳大利亚入境卡，必须用英文填写，入境卡上的签名要同护照上的签名一样。随身携带超过1万澳元或等值的任何外币，需要申报。

1. 检疫：如果是直接从中国入境的游客可以直接通过，不用检查。如果是非洲、美洲来澳大利亚的客人就必须检疫。

2. 入境检查：由移民局的官员检查护照，签证和入境登记卡，并询问一些简单的问题后核准入境。入境检查随着非法移民的猖獗越来越严格，只要肯定回答不要引起误会就会合格。

3. 领取行李：在领取托运的行李时，要核实自己的行李，如果行李有损坏或未到，请直接联络机场行李处。

4. 海关验关：澳大利亚海关对海外游客入关检查相对宽松，常用口头报关，有什么需要申报的可以申报，但是如果带有必须申报的物品而没有申报，处罚是非常严厉的。此外，含肉类的食品、植物种子、蛋类和动植物都是严禁带入澳大利亚的。

澳大利亚出境须知

1. 在乘坐的航空公司柜台处办理登机手续领取登机卡和办理行李托运。

2. 填写出境卡，内容包括：姓名、护照号码、国籍、出生地、出生年月日、性别、在澳大利亚停留时

间、主要停留地、居住国、职业、航班号、降落地、签名、日期。

3. 出关检查，主要是查验证件，包括：护照、签证、出境卡、机票、登机卡等，最后检查合格后会在护照上加盖出境的印戳。

4. 免税品查验，海关人员将免税品包装袋上的发票取走，如果需要退税，可直接到柜台办理退税。

5. 进入候机厅，准备登机。

不可不知的生活点滴

澳大利亚交通全知道

澳大利亚的主要交通方式有航空、铁路、公路、水运等，这些交通方式都相当发达。

航空

澳大利亚幅员辽阔，乘坐飞机去澳大利亚是最快捷方便的方式。澳大利亚主要的国际机场分布在悉尼、墨尔本、布里斯班、珀斯、霍巴特、阿德莱德、凯恩斯和达尔文。中国的北京、广州、上海、澳门、香港、台北、深圳都有航班飞往澳大利亚。包括中航、南航、东方航空、昆达士航空（Qantas Airways）等。抵达澳大利亚后，可乘坐澳大利亚的国内航机到其他城市。

澳大利亚主要城市和旅游点都有飞机场，且距离市中心不远，国内航线由澳大利亚航空公司和安捷航空公司（Ansett）及其子公司经营，如果提前21天预订机票，价格可以优惠。另外，航空公司有机票加住宿的旅行套票，其价格大大低于单独购买机票和住宿旅店的费用。

铁路

1 行前早知道
2 出行必备功课
3 堪培拉
4 悉尼
5 黄金海岸
6 布里斯班

在澳大利亚，搭乘火车是出入大城市最理想的方式。大部分主要城市都有快速且班次频密的通勤电车，来往城中商业区至市郊，快捷方便。澳大利亚采用现代化的空调豪华火车，如The Ghan、The Great South Pacific Express、Indian-Pacific Express及 The Queenslander等，均提供舒适便捷的火车旅程。所有火车都有空调、设备齐全的卫生间和酒吧，大多数火车上有淋浴设备、冷热水、电动剃须刀插座等。

搭乘长途火车，宜预订车票。部分指定路线可于九个月前预订车票。大多数的长途火车均提供头等、二等和经济车厢、卧铺及卧椅，许多火车更设有提供正餐的餐厅车厢，而休闲室车厢则设有酒吧为乘客提供饮品及小吃。

澳大利亚州际火车主要有横贯大陆号、印度洋—太平洋号和加恩号。州际火车站的月台是敞开式的，人们可以自由进入。旅客的行李可以托付给车站的行李柜，也可以自己将行李送到车尾的行李车厢中去。根据规定，跨州旅行可带50千克行李。

为了鼓励人们乘车，铁路部门发售三种超值套票（13、22、32）供旅客选择。澳大利亚铁路套票 （Austrail Pass）有14、21、30、60和90天数种，可以在有效时间内不限次数地搭乘任何火车（包括市内公交火车）。14天的经济座是485澳元。

澳大利亚铁路纵横套票（Austrail Flexipess）有8、9、15和60天数种，可以在有效时间内不限次数地乘坐任何火车。60天的经济座是400澳元。

袋鼠路和火车套票（Kangaroo Road and Rail Pass）有14、21、28、60和90天数种，可以在有效时间内不限次数地搭乘任何火车和澳大利亚长途汽车公司（Australian Coachlines）的任何汽车。

公路

澳大利亚是一个公路非常发达的国家，平均每23人拥有1公里公路，平均每1.7人拥有一辆汽车，全国共有公路约80万公里。公路运输是国内货物周转的主要途径，约69%的货物依靠公路运输，个人旅行几乎占全部公路使用率的一半，而澳大利亚公路的安全性在全世界也名列前茅，澳大利亚沿海边修了一条环澳公路，叫一号公路，开车沿这条公路观赏美景，其乐无穷，环行一周需20多天。

在澳大利亚旅行选择巴士比较方便，贯穿主要城市间的越州巴士，服务水平高且班次频繁。澳大利亚的公共汽车线路非常清楚、明确，而且巴士内还有空调、视听设备和洗手间，很舒适。

海运

澳大利亚海运繁忙，与世界上200个国家和地区都有贸易往来。澳大利亚沿海运输很发达，大部分由本国船只承担。主要港口按货运量大小依次为：丹皮尔、黑德兰港、悉尼（包括植物学湾）、纽卡斯尔、墨尔本、肯布拉港、弗里曼特尔等。

去澳大利亚住哪儿最好

澳大利亚的住宿同世界其他国家一样，拥有多种选择，可以满足不同游客的需求。无论是豪华的星级酒店、简单的家庭旅馆、 价格实惠的青年酒店、还是度假别墅、都为游客提供了舒适、干净、极具现代化的住宿体验。酒店和旅馆分为单人间、双人间、三人间以及套间等多种选择，当然根据档次的不同，设施、服务、价格也不相同。游客可以根据自己的需求选择适合自己的住宿地点，在价格合适的前提下还可以欣赏到优美的风景。

↘ 豪华酒店

澳大利亚地区的豪华酒店按照星级分为高、中档次不同的级别。有不同的房间单人间，双人间，三人间和套间等，为不同要求的游客提供服务。当然等级的不同，设施、服务、价格也会有所不同。

↘ 青年旅舍

澳大利亚境内的青年旅舍分为：私人经营的背囊旅客旅舍和青年旅舍协会经营的青年旅舍。青年旅舍24小时对外开放，房间以多人共住，男女同室为主，提供舒适、温馨的住宿环境，费用一晚7~16澳元。旅舍内设有公共浴室、卫生间、厨房等设施，游客还可以自己动手做饭。

↘ 家庭旅馆

澳大利亚是旅游胜地，吸引着大量的游客前来观光，经常在路边看到写有"B&B"的牌子，是床位加早餐的意思。这种家庭式旅馆一般只有3~6个房间，规模不大。一晚的价格在55~85澳元，周末和假期的价格会有所上涨。

1 行前早知道

2 出行必备功课

3 堪培拉

4 悉尼

5 黄金海岸

6 布里斯班

51

别具特色的饮食

　　澳大利亚是一个比较发达的国家，广阔的海域以及发达的畜牧业，为人们提供了丰富的食材。海产品以大龙虾、海蛎、鲍鱼、生蚝为主，味道鲜美，应有尽有；除了牛、羊肉，还有鳄鱼肉、袋鼠肉、水牛肉等在澳大利亚也是允许食用的。来到澳大利亚一定要品尝一下当地的特色美食，这是其他地方绝对没有的美味，当地的特色菜有：澳大利亚肥牛排、澳大利亚小羊羔排、袋鼠肉、鳄鱼肉、悉尼生牡蛎、昆士兰醉蟹、鲱鱼、南澳龙虾、维州皇帝蟹以及黑鲍鱼等。澳大利亚是个移民较多的国家，这里除了本地餐馆外，还有中餐馆、泰国风味餐馆、马来西亚餐馆、印度餐馆、日本餐馆、越南餐馆等世界各地的风味餐馆，人们可以品尝到带有各地特色的美味食品。

↘ Vegemite酱

　　Vegemite酱是用咸酵母提取的一种地道的澳大利亚食品，食用方法是涂在烤面包或奶酪三明治上，是当地男女老幼的必备食品。

↘ 袋鼠肉

　　袋鼠肉在澳大利亚的许多地方都是允许销售的。袋鼠肉的口味近似牛肉但没有牛肉鲜嫩，配以盐、胡椒和柠檬调味，对于第一次食用的人来说需要一点技巧。

↘ 牡蛎

　　澳大利亚的牡蛎肥且干净、便宜。可以有很多吃法，既可以生吃，也可以蒸着吃，挤上鲜柠檬汁和酱料，美味无穷。

↘ 中餐馆

　　中餐馆在澳大利亚的餐馆中占主导地位，拥有中国各地的经典美食。由于中国悠久的美食文化，中餐往往吸引了大量外国游客品尝。此外，中餐馆也是中国游客的必到之地。

↘ 西餐馆

　　西餐馆在澳大利亚也是比较受欢迎的，清幽的环境，舒缓的气氛吸引了因旅途而倍感疲惫的游客。前菜一般是汤和蔬菜沙拉或冷盘；主菜是牛排或烤鱼；甜点为点心和冰激凌等。价格一般在50～80澳元。

❯ 自助餐馆

澳大利亚的自助餐馆可分为中式、西式和中西混合式三种。餐馆为食客提供了丰富多样的食材，让人们自由选择，价格往往也比较实惠。

货币兑换有窍门

出去游玩免不了有各种花销，除了可以刷卡付账之外，游客还需要准备一些当地流通的货币。在澳大利亚一般只以澳元结算，所以先在国内用人民币兑换少量澳元是必需的。

一般来说，兑换目的地国家货币时应当避免多次兑换，以减少因多次兑换而产生的货币损失。如果需要的外币量不多，可以先在国内银行兑换所需的外币。目前中国银行提供美元、英镑、欧元、港币、日元等十几种外币兑换，不过，对于一些稀少品种的货币，要兑换前最好提前向银行网点咨询预约。澳元一般提前三天预约即可。在出境前只需凭护照和签证即可办理货币兑换，十分方便。当然所有出入境旅客都可在国际机场享用外币兑换服务，不过在机场兑换的汇率多数不是最优惠的。

如果是旅行支票，旅客应在银行或大型旅馆兑换，因为其他地方可能不易兑换。需要注意的是，有些银行会对旅行支票收取兑换费用。

如果现金不够，可以采用银联卡进行POS消费。受理银联卡的主要城市有悉尼、墨尔本等。在银联特约商户消费时，中国银联将会直接将澳大利亚元转换成人民币，不收取货币转换费。大额消费时建议使用借记卡，因为借记卡消费不受信用额度限制。

不可不知的实用网址

去一个陌生的国家，如果我们是从网站里认识了它的外表，那么也可以从网站了解它们的内涵。记住以下实用的网址，帮助您更深入认识这个国家！

https://tpos.qbe.com 关于去澳大利亚旅游的保险问题，登录这个网站，了解澳大利亚的保险规则，使您的旅行更安心！

http://www.hotel.com.au/这个网站介绍了关于澳大利亚的住宿以及酒店预订的资料，只有休息好，才会玩好！

1 行前早知道

2 出行必备功课

3 堪培拉

4 悉尼

5 黄金海岸

6 布里斯班

http://www.budget.com.au/default.aspx 这个网站介绍了在澳大利亚租车的信息，如果您觉得徒步旅行太累，坐公共汽车太麻烦，可以看看这个网站，也许有意想不到的惊喜！

http://tool.auzoom.com/weather/ 澳大利亚天气预报。

http://www.ozchinese.com 关于澳大利亚的美食。

http://www.metlinkmelbourne.com.au/ 澳大利亚列车时刻表。

http://www.131500.info/ 关于澳大利亚的公共交通信息。

http://www.melbourne-airport.com.au/fids/info.asp 墨尔本机场航班查询。

http://www.sydneyairport.com.au/fids/flightinfo.asp 悉尼机场航班查询。

应急求助锦囊

必须牢记的紧急联系方式

↘ 紧急电话

澳大利亚的紧急电话号码是 000 （零零零）。该紧急电话对应三项服务：消防、医疗急救、警察。一旦出现紧急情况，请拨打000并说出所需要的服务类别。如果不会说英语，要首先用英语告诉接线员需要什么帮助—— police（警察）"、"fire（消防）"或"ambulance（救护）"，并告诉自己的母语是什么，等待传译员为你服务。

非紧急情况：131444。此号码为澳大利亚警方协助电话。建议到达目的地后，在电话簿黄页"Police Stations"一栏下查看当地的警察局电话，以便得到更迅速及时的帮助。24小时警方侦探热线电话：1800812088（普通话），1800789611（广东话）

↘ 航空公司电话

澳大利亚航空（Qantas）131313

国泰航空（Cathay Pacific）131747

南方航空（China Southern）（03）8676 0088

新加坡航空（Singapore）131011

↘ 重要电话

24小时医疗中心 凯恩斯加夫顿街与佛罗伦斯街交界处 +6174-0521119

市立医院 凯恩斯海滨大道165号 +6174-0506333

中华人民共和国驻澳大利亚大使馆 悉尼 +6128-5958000

中华人民共和国驻布里斯班总领事馆 布里斯班 +6173-2106509

英国驻澳大利亚大使馆 布里斯班 +6173-2233200

驻澳大利亚台北紧急文化办事处 悉尼 +6129-2233233

凯恩斯浸信会中文堂 +6141-2378890

凯恩斯华人会 +6174-0323688或+6174-0565325

大使馆及领事馆信息

作为外国公民，当您在澳大利亚旅途中遇到意外事故时，或当您的合法权益受到侵害时，您可以及时联络并获得国家驻澳大利亚官方机构的紧急援助服务。

名 称	地 址	电 话	网 址
中国驻澳大利亚大使馆	15 Coronation Drive, Yarralumla, Canberra, ACT 2600	+6126-2734780 转258 或录音电话：+6126-2734783	http://au.china-embassy.org
中国驻墨尔本总领事馆	75-77 Irving Road. Toorak, VIC 3142	+6139-8220604	http://www.china-consulatemel.org
中国驻悉尼总领事馆	39 Dunblane Street Camperdown, Sydney, Australia	+6128-5958002	http://sydney.china-consulate.org
中国驻珀斯总领事馆	45 Brown Street East Perth WA 6004	+6189-2220300	chinaconsul_per_au@mfa.gov.cn

通信费用先了解

在澳大利亚没有双向收费和国内长话的概念，电话分为两部分：国内电话（市内和国内是一样的）和国际长途，电话收费分两步：接通费和通话费（通话费按30秒钟为计算单位）。

最佳选择：Hello China电话卡

1 行前早知道

2 出行必备功课

3 堪培拉

4 悉尼

5 黄金海岸

6 布里斯班

澳大利亚电信服务发达，针对中国游客和当地华人还推出了**Hello China**电话卡，面值为10澳元，可以打8～10个小时的澳大利亚国内电话，打回中国长途费用最低可以到0.3元人民币/分钟。如果用公共电话不需要另外收费，而如果用固定电话，则每次会收一次性的费用。比如，使用Hello China电话卡在酒店里打回中国，一次电话会收0.6～0.9澳元的费用，此外再根据实际讲电话的时间，另外收取每分钟的通讯费。

遗失东西别着急

外出旅游，重要的物品一定要保管好，防止丢失，如果真的遗失东西也不要太着急，也许下面的这些办法会帮到您！

↘ 护照遗失时

当发现遗失护照时，必须立刻向当地警察局报失，凭警察局的报告速去最近的大使馆，领事馆或自己国家的办事处办理护照补办手续，预备2张照片。如果知道原来护照的号码，发行地和日期，补办时间会很快。

※注意不要把现金夹在护照里，遗失护照后失而复得的机会要大得多。

↘ 机票遗失时

先从警方取得"遗失机票证明书"，然后通知航空公司在当地的办事处，才能向航空公司的柜台申请。

↘ 行李物品丢失时

托运的行李常有无法领到的情况发生，其中以装载在其他班机、误送至其他机场的例子为多。如果发现丢失，需携带行李领取证和机票，向航空公司的职员申请（但如已离开海关，对方概不负责）。立刻通知警察局，警察局会提供翻译服务，并开具遗失报告，回国后，向保险公司索赔。

↘ 旅行支票、信用卡丢失时

如遗失旅行支票可向附近的分行申请补发（需携带护照和购物收据），只要知道支票号码，当天或隔两天就能补发。遗失信用卡后，应即向附近的分行申报，办理所遗失的信用卡的有效手续及紧急补发手续。

※旅行支票方面，应将使用过的支票号码记下，而需签名的两处中的一处，应预先签名，否则无法补发。

↘ 预防被窃的几点建议

✦ 现金分开存放，贵重物品和文件随身携带或存放在饭店的保险箱中。

✦ 只带所需现金外出，其余放入饭店的保管箱。

✦ 公共场合"钱财不露白"。

✦ 不与陌生人搭讪，特别是不要饮用陌生人提供的任何饮料或食物。

✦ 不搭乘陌生人的顺道车。

✦ 不单独出入红灯区。

✦ 大件行李存放在下榻的旅馆。

意外情况处理有办法

在异国他乡旅行时，有时会有意外事故的发生，不过澳大利亚旅游设施完善，在各大、小观光城镇中都有为游客提供紧急援助服务的机构，只要及时求助，意外事故会得到妥善处理的。

↘ 生病的时候

在国外应避免饮用生水和暴饮暴食，并力求睡眠充足，以维持身体健康，务必从国内携带必备药品。任何急病要立刻去医院诊治。病情轻微者最好去所买的旅游保险公司指定的当地医院，这样您不用花费任何费用，由医院与保险公司来结账。澳大利亚的大医院都有中文翻译服务。

↘ 发生交通事故时

发生意外时，在事情的是非还没有分辨清楚时，不要随便向人道歉，这对往后的交涉十分不利。应该立刻报警，并同租车公司取得联络，澳大利亚的交通法规比较复杂，在警察到来之前，记录下对方的车牌号码，如果边上有证人，记录下证人的姓名和地址等。在有人员伤亡的情况下，应立刻呼叫救护车。切勿自行贸然交涉，而应请保险公司、旅行社或租车公司代办交涉，同时，为请求保险金，需向警方取得事故证明。

↘ 剩下一个人时

剩下一个人时关键是要有信心归队。如果你脱离队伍已有一段距离，而你知道他们要去哪一个车站时，可用车站里的电话联络，再乘飞机或出租车赶过去。倘若没有赶上飞机而剩下一个人时，可以告知航空公司的柜台，与预订前往的机场取得联系。

↘ 防止意外发生的安全常识

"黑车"嚣张的机场或汽车站，是扒窃和掉包的集中地，尤其是在机场假装来接运你的"黑车"，常在你惊愕之际，已一溜烟将你的行李偷运走了。饭店大厅是外人能够自由出入之地，是掉包最易发生的地带，贵重物品等宜随身携带。不能随便让外人进入饭店房间。假装走错房间的旅客或装扮成饭店服务生的窃贼越来越多，一旦发觉有疑，需尽快和柜台联络。

↘ 境外抢劫预防

在外国旅行时穿着、行为不要过分招摇，尽量采用背包。

1 行前早知道

2 出行必备功课

3 堪培拉

4 悉尼

5 黄金海岸

6 布里斯班

3 堪培拉

　　堪培拉称得上是一座花园城市，风景宜人，作为城市规划的典范，道路的疏密程度非常均匀，有利于交通疏散和降低交通噪声，很适合居住。餐厅食物很不错，足以使人流连忘返！如果堪培拉不是澳大利亚的首都，可能谁也想不到去那，但是如果去了一次，相信一辈子都会难忘！

堪培拉印象零距离

堪培拉知识知多少

　　堪培拉作为澳大利亚的首都以及政府驻地，位于悉尼与墨尔本两大城市中间，距离悉尼约328公里，距离墨尔本约690公里，总面积约2431平方公里，总人口约324 100。它是个只有50多年历史的新都市，却又是举世闻名的花园城市，地处风景宜人和树木青葱的心脏地带，周围遍布着澳大利亚最引人入胜的乡村，宽敞的街道、令人难忘的现代化建筑以及自然环境的优势都是那么明显。

　　堪培拉同样也是个与众不同的度假胜地，既有怀古探幽的民族纪念碑，又有传统风味浓郁的艺术和节日，还有缤纷多彩的都市夜生活、各种各样的运动、冒险和娱乐活动，以及耐人寻味的美食。堪培拉被称为现代城市规划的结晶。

堪培拉城区示意图

堪培拉游玩前须知

1 行前早知道

2 出行必备功课

3 堪培拉

4 悉尼

5 黄金海岸

6 布里斯班

什么时间旅游最适合

堪培拉四季分明却有其独特的魅力，气候宜人但白天晚上温差很大。堪培拉的夏天（12月～次年2月）偏热，冬季（6～8月）偏冷。因此到堪培拉旅游的最佳时间是在澳大利亚凉爽温和的春季（9～11月）和秋季（3～5月）。

堪培拉的春天阳光灿烂，树木葱郁，百花竞艳，凉风习习，清爽宜人。到了秋季又是另外一番景色：金黄或棕褐的树叶再加上姹紫嫣红的鲜花，使得堪培拉宛如一幅浓墨重彩的油画，异常美丽。如果您喜欢水上活动的话，可以选择夏季去堪培拉，夏季的温度在12～27℃，偶尔会有降雨，空气稍微潮湿，白天会偏热。

最IN风向标——旅游穿衣指南

选择在春秋季节去堪培拉的游客，需要带外套、T恤、长袖运动服等衣服，那里的春秋季节和国内一样，气候宜人，非常舒服；夏天去的话需要带上短袖、短裤以及防晒物品；而如果冬天去的话准备稍厚衣物即可，那里的冬天白天温度在15℃左右，不是很冷，只是昼夜温差较大。

必须了解的医疗服务

在澳大利亚，一般来说如果病情较轻，首先会见到一个全科医生，全科医生会根据病情提出治疗意见，我们是无法直接见到专科医生的（牙医除外）。所以在踏上旅途之前一定要准备好必备的常用药品，小病可以吃些药。如果病情比较严重，可以选择其中一家医院，相信麻烦很快就会解决！

名　　称	地　　址	电　话
John James Memorial Hospital	173 Strickland Crescent, Deakin ACT 2600	+6102 -62818100
The Canberra Hospital	Yamba Drive Garran, ACT 2605	+6102 -62442222
Calvary Private Hospital	Cnr Belconnen Way & Haydon Dr, Bruce ACT 2617	+6102 -62016111

市区景点

国会大厦

国会大厦（Parliament House Canberra）坐落在国会山上，占地32公顷。国会大厦的整个屋顶覆盖青草，房顶有一根81米高、重220吨的不锈钢旗杆，旗杆上悬挂着一面长12.8米、宽6.4米的国旗。远看议会大厦成矩形，地上建筑有6层，底层为停车场，可容纳2000多辆汽车。大厦的内部是由不同种类的砖石和优质木材建筑而成。在这座大厦里，收藏着许多精湛的艺术品，其中画廊里面有澳大利亚联邦成立以来历届总理的画像。从顶层的通道上到达国会大厦的屋顶，堪培拉全景尽收眼底。国会大厦充分展示了澳大利亚的精湛技艺和工艺美术。为方便游客，大厦设有餐厅、商店、急救服务处以及婴儿室等设施，入口处还放有各种文字的旅游指南，供游客随便拿取。

温馨提示

国会大厦需要特殊许可才能进入。国会大厦里有一个图书馆，如果要进入这个图书馆，需要到Raisina Road上的游客接待处办理手续。办理手续时需要出示国会议员的介绍信。图书馆从早上十点到晚上六点开放。如果想进入国会大厦，外籍游客需要经过本国大使馆办理手续。

典故解读

建造议会大厦的构想来自格里芬，后来因为第一次世界大战爆发，使得联邦政府不能动用大量的人力、物力和财力做这件事情，只能在1927年匆匆建成了临时议会大厦作急用。直到1974年，联邦政府才决定再建议会大厦。后又经过5年的准备，才通过国际性设计竞赛，当时有300多人参加了设计比赛，最终选中了美国建筑师吉乌尔古拉的方案。然后用了11亿澳元，于1988年澳大利亚建国200周年时正式建成启用。

玩家指南

⚲**地址：** Parliament House, Parliament Dr，Canberra。
🌏**交通：** 可从新德里市中心的Kashmere Gate公交总站（Interstate Bus Terminus）乘坐公共汽车；或者在Sarai Kale Khan和康诺特广场乘坐IBT公共汽车；或者乘坐地铁到Central Sectt站下车；也可坐出租车到达。
🕐**开放时间：** 9:00～17:00，国会召开会议时开得晚些，圣诞节休息。
¥**门票：** 成人2澳元，儿童1澳元，家庭5澳元。

景点 ② 战争纪念馆

　　战争纪念馆（Australian War Memorial）是一栋青灰色的圆顶建筑，是于1934年为纪念"二战"澳大利亚阵亡的战士修建，同时，它也是战史和军史的教育和研究中心。战争纪念馆占地面积1.3万平方米，四周环绕着12公顷的草坪。馆内有追思堂、展览室、放映厅等。展厅内陈列着澳大利亚参与战争和维和行动中的武器装备、与战争有关的展品400多万件，如同一幅战争历史的画卷。在一个模仿成轰炸机舱电影放映室内，场景十分逼真，仿佛置身于炮火之中。

．．．．．．典故解读．．．．．．

　　澳大利亚参加过第一次和第二次世界大战及朝鲜战争、越南战争等多场战争。先后有约102 000名士兵在战争中阵亡。为了纪念阵亡的士兵，把每年的4月25日定为"澳新军团日"。在这一天，全国各地的退伍军人和群众都会举行集会、游行、献花圈等活动；每年的11月11日，为澳大利亚"战争纪念日"，在这一天的上午11点，每一个澳大利亚人会在全国的各个角落，默哀一分钟，向战争中英勇献身的广大将士表示哀悼。当然战争纪念馆成为人们缅怀在战争中牺牲的将士的最佳场所。

．．．．．．玩家指南．．．．．．

⌂ 地址：65 Northbourne Avenue，Canberra Australian Capital Territory。

☯ 交通：可从市区乘坐3、6、8、16、64、72路电车到达，也可以从格里芬湖的北岸步行到达，大概15分钟。

☯ 开放时间：10:00～17:00，圣诞节、复活节不开放。

¥ 门票：免费

1 行前早知道

2 出行必备功课

3 堪培拉

4 悉尼

5 黄金海岸

6 布里斯班

景点

3

国家图书馆

澳大利亚国家图书馆（National Library of Australia）是世界著名的图书馆之一，它兴建于1966年，主体建筑共7层。收藏了所有格式的材料，从书籍、杂志、图片、照片、地图到乐谱、口述历史记录、手稿文件等应有尽有。其中共收藏图书500万册，有10多万种来自世界各地，其中亚洲文献收藏最为丰富。资料保存时的温度、湿度均由空调进行调节。图书馆拥有世界上最大的开架图书大厅，设有电子计算机帮助读者查找书刊，有20万册图书供读者查阅，看累了可以到馆内的商店和咖啡馆放松一下自己。

殊藏品、善本、亚洲藏品、太平洋藏品、珍贵物品、近期收藏品等；藏品类型包括书籍、期刊、照片、地图、音乐、舞蹈、报纸等。说明文中除了该类别的介绍外，亦可以链接到其他相关单位与网站。此外，馆藏中较具文化特殊性的藏品，也有进行主题式分类，设立数位典藏线上查询系统。

······ **典故解读** ······

澳大利亚国家图书馆除了丰富的藏品外，也拥有一流的服务。比如对于不知如何键入关键字，或不熟悉图书馆有哪些馆藏的使用者，澳大利亚国家图书馆提供了馆藏分类，让使用者更为便利地找寻所需的资料。在【Collections】页面的右手边典藏项目快选单，里面包含的选项有：澳大利亚人、政府出版品、一般藏品、特

······ **玩家指南** ······

○地址：Parkes Place, Canberra。

○交通：乘坐2、3路公共汽车，在Parkes Pl John Gorton Building站下车即到。

○开放时间：周一至周四9:00～21:00，周五9:00～16:45，星期六9:00～17:00，星期日13:30～17:00。

¥门票：免费

······ **温馨提示** ······

周一至周五的11:15～14:15时段，有专人解说。

景点 **4** ## 国家美术馆

澳大利亚国家美术馆（National Gallery of Australia）于1982年正式对外开放，馆内分11个展厅，展出的艺术品包括大洋洲、亚洲、欧洲、美洲近代和现代的美术作品。藏品种类分为版画、木雕、石雕、石板印刷、模板和平面彩画等。收藏品多达7万件，特别是澳大利亚的土著艺术作品，不论是数量、收藏范围，还是艺术价值，在澳大利亚都是首屈一指的。馆外花园里还有罗丹等人的雕塑作品，值得一看。

典故解读

澳大利亚的土著人虽处在较为原始的生活环境里，但他们的文化、艺术却相当发达，令不少当代艺术家叹为观止。今天土著艺术已同现代艺术一起成为澳大利亚当代艺术的两大主流。土著艺术的特殊在于有一股直接来自远古的艺术魅力。取自大自然又回归大自然，是土著艺术的一大特色。石块、木头、树皮、羽毛、动物骨头、泥土等都是土著人艺术创造的工具和载体。

玩家指南

○ **地址**：Parkes Place, Parkes，Canberra。
● **交通**：乘坐2、3路公共汽车，在Parkes Pl John Gorton Building站下车，步行35米即可到达。
○ **开放时间**：10:00～17:00，圣诞节不对外开放。
¥ **门票**：免费，不过一些重大展览会要求入场券。

1 行前早知道
2 出行必备功课
3 堪培拉
4 悉尼
5 黄金海岸
6 布里斯班

65

景点 ⑤ 国家博物馆

······典故解读······

澳大利亚最早的居民为土著人。他们在这块土地上已生活了40 000年，他们以打猎和采集野生植物谋生。1788年澳大利亚成了英国的殖民地，也是英国向澳大利亚运送囚犯的地方，直至1868年，共运送了约16万名男女囚犯。18世纪90年代澳大利亚开始自由移民。1901年，六个州在统一的宪法下结成澳大利亚联邦。19世纪中期的羊毛工业和淘金热刺激了前往澳大利亚的自由移民的发展。如今，澳大利亚的社会活力和世界化程度在全球均名列前茅。

澳大利亚国家博物馆（National Museum of Australia）是一个多元的社会历史博物馆，是为了纪念澳大利亚联邦成立100周年，经过多年的策划设计后于2001年3月11日向游客开放。博物馆通过貌似随意拼凑的建筑外观和内容丰富的展品，创造出了一个能够真实反映澳大利亚历史的博物馆。目前博物馆有五个永久性展馆，分别为"国家和民族"、"地平线"、"永恒"、"缠结的命运"和"最早的澳大利亚人"。国家博物馆承载着澳大利亚人的梦想，向世人展示一个向往和平、追求和谐的多民族国家，是游客了解澳大利亚历史的好去处。

·········玩家指南·········

🏠 **地址：** Acton Peninsula, Canberra。

🚌 **交通：** 乘坐3路公共汽车，在Lennox Crossing National Museum站下车，向北步行15米即到。

🕐 **开放时间：** 9:00～17:00，圣诞节不对外开放。

💰 **门票：** 免费

景点 **6** 外交使馆区

外交使馆区（Diplomatic Missions）设立有多达80家外国政府的领事馆和一些国际组织的办事机构。这些外国的大使馆主要包括那些同澳大利亚政府或最高联邦建立有正式外交关系的国家。这里的每座建筑建造风格都不同，但又独具特色，来此参观的游客可以根据建筑风格来识别此建筑隶属于哪个国家。最大的建筑数美国大使馆，其次便是中国大使馆。中国使馆属于园林式建筑，琉璃瓦的屋顶，牌楼样的大门，显得庄严气派，庭院内花木郁郁葱葱，山石、清泉、亭榭、楼阁无不洋溢着东方文明的幽雅与高尚。

·····典故解读·····

美国是在堪培拉第一个正式建立使馆的国家，同时也是第一个把"建造不同风格的领馆代表不同国家"这一概念引进到使馆区的国家。紧跟这一潮流的国家有很多，诸如印度、日本、泰国、马来西亚、埃及等。

·······玩家指南·······

🏠地址：Yarralumla Diplomatic missions，Canberra。

🚗交通：位于澳大利亚首都堪培拉北面，格里芬人工湖南岸。可自己租车前往，由悉尼出发，车程约4个小时。

🕐开放时间：全天

💴门票：免费

景点 **7** 格里芬湖

伯利·格里芬湖（Burley Griffin，L.）位于堪培拉中心，国会山和首都山之间。这条长达20多公里的人工湖是以首都建设总监伯利·格里芬命名的。格里芬就是堪培拉的国会大厦最初的构想着。湖岸周长35公里，面积704公顷，湖水清澈见底，碧波荡漾，可供人们游泳、驾驶帆船和垂钓。湖中央还有一个喷泉，是为纪念1770年4月，乘"努力号"帆船，率队在澳大利亚登陆的詹姆斯·库克船长建立的，所以被叫做库克船长纪念喷泉。据说从湖底喷出的水柱有140米之高，白色水柱直冲云霄，极为壮观。

1 行前早知道
2 出行必备功课
3 堪培拉
4 悉尼
5 黄金海岸
6 布里斯班

67

传说这个湖所在的地方原来只是一条流经堪培拉的小溪,当年的澳大利亚人觉得堪培拉这么一个花园城市,没有水是万万不可忍受的,于是把这条小溪扩建成了一个周长16公里的人工湖!

⚲**地址**:Canberra Regional Districts

🚗**交通**:可以从国内航线的堪培拉机场搭乘出租车,约20分钟到达,车费约10澳元。

🕐**开放时间**:格里芬湖全天开放,喷泉开放时间为每天上午的10:00~12:00和下午的14:00~16:00。夏令时期间,延长开放时间:晚上19:00~21:00。

💴**门票**:成人6.70澳元,儿童2.70澳元。

景点 8 国家动物园及水族馆

澳大利亚国家动物园及水族馆(Australia National Zoo and Aquarium)坐落在距离堪培拉市中心12公里处,对于那些热爱动物的人们来说,绝对值得一去。这里生活着澳大利亚本土以及世界各地的动物,以澳大利亚猫科动物居多,而且濒临灭绝的物种就有34种之多。水族馆内同时拥有淡水及咸水的蓄鱼槽,并建有一个容量达一百万公升的观光隧道,可观赏到各式各样的海洋生物,并设有现场潜水区,不论是新手或老手皆可体验潜水的乐趣。

在国家动物园的澳大利亚野生动物保护区附近,提供精彩剪羊毛表演。澳大利亚是羊毛出口国,过去剪羊毛都是用大剪刀,且劳动强度大,现在都用电剪刀。一个剪羊毛能手一天可剪200多头羊,每头可得2澳元的收入。剪羊毛也有顺序,得先剪羊肚子,后剪头、脸颊,再剪羊腿,最难剪的是羊背部,毛厚,剪刀看不到,剪长剪短不易把握,完全是凭感觉剪。

⚲**地址**:Scrivener Dam | Yarralumla, Canberra。

🚌**交通**:可乘坐81、981路公共汽车在Lady Denman Dr National Zoo或Aquarium站下车即到。

🕐**开放时间**:每天9:00~17:00,圣诞节不开放。

💴**门票**:成人26.5澳元,未成年人(3~15周岁)14.5澳元,3岁以下婴幼儿免费,家庭套票77澳元。

周边景致

景点 ① 黑山电讯塔

黑山电讯塔（Black Mountain Telstra Tower）始建于1972年，位于距堪培拉市中心5公里处的黑山山顶上，是由PMG部门设计，并获得了当时非常有声望的建筑和设计类大奖。电讯塔高195米，是堪培拉市最高的建筑物，在塔上设有观景台，是眺望市区全景的最佳地点。这里还有旋转餐厅、咖啡馆和戏院等娱乐休闲设施。黑山塔除了是标志性的景点外，还有另外一个身份，那就是负责堪培拉整个城市和周边地区的电子通信发射任务。在内部名曰"创造连接"大型的展览厅内，游客不但可以通过自己的双手触摸那些模拟的按键，感受澳大利亚电信在日常生活中是如何发挥作用的，还可以通过影像带了解黑山塔的概况，以及它独特的设计和建筑特色。

·······典故解读·······

黑山塔最初命名为电信大楼，后来改称澳大利亚黑山电讯塔，然而当地人简单地称其为黑山塔。据史料记载，首次攀登黑山的人是一位白人男子，时间是1820年8月12日。

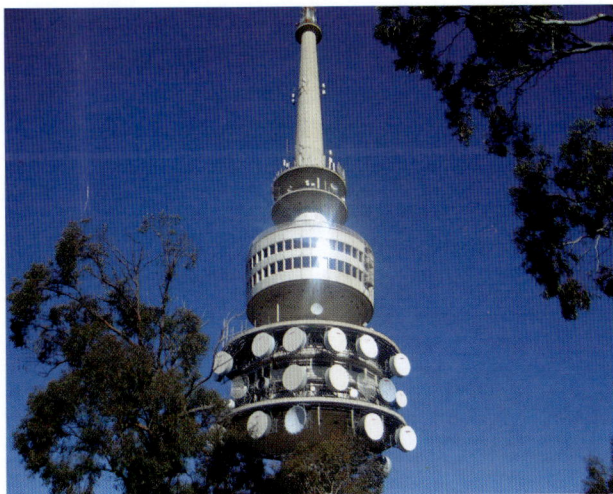

·······玩家指南·······

- 地址：Black Mountain Drive Acton
- 交通：可由堪培拉市区乘坐出租车前往
- 开放时间：9:00～22:00
- 门票：成人7.5澳元，老人3澳元，4～16岁未成年人3澳元，4岁以下儿童免费。

景点 ② 斯特姆洛山观景台

斯特姆洛山观景台（Mt Stromlo Observatory）位于Stromlo山上，其周围被松树林环绕，建于1924年，是澳大利亚最古老的天文台。到1975年，被澳大利亚国家大学接管，成为澳大利亚国家大学的天文和天体物理学研究学院总部。观景台曾在2003年毁于一场大火，但由国家大学重新建立。现今主要的设施就是长188厘米的反射望远镜，游客通过它可以观测10 000米之外的天体。天文台自建立以来在光学、红外线科技和天文学方面有卓越的贡献。探索完天文的奥秘后，游客可以在附近的咖啡厅休息，或到纪念品商店购物，甚至可能观赏到一些当地的野生动物。

典故解读

天文台是专门进行天象观测和天文学研究的机构，世界各国天文台大多设在山上，但不是因为离太空更近些才这样选址的。地球被大气包围着，星光要通过大气才能到达天文望远镜。空气中的烟雾、尘埃以及水蒸气的波动等，对天文观测都有影响，尤其在大城市附近。越高的地方，空气越稀薄，烟雾、尘埃和水蒸汽越少，影响就越小，所以天文台大多设在山上。

玩家指南

⌂ **地址：** Western Creek Cotler Road, Canberra。
🚗 **交通：** 可由堪培拉市区乘坐出租车前往，约20分钟时间。
⏰ **开放时间：** 9:30～16:30
¥ **门票：** 成人5澳元，儿童3澳元，家庭套票12澳元。

景点 **3** 纳玛吉国家公园

纳玛吉国家公园 （Namadgi National Park）位于堪培拉的西南部大约40公里处的纳玛吉山脉上。公园建立于1984年，占地面积106 095公顷，将近占堪培拉整个面积的46%。公园中生活着400多种澳大利亚的鸟类、蝙蝠和哺乳动物，包括有宽齿鼯鼠、北夜宴蛙、河黑鱼、澳大利亚鹰、楔尾鹰等，以及在高海拔地区才能存活的植物，如雪橡胶树等。纳玛吉国家公园也保存有许多文化遗迹，向世人揭示了该地区历史文化起源的秘密，如两万多年前恩古那瓦（Ngunnawal）人在此留下

的露营地、祭祀石阵和岩画遗址。除此之外，纳玛吉国家公园中还有各种探险活动，攀爬或顺绳索滑降大理石岩层，或去翼伞滑翔、跳伞、岩洞探险和溪降，种种探险，都让你惊喜万分。

······ **典故解读** ·····

岩画（Petroglyph）是一种石刻文化，指在岩穴、石崖壁面和独立岩石上的彩画、线刻、浮雕，来描绘、记录他们的生产方式和生活内容。澳大利亚岩画是土著人创作的。他们精神世界中关于宗教信仰和生与死的观念，都在岩画中得到充分展现。这些岩画是研究澳大利亚土著人的珍贵资料，具有重大的人类学和民族学的研究价值。

·········· **玩家指南** ··········

🏠 **地址**：Naas Road, Tharwa, Canberra。
🚌 **交通**：可由堪培拉市区乘坐出租车前往
⏰ **开放时间**：周一～周五：9:00～16:00，周六、日：9:00～16:30，圣诞节不对外开放。
¥ **门票**：10澳元

1 行前早知道

2 出行必备功课

3 堪培拉

4 悉尼

5 黄金海岸

6 布里斯班

堪培拉旅行资讯

如何抵达

去堪培拉旅游可以通过飞机、火车和大巴三种方式。堪培拉的国内机场位于市区以东十公里；铁路与公路覆盖面积也比较广，所以比较方便！

航空

堪培拉没有国际机场，当游客从国内出发到堪培拉的时候，可从墨尔本、悉尼或布里斯班转机前往，从墨尔本到堪培拉需要50分钟航程，从悉尼到堪培拉需要30分钟的航程。

抵达堪培拉的航班都在堪培拉机场降落，堪培拉机场位于城市以东10公里，从机场到达市区乘坐出租车只要10分钟左右的时间，费用为10～15澳元。另外，除了出租车费以外还要付2澳元的机场附加费，在这一类别是不需要付小费的。

铁路

乘坐火车前往堪培拉，也是一种很好的交通出行方式。悉尼、墨尔本等城市有很多开往堪培拉的列车，直接开往堪培拉火车站。堪培拉火车站位于格里芬湖之南的京斯顿的地方。从火车站下车后，可转搭通往市中心的巴士。

公路

堪培拉周边的公路很发达，每天都有快速旅游巴士穿梭于堪培拉和悉尼、墨尔本之间。从悉尼乘长途巴士到堪培拉大约需要4小时，从墨尔本乘长途巴士到达堪培拉大约需要9.5小时的车程。时间充裕的游客，可以选择长途巴士前往堪培拉。

必须掌握的市内交通

　　堪培拉市内的交通主要有公共汽车和出租车，另外还有旅游观光巴士。有了这些交通工具，游玩堪培拉是非常方便的！

公共汽车

　　堪培拉市内的公共汽车往来于市内到郊外的住宅区。公共汽车的班次在高峰时间是每10～20分钟一班，其他时间是每30分钟至1小时一班，班次较少。

　　公共汽车共有14条线路，包括市内路线和郊外路线。公共汽车的车票有1日票和1周票，可在22个停靠站自由上下车。其中，一日票的票价为成人9澳元，小孩5.5澳元，一周票的票价为14澳元，车身为红色。

　　堪培拉市内的公共汽车在市内主要有Belconnon、Woden、Tuggeranong和中心车站四个中转站。

出租车

　　堪培拉的出租车一般不能在街头随意搭乘，如果你想乘坐出租车，可以在出租车等候点乘坐或者电话预约，预约费为65澳分。出租车的起步价3.2澳元，之后每公里加1.193澳元，如果是21:00～次日6:00或周末全天，每公里加1.372澳元。

旅游观光巴士

　　堪培拉市内的游览地区之间的距离都较远，搭乘旅游观光巴士较为便利。持有全日观光票券乘坐堪培拉的旅游观光巴士（Canberra Explorer Bus），可不限次数搭乘。旅游观光巴士的全日票价为：成人18澳元，儿童8澳元。

1 行前早知道
2 出行必备功课
3 堪培拉
4 悉尼
5 黄金海岸
6 布里斯班

到堪培拉游玩必做的几件事

这座拥有璀璨文化的首府城市值得我们去探索，来到这里，如果不去看看这里的美景，如果不去感受下节日的气氛，那将是种遗憾。

TOP1：参观澳大利亚的国家级景点

游客可以在澳大利亚战争纪念馆了解澳大利亚的军事历史，去国家档案馆查阅澳大利亚的第一部宪法，在国家图书馆欣赏唱片、照片和画册，还可以在澳大利亚体育学院一窥澳大利亚体育发达的秘密。在澳大利亚民主博物馆探寻澳大利亚的政治历史，在议会大厦倾听澳大利亚政治家们辩论时事。总之，要想感受或者了解属于澳大利亚的一切，切勿错过这些在堪培拉的国家级景点！

TOP2：不要错过独特的美酒

在堪培拉的郊区有近140座葡萄园和33个葡萄酒庄。穿着橡胶靴行走在葡萄园里，了解是何种葡萄酿就了这个地区如此多样的葡萄酒。从桑杰维司到雷司令，还有霞多丽、黑比诺和设拉子。可以在农场信步，品尝奶酪、橄榄油、果酱、木火熏肉和家酿葡萄酒。或者在一家葡萄酒庄和朋友分享一瓶陈酿，并配上木火烤制的比萨饼；还可以参观当地的工作室和画廊，欣赏手工艺品、玻璃制品和陶器。一天的行程结束，选择一家别致的早餐旅舍、古老的农庄或奢华的田园静居过夜。在这个到处都有美酒和美食的地方度过完美的一天！

TOP3：感受这里独特的节庆方式

春天是澳大利亚最大的鲜花节，让堪培拉的公园充满色彩和芬芳。夏天可以参与到索美娜车展，或者参加连续两天的娱乐活动庆祝澳大利亚国庆，包括一场板球比赛和在国会大楼前举行的现场音乐会。秋天这里会举行堪培拉热气球节，天空飘满了五彩缤纷的热气球。冬天在堪培拉乡村地区举办的炉边节上，感受熊熊炉火边的暖意，享用丰盛的美食。

TOP4：游玩丰富多彩的国家公园

沿着雅拉比徒步步行道进入粗犷的宾百利荒野，可以看到澳大利亚阿尔卑斯山保护完好的一面。也可探寻方岩徒步步行道沿途的疏花桉树林和高山岑树林。可以在盛产鳟鱼的溪流边垂钓，还可在冬季滑雪道上滑雪。参观数千年前恩古那瓦人留下的露营地、祭祀石阵和岩画遗址。然后，追寻放牧人和淘金者的足迹，探访金银花溪的阿波罗太空跟踪站旧址。最后再观赏小袋鼠和北夜宴蛙，寻访疏花桉树林和野花遍地的平原，一路走来，竟是如此美好！

人气餐厅大搜罗

堪培拉的用餐简单随意，一般早餐和午餐比较清淡，晚餐则相对丰盛。堪培拉的餐馆非常多，不仅有当地特色餐馆，还有亚洲菜式餐馆、欧洲菜式餐馆以及许多西式快餐店。在堪培拉的餐馆用餐可以品尝到多种菜式，包括当地土著菜肴、阿拉伯菜、英式菜、意大利菜和中国菜等。一定不要错过品尝用纯牛奶喂养的羊、用纯谷物喂养的牛以及野生彩虹鳟鱼的机会，这在当地绝对是最受欢迎的美味。

中餐厅

Prince Palace

这是一家位于堪培拉大学的餐馆。主要提供粤式菜肴，包括各种丰富的早茶小吃，以及口味多样的炒菜。餐馆在这一地区很受欢迎，吸引大量的食客前来用餐，被认为是比较好的中餐馆。

地址：114 Emu Bank, The Boardwalk, Belconnen。
电话：+6102-62513838
人均消费：15澳元

西餐厅

Charcoal Restaurant

Charcoal Restaurant于1962年开始营业至今，经过精致的装修显得很豪华。餐厅是传统西方牛排的餐馆，深受人们的欢迎和喜爱。经常有慕名而来的食客光顾。

地址：61 London Circuit, Canberra, ACT 2601。
电话：+6102-63382798
人均消费：15～30澳元

靠谱住宿推荐

　　堪培拉同大多数国家的首都城市一样，有很多种住宿方式供游客选择。豪华酒店一般处在繁华地区，价格往往比较高，当然设备、服务、环境也是很好的。一些小的旅馆位置会比较偏远，但交通很方便，有单人间、双人间、集体宿舍可供选择，价格不是很高，适合背包行游客。

豪华酒店

Medina Executive James Court

　　Medina Executive James Court位于堪培拉的城市中心，抵达市内的主要景点只需几分钟的步行距离。酒店设有奢华的水疗公寓，一卧房式和两卧房式公寓以及各种住宿方式。公寓内的设施齐全，配备有游泳池、健身房以及全套厨房、洗衣设施、有线电视等供客人使用。

◎地址：74 Northbourne Avenue, Braddon, 2612 Canberra。
☎电话：+6102-62401234
¥价格：两卧室公寓230澳元

Clifton Suites On Northbourne

　　Clifton Suites on Northbourne位于堪培拉的中心城区，交通极为方便。酒店设有商务中心、行李寄存、旅游咨询、洗衣等服务，并设有酒吧、餐厅、健身中心等场所。酒店拥有公寓、客房等多种住宿方式，客房都经过精心的装修，优雅而舒适。

◎地址：100 Northbourne Avenue, 2601 Canberra。
☎电话：+6102-62626266
¥价格：一卧室公寓265澳元，两卧室公寓425澳元。

Kingston Terrace Serviced Apartments

　　Kingston Terrace Serviced Apartments位于堪培拉的郊区，周围的商店、餐厅等商业中心比较齐全。酒店的公寓设备齐全，厨房以及洗衣设备完善，装潢舒适、典雅，为客人提供方便的住宿环境。

◎地址：16 Eyre Street, Kingston, 2604 Canberra。
☎电话：+6102-62399411
¥价格：一卧室公寓220澳元，两卧室公寓275澳元；一卧室温泉公寓245澳元，三卧室公寓345澳元。

家庭旅馆

Forrest Hotel & Apartments

Forrest Hotel & Apartments位于堪培拉的郊区，但交通非常方便。旅馆设有餐厅、健身房、游泳池、咖啡厅等休闲场所，并为客人提供停车场服务。旅馆的客房配备了电视、空调、沏茶/煮咖啡等现代化设备，为客人提供全方位的客房服务。

- 地址：30 National Circuit，Forrest，2603 Canberra。
- 电话：+6102-62953433
- 价格：特大号床间156澳元，豪华套房166澳元，两卧室公寓199澳元，双床间156澳元。

青年旅舍

Canberra City YHA

Canberra City YHA距离战争纪念馆、国会大厦、国家博物馆等主要景点很近，交通快捷。旅舍内设有游泳池、咖啡厅、酒吧、游戏室、公用厨房、旅游咨询台等设施，为客人提供细致的服务。客房配备了空调、浴室、电视、水壶等设施，为客人提供舒适的住宿环境。

- 地址：7 Akuna Street，2601 Canberra。
- 电话：+6102-62489155
- 价格：双人或双床间（带共用浴室）99澳元，四床位宿舍间的床位39澳元，家庭间（带私人浴室）175澳元。

特色酒店

Pavilion On Northbourne

Pavilion On Northbourne位于堪培拉市内，交通比较方便。酒店的客房经过精心的布置，令客人宾至如归。酒店设有酒吧、餐厅、花园、健身中心、游泳池等娱乐休闲设施。客房内配备了冰箱、电视、电话、厨房等设施供客人使用。

- 地址：242 Northbourne Avenue, Dickson, 2602 Canberra。
- 电话：+6102-62476888
- 价格：豪华间205澳元，一卧室套房235澳元，一卧室公寓245澳元，套房（带按摩浴缸）245澳元。

1 行前早知道

2 出行必备功课

3 堪培拉

4 悉尼

5 黄金海岸

6 布里斯班

Abode - The Apartment Hotel

该酒店是一个禁烟酒店，交通极为便利。客房的设计简洁、实用，内部干净、整洁，并设有浴室、电视以及厨房供客人使用。酒店的餐馆、咖啡馆、商店以及健身房为客人提供了多种娱乐休闲的方式。

🏠 地址：Cnr Anthony Rolfe Av And Gribble St., Gungahlin, 2912 Canberra。
📞 电话：+6102-1300122633
¥ 价格：家庭一室公寓250澳元，一室公寓一方便残障人士159澳元，一室公寓套房179澳元，行政一室公寓188澳元。

BreakFree Capital Tower Apartments

这家酒店位于堪培拉的城市中心，交通极为便利。酒店提供了多种公寓式的住宿方式，以及免费的停车场。酒店内设有庭院、网球场、壁球场以及桑拿浴室、健身中心、SPA池和室外游泳池等娱乐场所，供客人娱乐休闲。

🏠 地址：2 Marcus Clarke St., 2601 Canberra。
📞 电话：+6102-62763444
¥ 价格：两卧室城市景公寓399澳元，两卧室湖景公寓229澳元，三卧室公寓289澳元。

小资情调初体验

堪培拉是一个年轻人的城市，充满活力。每当夜幕降临，城市里热闹异常，人们聚集在酒吧、俱乐部等娱乐场所尽情欢乐。在堪培拉，赌场是合法的，在合适的时候可以去赌场休闲一下，不过凡事适可而止，只要不上瘾就好。

酒吧

ANU Union Bar

ANU Union Bar是堪培拉历史比较悠久的大学酒吧。酒吧的地理位置优越，交通极为便利，是聚会娱乐的绝佳去处，吸引了无数的大学生以及年轻人。每当夜幕降临，酒吧热闹异常，印第安舞蹈、CD欣赏、舞会等娱乐项目让人流连忘返。

🏠 地址：cnr University Avenue & North Road
¥ 价格：3～9澳元
🕐 营业时间：周一～周日16:30～次日3:00

Avenue Bar

Avenue Bar 是堪培拉城内比较受欢迎的酒吧，酒吧经过细致的装修，装饰现代、前卫。这里经常举办各种精彩纷呈的演出和大型舞会，吸引了无数喜爱热闹的人们前来消遣娱乐。

🏠 **地址：** 32 Northbourne Avenue Canberra City ACT 2601
¥ **价格：** 4～8澳元
🕐 **营业时间：** 周二～周四16:00～24:00，周五～周日16:30～次日2:00。

Bobby McGees Entertainment Lounge

Bobby McGees Entertainment Lounge是堪培拉比较前卫的酒吧，经常有一些比较时髦、追赶潮流的年轻人光顾。酒吧采用美式装修风格，比较悠闲舒适，服务项目齐全。酒吧经常会搞一些促销活动吸引人们的注意力，会员价格要比非会员优惠。

🏠 **地址：** Rydges Canberra, London Circuit Canberra City ACT 2601。
¥ **价格：** 入场费用3～10澳元
🕐 **营业时间：** 每天15:00～次日3:00

赌场

Casino Canberra

Casino Canberra是堪培拉规模比较大的赌场，赌场内设施完善，娱乐项目丰富。赌场的游戏项目有二十一点、纸牌、大转盘、牌九、美式轮盘赌等，可谓丰富多彩。此外，还有歌舞表演、卡拉OK、喜剧等表演节目，充实游客的生活，还有俱乐部、酒吧、餐厅、自动柜员机等服务设施。

🏠 **地址：** 21 Binara Street Canberra City ACT 2601
¥ **价格：** 因人而异
🕐 **营业时间：** 全天

俱乐部

Filthy McFadden's Irish Pub

Filthy McFadden's Irish Pub是堪培拉规模比较大的俱乐部之一。俱乐部有很多种休闲方式，经常举办精彩的现场表演是娱乐休闲的最好去处。俱乐部内有10个巨大的啤酒桶，100多种威士忌适合喜欢美酒的游客前来品尝。

🏠 **地址：** Suite 9, Green Square Kingston ACT 2604。
¥ **价格：** 入场费7澳元
🕐 **营业时间：** 周一～周四14:00～21:00，周五～周日14:00～24:00。

1 行前早知道

2 出行必备功课

3 堪培拉

4 悉尼

5 黄金海岸

6 布里斯班

购物狂想曲

　　堪培拉的购物地点有很多，可以满足人们不同的购物需求。堪培拉拥有一些当地的艺术品、手工制品、服装以及设计独特的家居用品和首饰，都极具当地风情，是不错的购物选择。无论在街边小店，购物中心还是购物商场，都可会买到称心的商品。

购物中心

堪培拉购物中心（Canberra Centre）

　　堪培拉购物中心是堪培拉市中心规模较大的购物中心。该中心拥有百货商店、餐饮店、特产店、礼品店和精品服饰店等多种店面供游客选择。此外，中心的各种电子产品、书籍、音乐光盘、体育用品等可以满足游客的不同需求。总之，这里舒适的购物环境以及完美、齐全的商品，吸引了许多游客前来购物。

🏠 地址：Northbourne Avenue Canberra ACT 2601，Australia。
🕐 营业时间：周一～周五9:00～17:30，周六、日10:00～15:30。

沃登·西域购物中心（Woden Westfield Shopping Center）

　　沃登·西域购物中心是堪培拉沃登区内知名的购物中心。中心内拥有200多家特色店面、美食城以及戴维·琼斯百货公司和Big W超市为游客提供舒适、宽敞的购物环境。

🏠 地址：Keltie Street Woden ACT 2606，Australia。
🕐 营业时间：周一～周五9:00～17:30，周六、日10:00～15:30。

塔格龙购物中心（Tuggeranong Shopping Center）

　　塔格龙购物中心是塔格龙区规模比较大的购物中心。该中心内除了各种品牌的服饰店面外，还有一个小型的梅尔百货中心、凯马特超市和美食城等供游客购物及休闲。中心以实惠的价格、完美的信誉吸引了众多游客前来购物。

🏠 地址：150-180 Soward Way Tuggeranong ACT 2900，Australia。
🕐 营业时间：周一～周五9:00～17:30，周六、日10:00～15:30。

购物商场

贝尔科南购物商场（Belconnen Mall）

贝尔科南购物商场位于堪培拉贝尔柯南区。商场内并没有许多的商品摊位，但是位于商场内的两个大型超市分别是：凯马特超市和梅尔超市，它们奠定了贝尔科南购物商场的地位。此外，还有一个美食城，为游客提供休息的场所。

⌂ 地址：Westfield Belconnen，Benjamin Way，Belconnen ACT。
🕙 营业时间：周一～周五9:00～17:30，周六、日10:00～15:30。

购物区

Fyshwick

Fyshwick购物区是堪培拉郊区最大的购物区。购物区分为很多部分，有专门的古玩店，有出售仿古家具、瓷器、手工制品、古钱币、传统服装等的区域，还有出售家用电器、家具、家居饰品的区域。新鲜农产品区域出售水果、蔬菜、肉类、海鲜等食品，总之这个购物区的商品应有尽有。

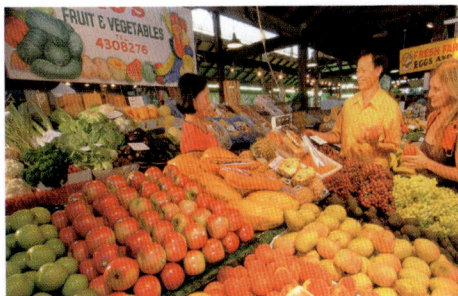

⌂ 地址：Fyshwick Australia2609
🕙 营业时间：周一～周五9:00～17:00，周六、日10:00～16:00。

购物村

芝宁达拉村（Ginninderra Village）

芝宁达拉村是堪培拉北部10公里处的一个村庄。村庄内拥有堪培拉境内最为古老的建筑，具有浓厚的历史气息。村庄内的商品丰富多样，令人目不暇接，包括布匹、花边、陶器、衣饰、木制品、银器以及多种羊毛和羊皮制品。

⌂ 地址：Barton Highway Gungahlin
🕙 营业时间：周二～周四9:00～17:30，周五9:00～21:00，周六9:00～16:00，周日10:00～16:00。

宾根多尔村（Bungendore）

宾根多尔村是堪培拉东边的村庄，车程需要30分钟左右。这里主要经营当地一些特别的商品，有古董、皮具以及当地木材制造的产品。村庄里的商品大多质地优良，做工精细，不妨来此逛一逛，也许可以有意外的收获。

⌂ 地址：Bungendore New South Wales State 2621Australia
🕙 营业时间：每天9:00～17:00

4 悉 尼

一个国际大都市，商业、贸易、旅游和文化的中心，四季宜人的气候，优雅舒适的环境，便利快捷的交通，发达完善的基础设施，吸引着无数的游客前来。在悉尼有很多景点让人留恋，风味独具的美食、浓厚的节日氛围以及丰富多彩的娱乐活动总是让人被这个城市的活力深深吸引着……

悉尼印象零距离

悉尼知识知多少

悉尼（Sydney）是新南威尔士州的首府，如今大洋洲最大的城市，位于东面的太平洋与西面的蓝山之间的沿岸盆地，面积达1735平方公里。这是一个充满个性和活力的城市，空间、阳光、自由、欢乐及色彩是悉尼给人最深刻的印象，它集金融、餐饮、购物和娱乐于一身，每年都有数以百万计的游客来此探访。无论游客是想要尽情欢娱和探索，或是想到户外彻底地放松压力，悉尼都能满足游客的要求。很少有城市像悉尼一样拥有这样得天独厚的大自然的恩赐，再加上悉尼人的智慧，使得现代建筑与自然环境和谐共生，在一个有限的空间中建筑成一个多姿多彩的宜居都市。悉尼如此迷人，被游客评选为"全世界最佳都市"。

悉尼城区示意图

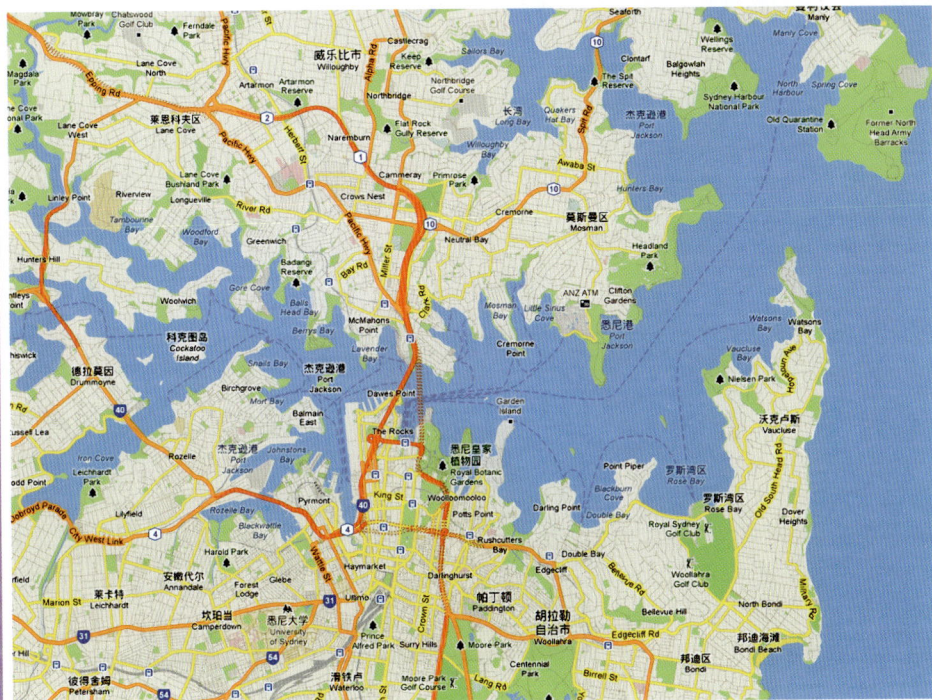

悉尼游玩前须知

什么时间旅游最适合

悉尼位于澳大利亚东南海岸，这里气候宜人、环境优美、景色秀丽，夏无酷暑、冬不寒冷，日照充足，雨量丰沛。悉尼的四季没有明显的界线，全年大部分时间都气候温和。旅游最佳的时间通常在10月到次年4月。在悉尼即为夏末和秋初的时候！

1 行前早知道
2 出行必备功课
3 堪培拉
4 悉尼
5 黄金海岸
6 布里斯班

最IN风向标——旅游穿衣指南

悉尼属于副热带湿润气候，全年降雨。它的四季和北半球正好相反：9~11月是春季，12月~次年2月是夏季，3~5月是秋季，6~8月就是冬季了。

最暖的月份是1月，沿海地区的气温是18.6~25.8℃；带一些单衣就可以，短袖、短裤也是必需的，最热的时候气温高达40℃，要带一些清凉的衣服。最冷的月份是7月，平均气温是8.0~16.2℃，不会太冷，准备上棉服就行。其他时间去旅游的话带上春秋服装即可。

必须了解的医疗服务

悉尼的医院很多，可分为公立医院和私立医院！如果在旅行中身体状况不佳，而且吃药不能解决的话，就需要到所住宾馆附近的医院进行治疗，以下提供几处医院，仅供参考！

名　　称	地　　址	电　话
Albury Base Hospital	East Street, East Albury New South Wales 2640	+6102-60584444
Royal Prince Alfred Hospital	Camperdown NSW 2050	+6102-95156111
Canterbury Hospital	Canterbury Road, Campsie NSW 2194	+6102-97870000
Manly Waters Private Hospital	17 Cove Avenue, Manly NSW 2095	+6102-99779977

市区景点

景点
①

环形码头

环形码头（Circular Quay）是悉尼主要的交通枢纽中心，由5个小码头组成，设有一个大型的渡轮、巴士与铁路转线站，可以从这里前往28个不同的目的地。渡船、游艇、汽艇、远洋班轮和划艇，都积聚到了这里"争相斗艳"。人们可以选择各种档次和航程的渡船、游船，来欣赏悉尼这一世界最大自然海港的美丽景色。在海边街头艺术家们的杂耍行为表演，也给这里增色不少。在环形码头的附近还有很多风格不同的餐馆和礼品店。每到节日这里便是庆典的首选之地，烟火汇演，全家大小出游的欢乐画面，都能使人心情舒畅。

······典故解读······

据史料记载，环形码头所在的位置是澳大利亚原住民的发源地，也是英国舰队在当年抵达悉尼后最先上岸的地点。两百多年过去了，这片土地上无论是原住民还是殖民者，他们早已融入了历史行进的轨迹，并从岁月的尘埃之中建设出了一个现代化的都市。环形码头也从悉尼重要的航运中心，渐渐地发展成了一个集交通、休闲与康乐于一体的综合社区。环形码头高架的卡希尔高速公路于1958年3月14日通车，环形码头火车站也于1959年1月20日通车。加上邻近的悉尼歌剧院与悉尼港湾大桥两个地标性建筑，这里便成了澳大利亚和悉尼重大庆典的集会地。

······玩家指南······

🏠 **地址：** Circular Quay Sydney New South Wales 2000
🚌 **交通：** 乘坐公共汽车在Circular Quay Railway Station站下车即到
🕐 **开放时间：** 全天
¥ **门票：** 免费

1 行前早知道

2 出行必备功课

3 堪培拉

4 悉尼

5 黄金海岸

6 布里斯班

景点 ② 悉尼大桥

直到1916年他在新南威尔士州立法议会通过了一项法案，可不幸的是建造经费被用于战争支出。第一次世界大战结束后，建设桥梁的计划再度进行。并于1921年面向海外招标。最终于1924年3月24日将合约给予英国米德尔斯伯勒都门朗建筑公司。

悉尼大桥（Sydney Harbour Bridge）又称海港大桥，桥全长1149米，宽49米，从海面到桥面高58.5米，从海面到桥顶高达134米，是世界第一单孔拱桥，被誉为"巨型衣架"。这座大桥从1857年设计到1932年竣工，共耗资940万澳元。悉尼大桥与举世闻名的悉尼歌剧院隔海相望，成为悉尼的标志性建筑，也是连接港口南北两岸的重要桥梁。悉尼大桥共设有8个车道，2条铁轨，1条自行车道及1条人行道，目前每天平均有16万辆汽车通过。攀爬这座大桥是最受欢迎的旅游项目之一，全程费时大约需要三个半小时。在桥上可以欣赏到迷人的海港城市风景，夜幕降临时大桥被彩灯装扮的景致也绚烂夺目。

...... 典故解读 ......

早在1815年建筑师弗朗西斯·葛林威（Francis Greenway）建议新南威尔士州应该于北部海港南岸建造一座桥梁。虽然提议最终没有被采用，但这个想法仍然继续存在。他又于1857年提出一座跨越海港的大桥的设计图，这也是已知最早的设计图之一。在1879年建造计划又一次被提出，然后在1880年一座造价估计约850 000英镑的桥梁提案被提出。此计划在1900年曾进行一次竞赛，但未被认为是合适的方案。

.... 玩家指南 ....

🏠 地址：Sydney Harbour Bridge，Cumberland Street，Sydney NSW 2000。

🚌 交通：乘坐公共汽车在Circular Quay Railway Station站下车即到。

🕐 开放时间：10:00～17:00，圣诞节不对外开放。

🎫 门票：周一～周五：成人179澳元，儿童109澳元；周末：成人199澳元，儿童129澳元。

悉尼塔

1 行前早知道

2 出行必备功课

3 堪培拉

4 悉尼

5 黄金海岸

6 布里斯班

悉尼塔（Sydney Tower）坐落在悉尼购物中心的中央点上，建成于1981年，高305米，为悉尼标志性建筑，登上塔顶可360°鸟瞰悉尼绚丽全景。塔楼是个9层的圆锥体建筑。一、二层是两个旋转式餐厅，三、四层是瞭望层，并为游客准备了高倍望远镜，游客借助它可以把周围70公里内的景物尽收眼底；多屏幕的电视讲述了悉尼塔的建筑历史，方便游客更细致地了解这一景点。如果想登高远眺，可由四楼乘坐高速电梯，只需40秒即可抵达顶层观景台。而且悉尼塔还是个不折不扣的购物天堂，这里有大小商店180余个，商品从时装、电子产品，到日用百货应有尽有，不愧是悉尼的必游景点。

·········· 玩家指南 ··········

○ **地址**：Suite 1, 1st floor, 100 Market St., Centerpoint。
● **交通**：乘坐公共汽车在City Centre Monorail Stop站下车即到。
◐ **开放时间**：周一～周五9:30～21:30，周六9:30～23:00。
¥ **门票**：成人10澳元，儿童4.5澳元。

····· 典故解读 ·····

悉尼塔是一个多功能建筑物，它的外表呈金黄色，在阳光的照射下显得格外壮观。悉尼塔高达230米的管状塔身是由46根长5米、直径6.7米、重32吨的管子一个压一个堆积而成。管的外部有56根钢缆与地面建筑物相连，每根钢缆重7吨，由235股7毫米的钢丝拧制成，钢缆总长度可达170公里。

景点 ④ 悉尼歌剧院

悉尼歌剧院（Sydney Opera House）是澳大利亚全国表演艺术中心，又称海中歌剧院，在2007年6月28日被联合国教科文组织评为"世界文化遗产"。它的外形犹如即将乘风出海的白色帆船，但因为白色屋顶由一百多万片瑞典陶瓦铺成，并经过特殊处理，因此不怕海风的侵袭。它内设音乐厅、歌剧场、戏剧场、儿童剧场和一个摄影场。每年在悉尼歌剧院举行的表演大约3000场，约200万观众前往共襄盛举。其中音乐厅内一台号称是全世界最大的机械木连杆风琴很吸引眼球，它由10 500个风管组成。悉尼歌剧院现在不仅是悉尼的艺术的殿堂，也是世界各国展现民族文化的舞台。作为世界级的旅游景点，悉尼歌剧院展现出多样的迷人风采。

······典故解读······

悉尼歌剧院从20世纪50年代就开始构思兴建，1955年起公开征集世界各地的设计作品，直到1956年共有32个国家233个作品参选，后来从中选择了丹麦建筑师Jorn Utzon的作品。在兴建过程中有克服不了的技术难关、有拂袖而去的建筑师，还有超高工程费等。但最终还是由大家合力完成，共耗时16年，花费1200万澳币，在1973年10月20日正式开幕。整个建筑占地1.84公顷，长183米，宽118米，高67米，相当于20层楼的高度。其中音乐厅是悉尼歌剧院最大的厅堂，可同时容纳2679名观众；歌剧厅较音乐厅较小，拥有1547个座位。

············玩家指南············

⌖ 地址：Bennelong Point, Circular Quay，Sydney。

🚌 交通：乘坐公共汽车在Circular Quay Railway Station站下车，步行700米即到。

⏱ 开放时间：除了圣诞节、耶稣节不对外开放，每天开放16个小时；演出购票时间为每周一～周六9:00～20:30，周日的表演则售票至开演前两个半小时；歌剧院导览游时间为每天9:00～17:00，每隔半小时一团，每天11:00和14:30还有中文导览。

¥ 门票：成人32澳元，特价票23澳元，家庭票74澳元，时长1小时；后台参观门票为140澳元，时长2小时。

景点 **⑤** 皇家植物园与领地区

皇家植物园与领地区（Royal Botanic Gardens）建于1816年，在这个占地30公顷的植物园内种植有12 000种以上的植物，其中四分之三是特有品种，所以来到皇家植物园就是漫步于美丽的绿地、花园之中。皇家植物园按种类不同划分为宫廷花园（The Palace Garden）、棕榈园（The Palm Grove）、蕨类植物区（The Fernery）、第一农场（First Farm）、低地园（The Lower Garden）、展览温室（Tropical Centre）、南威尔士国家标本馆几大部分。植物园内的麦夸里夫人角是观赏悉尼歌剧院和海港大桥的绝佳地点，闲暇时你可以点上一杯咖啡，细细品味的同时欣赏这里的一草一木。

·······典故解读·······

在19世纪早期，来自英国的移民也把他们的园艺带到了遥远的澳大利亚，当地政府任命查理主持设计悉尼植物园。当时的悉尼植物园被划分为四个区域：蔬菜园、水果园、试验园和下层花园。

················玩家指南················

⌂ **地址**：Melbourne CBD Victoria 3004
🚌 **交通**：乘坐8路公共汽车，在Domain St./Domain Rd. 站下车即到。
⌚ **开放时间**：4～9月10:00～16:00；10月～次年3月10:00～18:00。
¥ **门票**：12澳元

1 行前早知道
2 出行必备功课
3 堪培拉
4 悉尼
5 黄金海岸
6 布里斯班

91

景点 **6** 悉尼野生动物园

悉尼野生动物园（Featherdale Wildlife Zoo）是世界上唯一的室内动物园，这个自然保护园区共分为9个展区，可以看到大约130种，总数达6000多只的澳大利亚本土野生动物。游客可拥抱考拉并和它们拍照，给袋鼠喂食，还可以在剪羊毛场（Outback Woolshed）观赏剪羊毛表演。

······ 典故解读 ······

野生动物园中生活着一种名叫"塔斯马尼亚魔鬼"的动物，听上去是不是有点恐怖。不用怕，它的另一个名字是袋獾。塔斯马尼亚魔鬼是欧洲人给它取的绰号。可能是因为它的叫声有点可怕，而且声音很大，好像是被激怒的驴的叫声。袋獾的身形如同一只小狗，肌肉发达，十分壮硕，但不太会猎捕，只能吃到死去的动物尸体。不过可别因此而觉得它们没有杀伤力，一旦它们张开嘴巴，就会看到其有力的下颚，足以咬碎骨头和靴子。如果它灰白的耳朵开始泛红，意味着它要攻击！

·········· 玩家指南 ··········

⌂ 地址：Featherdale Wildlife Park, 217 Kildare Rd. Doonside NSW 2767。

🚌 交通：乘坐CityRail到Blacktown下车，然后转乘725路公共汽车即到。

🕐 开放时间：每天9:30～17:00

¥ 门票：成人20澳元，儿童10澳元，家庭票55澳元。

景点 ⑦ 悉尼水族馆

悉尼水族馆（Sydney Aquarium）的建筑呈巨大的波浪形，展览面积为3200平方米，拥有约5000种水底生物，经过两年的设计建造，于1988年开幕，是澳大利亚最大的水族馆之一，10年来几乎是游客前往悉尼的必游之地。内部包括大堡礁、深海区、塔斯马尼亚海域、岩岸区、红树林、悉尼港区等多种不同展览馆。游客可以乘坐145米的海底玻璃隧道，观赏各种鱼群游过眼前，如鲨鱼、鳄鱼，彩色珊瑚、热带鱼等，以及欣赏到如海豹、海豚表演等，让人大饱眼福。如果你想近距离高保真地欣赏海洋世界的情景，就不要错过悉尼水族馆。

……典故解读

在悉尼水族馆中可观看到世界最大的鸭嘴兽。它属于卵生的哺乳类动物，以河中小的水生动物为食物，常把窝建造在沼泽或河流的岸边，冬季不活动或冬眠。鸭嘴兽身上带有蛇毒、蜘蛛毒、海星毒以及自己特有的毒共计80多种，是一个毒素大杂烩。春天是鸭嘴兽的繁殖期，此时雌鸭嘴兽会产下2～3枚软壳蛋，10天后幼仔被孵化出来。小鸭嘴兽在未能离开洞穴之前，都要吃母奶。这个在地球上生活了近上亿年的生物，也是2000年悉尼奥运会的吉祥物。

……玩家指南

🎧地址：Darling harbour 1-5 Wheat Road，Sydney NSW 2000。
🌐交通：乘坐公共汽车在Darling Park Monorail Stop站下车即到。
⏱开放时间：每天9:00～21:00
¥门票：成人15.9澳元，3～15岁未成年人8澳元。

1 行前早知道
2 出行必备功课
3 堪培拉
4 悉尼
5 黄金海岸
6 布里斯班

景点
8

岩石区

岩石区（The Rocks）是每个来到悉尼的观光客的必游之地，狭窄的鹅卵石小巷、精美的建筑、古老的酒吧、别致的餐馆和澳大利亚式商店，它简直是一座露天的博物馆。这里可以让游客轻易地消磨一天。周末时，岩石区的街道会封闭一段时间，摇身变成有超过150个摊档的集市，出售各种特色商品，包括艺术品和手工艺制品、家居用品、珠宝首饰、玩具和各种美食，如：原石雕出来的艺术品、原木雕成的器皿、手制的染色玻璃用品、手绘的布袋和台布等。在岩石区这个人文荟萃的中心，会获得意想不到的惊喜。

···········典故解读···········

1787年来自英国的菲力浦船长（arthur phillip），带领随同前来的警卫与犯人，在这块砂岩海角上扎营，自此开启了澳大利亚的历史新页。然而20世纪初期一场黑死病的爆发导致这里几近毁灭。后来悉尼港湾大桥的兴建，岩石区遭到破坏，陷于贫穷、拥挤的恶劣居住环境。直到20世纪70年代，城市的再发展规划把大部分岩石区转变成一个干净的历史旅游地区。如今，岩石区是悉尼最好玩、最吸引游客的地方！

···········玩家指南···········

📍 **地址：** The Rocks New South Wales 2000
🚌 **交通：** 乘坐公共汽车在 Circular Quay Railway Station 站下车即到
🕐 **开放时间：** 全天
💴 **门票：** 在岩石区游客中心可以购买岩石区旅游套票，套票可以进行三个旅游项目：海港巡游、步行旅游、餐馆进餐。成人36澳元，儿童26.50澳元。

景点 ⑨ 悉尼唐人街

悉尼唐人街（Sydney Chinatown）位于中央车站与达令港（Darling Harbour）间的僖市场（Haymarket），虽然没有纽约、旧金山的唐人街大，但颇有中国特色。唐人街的主街是德信街（Dixon Street），其他还有周边地区的沙瑟街（Sussex Street）、乔治街（George Street）、高宝街（Goulburn Street）和利物浦街（Livepool Street）。中餐馆是悉尼唐人街一道最亮丽的风景，而且颇受外国人的喜爱。

整个唐人街杂货店、书店、各种小吃店等一应俱全，商品从首饰、衣服到电器、水果，琳琅满目。每到中国大型节日，唐人街到处张灯结彩，喜气洋洋，愈发风姿绰约。

玩家指南

- 地址：Dixon St.，Sydney New South Wales 2000。
- 交通：乘坐公共汽车在Chinatown Monorail Stop 站下车即到
- 开放时间：全天
- 门票：免费

典故解读

最早的唐人街不过是因为中国移民多了，所居住的地区比较集中。20世纪80年代是华人在澳大利亚角色转变的关键时段。从那个时候开始，一些华人开始在经济上获得成功。随着中国的开放，越来越多的中国人来到了澳大利亚，日渐成为澳大利亚各族群中重要的一员。而唐人街，作为澳大利亚华人的一张共同名片，也悄然发生着变化。

1 行前早知道

2 出行必备功课

3 堪培拉

4 悉尼

5 黄金海岸

6 布里斯班

景点
⑩

牛
津
街

　　牛津街（Oxford Street）从市中心地带一直延伸至帕丁顿（Paddington）地区，是悉尼最别具风情的特色街市之一。这条被誉为悉尼最"别具风格"的街道拥有不少精美别致的小店，包括名牌时装、前卫设计、二手服饰、手工艺品、古董以及艺术画廊、咖啡馆、酒吧。牛津街上还有不少籍籍无名却个性十足的自创品牌，因此这里也是不少时尚年轻人或先锋艺术家的聚集场所，同时还是悉尼夜生活的焦点之地。

········ 玩家指南 ········

🚩 **地址**：Oxford St. NSW, Australia。
🚌 **交通**：乘坐观光巴士在帕丁顿下车即到
🕐 **开放时间**：全天
¥ **门票**：免费

······· 典故解读 ·········

　　澳大利亚是开放的国家，在当地同性恋者是受法律保护的。每年3月的第一个星期天都会在牛津街上举行同性恋者大游行活动，当时会有各类精彩表演，吸引着大量当地居民和游客们前来观看，当地的媒体也纷纷进行采访和报导游行的整个过程。不过同性恋的集会游行是在20世纪末期才得到了认同。1978年6月24日，他们为了纪念纽约同性恋活动九周年，也曾遭到了当地警察的暴力袭击。

周边景致

景点 ① 伍伦贡

伍伦贡（Wollongong）（也叫卧龙冈）位于新南威尔士的南部，距悉尼只有80公里，是个工业城市，也是澳大利亚第八大城市和著名的旅游观光城市。2005年底开通的"蓝色海洋路"是连接悉尼和伍伦贡的风景大道，沿途还可以欣赏海岸线的美丽风景。伍伦贡拥有刺激的冲浪海滩和景色迷人的内陆，背靠险峻的伊拉瓦拉悬崖，无论城市还是海滩都充满了恬静和轻松的感觉。在伍伦贡的Kiama小镇，可以观赏海港、灯塔、炮台，观赏Kiama天然喷水洞喷泉。当地的"薰衣草农庄"终年均有薰衣草盛开。漫山遍野紫色的海洋一望无际，空气中弥漫着淡淡的花香，让人沉醉。欣赏的同时，不妨为亲朋带上用薰衣草制成的各式用品，如香薰、蜡烛、沐浴液、花草茶、护肤品……

庙占地55英亩，1992年动工，1995年竣工。寺庙中的7层灵山塔，里面供奉着地藏菩萨。另外背靠青山站立在莲花座上的如来佛像是南天寺的一大特色。

······ 典故解读 ······

卧龙冈的发音据说是源自澳大利亚土著居民语言"拍打沙滩的波浪声——Wallunyuh"，是1826年命名的。不过说起卧龙冈这个名字的来历和中国还颇有渊源。它是为了纪念中国古代伟大的智者卧龙先生——诸葛亮。而且卧龙冈有一座中国帮助修建的南天寺，寺

······ 玩家指南 ······

地址： Wollongong City, New South Wales Australia。

交通： 从悉尼市中心乘火车到Wollongong站下车即到，需2.5小时左右。

开放时间： 依实际景点而定

门票： 依实际景点而定

1 行前早知道

2 出行必备功课

3 堪培拉

4 悉尼

5 黄金海岸

6 布里斯班

景点 **2** 蓝山

蓝山（Blue Mountains）是一道长长的山脉，覆盖面积约一百万公顷，全区生长着庞大的原始丛林和亚热带雨林。因桉树挥发的油滴在空中经折射呈现蓝光而得名，远眺蓝山就连天空中也漂浮着蓝色的雾霭。在蓝山，你可以探访巨石、砂岩、瀑布、茂盛的桉树林和蕨木林之间的深深峡谷。蓝山最富情趣的活动是乘坐坡度陡峭的缆车到半山游，而最刺激的就是吊在悬崖峭壁上吃午餐。蓝山内遍布7个大小村镇，居民多达8万，是人类与自然、原始与文明的和谐并存。蓝山小镇中不乏古董店、艺廊、博物馆，游客不妨进一步体验这世外桃源的另一风情。

······典故解读·······

三姐妹峰是十分稀有的地理奇景，是蓝山的标志。关于这三块巨石有不同传说。传说一：传说三个长得非常漂亮的土著姑娘被山中的魔王看中了。为躲避魔王的抓捕，姑娘们找到魔法婆婆把她们变成石头。魔王知道后，杀死了魔法婆婆，于是三个姑娘再也变不成人了，永远成了岩石。

传说二：相传在Katoomba部落有三位美貌的姐妹，她们同时爱上了山下Nepean族兄弟三人。但在当时是不被允许的，因而引发两族战争。当时有一位巫师为了保护三姐妹免受战争的威胁，就把她们变成石头。然而最后巫师却战死，剩下守山谷的三姐妹岩。

······玩家指南······

🏠 **地址**：Blue Mountains, Blue Mountain Queensland 4737 Australia。

🚌 **交通**：可以在悉尼中央火车站12、13号月台乘火车前往，大约2小时路程，火车票单程11澳元，当日往返14澳元；或乘坐每日定期班次来往悉尼及蓝山之间的城市连接（Citylink）巴士到达。

¥ **门票**：根据具体景点而定

景点
3

斯蒂芬斯港

斯蒂芬斯港（Port Stephens）位于悉尼北部约230公里处，这里的天清水蓝，浪柔沙软，被誉为"蓝水天堂"，周围被26个大大小小的金色沙滩围绕，形成了一个独特的天然游乐场。这里生活着将近100只可爱友善的瓶鼻海豚，它们可以算是斯蒂芬斯港的小主人，所以又被誉为"澳大利亚的海豚之乡"。来到斯蒂芬斯港，除了陶醉在放松休闲的户外环境，感受舒适自在的悠闲假日，回归大自然的怀抱外，这里的各种海上运动也有独特的乐趣，可以乘坐四轮驱动车在海滩上奔驰；可以与鲨鱼、魔鬼鱼共同潜水；可以乘坐当地赏豚游轮出海，在甲板上观赏海豚在水中畅游的奇特景观；还可以坐在滑沙板上体验海洋滑沙的刺激。如果你喜欢安静的运动，可以迎着太阳来个美丽的日光浴；可以在沙滩上来个创意沙雕，又或者享受当地的生蚝以及斯蒂芬斯酒庄的优质红、白葡萄酒"，静静地欣赏这水天一色的美景，都是无比惬意之事。

······**典故解读**······

在斯蒂芬斯港扬帆出海是游客的至爱。追溯历史，最早的船是简易的独木舟，或者是用兽皮铺盖在木制构架上而制成的小船，只能靠短阔桨或长桨推进。第一幅帆船画出自5000年前的尼罗河流域。帆船顺风行驶很容易被理解，但是逆风可能大多数人都比较费解。这就是帆的伟大了，帆根据风吹来的方向不同可以调整角度，以有效利用风能推动船前进。

······**玩家指南**······

⊙ **地址：** Port Stephens New South Wales State 2324 Australia

🚗 **交通：** 乘坐从悉尼市中心开往Newcastle的火车前往，大约3小时路程；自驾车的游客可沿F3高速公路北走3小时左右即到。

🕐 **开放时间：** 全天

💰 **门票：** 免费

1 行前早知道

2 出行必备功课

3 堪培拉

4 悉尼

5 黄金海岸

6 布里斯班

景点 **4** # 达令港

达令港（Darling Harbour）又叫"情人港"，是悉尼居民和游客最爱游览的地方之一，也是一处休闲及购物的好地方。港口有120多家零售商店，出售的商品五花八门，但价格公道而且小店各有特色，有时还会配合节庆或特殊活动推出一些特价商品。这里的餐馆、酒店也是琳琅满目，你可以选择一家高级酒店去享受一把奢华，选择在酒吧、舞厅玩个通宵也未尝不可。除此，达令港还是一个文化活动的大公园，从早到晚会有不同的娱乐节目，娱乐设施、博物馆、水族馆和IMAX电影院等，更是必不可少。而且这个IMAX电影院，号称拥有全世界最大的电影银幕，整个大厅有八层楼高，很多旅客都慕名而来，是不可错过的景点。

······典故解读······

IMAX公司成立于1967年，总部位于加拿大多伦多和美国纽约，亚太地区办事处则在中国上海。IMAX公司是IMAX技术及相关设备的所有者，主要致力于研发电影和数码科技，主要有3D技术、后期制作和放映技术。到目前为止，IMAX公司以独立或合作的方式已经在全世界36个国家和地区建立了250多个IMAX巨幕影院或放映厅，主要分布在加拿大和美国。

玩家指南

🏠 **地址**：Darling Harbour New South Wales，Australia。
🌏 **交通**：可从市中心徒步或乘单轨火车到情人港只需要10分钟，单轨电车3～5分钟一班。
✉ **开放时间**：达令港的商店营业时间和悉尼其他商店基本相同，餐厅、酒吧、咖啡厅会更晚关门，一些俱乐部（club）和酒吧（pub）可能会通宵营业。
💲 **门票**：成人29.50澳元，儿童19.5澳元。

景点 ⑤ 邦带滩

邦带滩（Bondi Beach）位于悉尼市区向东南3公里，海滩长达1公里，弧形的海滩如田园一般。虽然只是个沙滩滨海小镇，却是澳大利亚历史性的冲浪运动中心，是澳大利亚传统冲浪救生训练基地，所以在此可观看救生演示活动，甚至还可以亲身参与。邦带滩在澳大利亚原居民的语言中为"激碎在岩石上的浪花"，顾名思义，是海天一线、白浪逐沙的景象。这里的海浪很大，不适合游泳，但这里是日光浴和冲浪的首选地。此地海滩上聚集了背包客、亿万富翁、滑板爱好者、俊男美女等。极目远眺，山坡上绿树掩映丛中造型各异的富人生活区别墅与蓝得几乎透明的大海交相呼应，让人在如画的景色中体味一种生活状态。沿着邦带到库吉的悬崖观景路而行，有飘香四溢的咖啡馆，地道的美食餐馆，你可任选一家坐下来小憩，感受这里无忧无虑、阳光灿烂的生活。

······ 典故解读 ·······

仔细观察海面上的冲浪爱好者，只见他们趴在滑板上向海里游去，等待着海浪的形成。当一个海浪涌过来时，要迅速地站在滑板上，驾驭着滑板追逐着浪花。其实这种运动是波利尼西亚人的一项古老文化。当时酋长是部落冲浪中技术最好的驾浪者，并拥有使用最好的树木所制造的最好的冲浪板。统治阶级会拥有最好的海滩和冲浪板，底层民众是不准进入他们的沙滩的，但民众可以通过高超的冲浪技艺获得晋升，从而享受这些特权。

······ 玩家指南 ·······

⚲ **地址**：Bondi Beach New South Wales State 2026 Australia

🚍 **交通**：可以从悉尼市中心乘坐380、389、L82路公共汽车到达，或者乘坐城铁、火车到Bondi Junction，再乘坐381路公共汽车到达。

⏰ **开放时间**：全天

¥ **门票**：免费

1 行前早知道

2 出行必备功课

3 堪培拉

4 悉尼

5 黄金海岸

6 布里斯班

景点

⑥

猎人谷

中英文对照表吧，或许会有所帮助！

红葡萄品种：

Shiraz 舍拉子
Merlot 梅洛
Cabernet Sauvignon 赤霞珠
Pinot Noir 黑比诺
Zinfandel 金粉黛
Malbec 马尔贝克
Grenache 歌海娜
Gamay 佳美

白葡萄品种：

Chardonnay 霞多丽
Riesling 雷司令
Sauvignon Blanc 长相思
Semillon 赛美隆
Gewurztraminer 琼瑶浆
Muscat 莫斯卡托
Pinot Gris 灰皮诺

猎人谷（Hunter Valley）以其秀丽的风光和美味的葡萄酒驰名世界。猎人谷有超过120个酒庄，这里出产的一流葡萄酒，在本地和国外都深受欢迎，而且这里的酒不在其他市场上零售，只在原产地售卖。因此来到猎人谷只要你酒量够好，便可大饱口福。在景色如画的猎人谷来一次热气球的升空之旅；骑着马车阖家观赏猎人谷的旖旎风光；大胆去品尝鳄鱼肉、袋鼠肉或澳大利亚鸸鹋肉，这还不是猎人谷带给人们的全部。这里有60多间餐厅、130余间大小旅馆和公园、游乐场、古文化建筑、手工艺品、高尔夫球场等各式餐饮、娱乐场所和设施，不禁使人感叹猎人谷是一个忘忧谷。

······ **典故解读** ······

猎人谷绝对没有猎人，因为第一个开垦该地的英国移民叫Hunter，猎人谷是为了纪念他而命名。当年的不毛之地，如今已是鸟语花香。来到盛产美酒之地，不买上一瓶实在可惜，看一下葡萄酒

·········· **玩家指南** ··········

🏠 **地址：** Hunter Valley, New South Wales, Australia。

🚌 **交通：** 悉尼每天早上7:30有RoverCoaches巴士从市中心CentralStation出发，约10:20左右到达猎人谷公园（Hunter Valley Gardens）；巴士返程时间为下午16:30由猎人谷公园出发，晚19:10左右到达悉尼市。

⏰ **开放时间：** 10:00～17:00

¥ **门票：** 免费

悉尼旅行资讯

1 行前早知道

2 出行必备功课

3 堪培拉

4 悉尼

5 黄金海岸

6 布里斯班

如何抵达

悉尼是国际大都市，基础设施完善发达，交通便利快捷。前往悉尼的交通方式主要有：航空、铁路、长途巴士和渡轮。

航空

目前国内的北京、广州、上海、香港、深圳、杭州、海口等城市都有直达悉尼的航班。到达悉尼的航班主要在悉尼国际机场降落，悉尼国际机场是澳大利亚主要航空港之一，也是澳大利亚最繁忙的机场。

小贴士

悉尼机场作为澳大利亚最大的机场，有一项非常特别的服务：金色大使。旅客可以在候机楼内随处找到他们。金色大使无条件为旅客和访问悉尼机场的所有客人提供服务，如为顾客提供准确无误的路径方向等。

悉尼国际机场距市中心8公里，从机场到市中心可搭乘机场火车、机场巴士或出租车前往。

机场火车站

乘坐机场火车前往悉尼市中心是最便捷的，每10分钟就有一班火车可以到达市区，只需13分钟即可。国际机场火车站位于机场候机楼的下面，国内机场火车站则是位于国内候机室（Qantas Domestic Terminal）的下面。国内机场出发的火车直接进入City Circle（市区内环线），包括中央火车站（Central）、市政厅（Town hall）、温耶德（Wynyard）、环形码头（Circular Quay）、圣詹姆斯

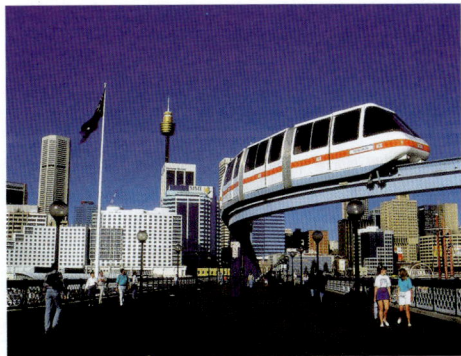

（St James）、博物馆（Museum）、马丁广场（Martin Place）和英皇十字街（Kings Cross）。如果是前往悉尼其他地区的话，可以在国际机场火车站买到前往悉尼地区任何火车站的车票，从国内机场火车站乘车到Central（中央）火车站，然后就可以换乘

前往各个地区的火车。

机场巴士

绿色和金色的机场巴士在悉尼机场以及市区有多条运行路线，票价为：单程7澳元，往返12澳元（含GST商品及服务消费税），运行时间为：5:00～23:00。此外，还有300线/350线等线路可以从机场前往市区。

铁路

悉尼有非常发达的铁路系统，因此乘坐火车前往悉尼也是不错的选择，既轻松，又可以欣赏沿途的风景。悉尼市有很多跨州际运行的火车。其中每天都有固定班次由各州开往悉尼市。

公路

悉尼配备庞大的高速公路和收费公路网络，但主要都在城郊。悉尼有很多长途巴士来往于其他城市之间，澳大利亚地域辽阔，乘坐巴士到各地需要比较长的时间，如从堪培拉到悉尼需要5小时、从墨尔本到达悉尼需要12小时、从凯恩斯到达悉尼需要23小时。

必须掌握的市内交通

悉尼市内的火车、公共汽车、渡轮、悉尼观光巴士（The Sydney Explorer Bus）都是市内主要的交通。而对于游客而言，最经常乘坐的则是火车和公共汽车。悉尼的公共交通工具也不是很贵，但悉尼的出租车价格不菲，所以坐车要量力而行，选择最合适自己的交通工具！

火车

悉尼的火车来往各城镇，乘火车所需时间

与巴士差不多，路线也相同，悉尼市内的中央火车站、市会堂火车站等列车车次齐全，候车方便。悉尼的火车票有很多种：单程票（Single）、往返票（Return）、周票（Weekly）、月票（Monthly）、季度票（Quarterly）、年票（Yearly）和通票（Travel pass）。学会买不同的火车票可以节约很多交通费。

悉尼的火车是按照时刻表运行的（时刻表可以在火车站向工作人员免费索取）。火车是半小时或1小时一班。

悉尼火车站在悉尼市中心分别有8个站点。这8个车站是中央火车站、市政厅、温耶德、环形码头、圣詹姆斯、博物馆、马丁广场和英皇十字街。这些站点布局合理，覆盖了市区的重点区域，方便游客出行。

公共汽车

悉尼的公共汽车分为国有（Public）和私有（Private）两种。国有的公共汽车运行结束的时间相对较晚，班次和路线也较多。而私有的公共汽车班次和路线较少。

乘坐国有公共汽车的乘客可以上车买票，也可以刷卡；而乘坐私有公共汽车的乘客，只能从司机那里买到原价的车票。

悉尼公共汽车的票价按时间分为2小时（2 Hour）的票、日票（Daily）、周票（Weekly）、月票（Monthly）和年票（Yearly）。如果你买的是日票，那么可以在一天中乘坐火车、有轨电车和公共汽车，不限制次数。

悉尼的公共汽车不是每一站都停，如果需要在下一站下车，则需要提前按一下扶杆上的红色按铃，否则到站司机是不会停车的。

小贴士

悉尼的所有车辆都是靠左行驶的，因此在过马路的时候，请您一定要先看右边，再看左边；如果按照"左顾右盼"的方式过马路，则是非常危险的。

单轨列车

单轨列车不仅是悉尼的一种常用的交通工具，更是一种轻松愉快了解悉尼的游览形式，它主要行驶在在市中心和达令港之间。它的特点是速度快、来往班次密集、通常从4:00至24:00运行。

观光巴士

观光巴士停靠在各主要的观光点，成人的票价为25澳元，儿童为18澳元，家庭票为68澳元。在市区有一种7天内任何3天有效

1 行前早知道
2 出行必备功课
3 堪培拉
4 悉尼
5 黄金海岸
6 布里斯班

的悉尼套票（Sydney Pass），可以无限次搭乘巴士、渡轮及有限次市区火车、海港游船、观光巴士（Bondi&Bay Explore），成人的票为70澳元，儿童为60澳元，家庭票为200澳元。另外还有5～7天期的套票，可在7天内使用。

"红色"的悉尼观光巴士游览27个悉尼最出名景点，全程大概需要2小时。"蓝色"的邦迪观光巴士停靠19站，全程大概需要2小时。

水运

轮船和游艇是游览悉尼的最好方式之一，所有轮渡都是从圆环码头出发，行程约为11公里，悉尼歌剧院和悉尼海港桥都可乘轮渡10分钟到达。环形码头为悉尼最主要的客运码头，靠近岩石区的泊位是邮轮码头并设有海关大楼。

出租车

悉尼出租车很多，但在街上流动的出租车很少，要乘车的话需要到市内标示有TAXI STAND的乘车处搭乘。出租车也是打表的，基本费用开始1公里0.95澳元，以后每1公里增加0.575澳元，如果司机帮助搬运东西，还要给0.20澳元的小费。

到悉尼游玩必做的几件事

悉尼人十分注重自己生存的环境和空间。那里的温馨和舒适是天下无双的，悉尼人逍遥自在的户外生活方式更令人津津乐道。所以来到悉尼旅游就一定不要错过那里好玩的项目，体验一下那种惬意的生活方式！

TOP1： 前往世界著名的港口

租一艘游艇，或从玫瑰湾划皮艇，驶过悉尼歌剧院，再乘坐观光游船从环形码头或达令港出发，途经滨水别墅、国家公园以及鲨鱼岛（Shark Island）、克拉克岛（Clark Island）和山羊岛（Goat Island）。在原住民文化航游之旅上，游览历史悠久的丹尼森堡（Fort Denison），或了解悉尼最早的居民盖迪该尔（Gadigal）族人的生活。一路走来会发现，这里的风景无限美好！

TOP2：探访历史悠久的岩石区

在悉尼港口一带了解悉尼多姿多彩的囚犯流放史，这个城市的一切都从这里开始。这里距环形码头只有五分钟的路程，游客可以在幽灵之旅上听绞刑和闹鬼的故事，漫步周末集市或攀登海港大桥。流连于迷宫般的砂石小巷和庭院之间，会发现年代久远的工匠小舍和雅致的排屋、画廊，还能看到有港口风景的酒店和悉尼最古老的酒馆。

TOP3：欣赏蓝山美景，享受假日风情

蓝山早在一百多年以前就成为悉尼人避暑消夏、欢度周末的最佳选择。各种美景使人心情舒畅，绝佳的丛林漫步以及峡谷、橡胶树、精美的餐厅都远远超出想象。因桉树而散发出的油脂形成的蓝灰色薄雾就是此地名字的由来。蓝山国家公园保护着Great Western Hwy 公路南北两边广大的森林。立于连车都很容易到达的观景台上，沿着草木苍翠的丛林小道行走，会完全被眼前无可比拟的美景所吸引。

TOP4：在拜伦湾体验返璞归真的生活

拜伦曾被澳大利亚人称为属于上帝自己的土地，拜伦的北部内陆河流边的绿色坡地在这里与海滩相遇，形成了壮丽的风景。美景让心灵陶醉，而这个小镇世外桃源般的氛围更让人们乐不思蜀。喜欢慢节奏生活的人们可以来度周末或者永久住下来，可以说拜伦承载一些人乌托邦般的梦想。温和的天气、广阔的沙滩、舒适的住宿、美味的食物、狂热的夜生活，加上当地人好客的热情和超凡的魅力造就了拜伦。

人气餐厅大搜罗

悉尼是一个国际化大都市，城市里的餐饮更是集合了各个国家的特色。来到这里不仅可以品尝到当地的正宗风味，还可以品尝到世界其他许多国家的风味美食，比如希腊、意大利、法国、中国、日本、越南、韩国、印尼等。总之无论你来自哪个国家，都会有适合自己的口味。悉尼是一个海港城市，这里的海鲜是最新鲜的。此外，悉尼的蔬菜水果品种繁多，牛、羊肉更是新鲜美味，来到这里可以大饱口福。

1 行前早知道

2 出行必备功课

3 堪培拉

4 悉尼

5 黄金海岸

6 布里斯班

中餐厅

金唐海鲜酒家（Golden Century Seafood Restaurant）

金唐海鲜酒家的创始人是香港人，如今分店遍布悉尼。餐厅的美食以海鲜为主，有龙虾刺身、鲍鱼火锅、澳大利亚皇帝蟹等特色菜式，味道纯正，受到食客的喜爱。餐厅在当地很有名气，当然价格也不便宜，用餐前需要提前预订。

地址：393-399 Sussex Street，Sydney NSW 2000。
电话：+6102-92123901
人均消费：约55澳元

山城火锅王

山城火锅王是位于悉尼的一家正宗重庆火锅餐厅，吸引了无数的中国游客以及喜欢辣椒的食客。这里是吃川菜的绝佳去处，店内除了各式火锅，还有口水鸡和四川凉粉。既然是川菜口味，当然是麻辣鲜香，因此要根据自己的口味适当地调节一下。

地址：8A 363 Sussex Street，Sydney 2000。
电话：+6102-92676366
人均消费：约30澳元

特色餐厅

Tan Viet Noodle House

Tan Viet Noodle House是一家越南餐厅，在悉尼也是很有名气。在餐厅里可以吃到正宗的越南美食，比如说一碗正宗的牛肉米粉配上一份脆皮炸鸡，别说多美味了。不仅如此，餐厅里还有许多其他小吃，也是很地道的，不妨来品尝一下。

地址：3/100 John St.，Cabramatta。
电话：+6102-97276853
人均消费：主食9.5澳元，甜品3澳元。

Kushiyaki Azuma

Kushiyaki Azuma 是一家日本餐厅，经过精心的装修和布置，充满日本情调。餐厅的地理位置比较优越，是约会

和宴请客人的最好去处。在餐厅里可以品尝到正宗的日式美食，食材都是很新鲜的，有海鲜、鸡肉和蔬菜。

⌂ 地址：Regent Place, 501 George Street。
☎ 电话：+6102-92677775
¥ 人均消费：套餐22澳元起

Lowenbrau

Lowenbrau是一家德国餐厅，装修风格具有德国特色。这里的德国菜很正宗，口碑不错，德国猪脚、各种香肠以及啤酒的味道很不错，受到食客的欢迎和喜爱。大口吃肉、大口喝酒是吃德国菜的特点，不妨体验一下这样的用餐乐趣。

⌂ 地址：cnr Argyle & Playfair St., The Rocks NSW 2000。
☎ 电话：+6102-92477785
¥ 人均消费：40澳元

当地餐厅

Kings Lane Sandwiches

Kings Lane Sandwiches是悉尼当地的餐厅，主要提供当地的特色美食。餐厅的饮食分量比较足，来这里用餐的人比较多，需要提前预订。餐厅正宗的澳式三明治可以自己选择配料，炸鸡排配沙拉也是比较纯正的餐点。

⌂ 地址：Kings Lane Sandwiches, 28 Kings Lane, Darlinghurst。
☎ 电话：+6102-93608007
¥ 人均消费：三明治7.5澳元，沙拉9.5澳元起。

Kobe jones

Kobe jones位于码头岸边，装修风格有点像酒吧，可以看到海边景色。餐厅的菜式比较简单、独特，味道很正宗，食材也很新鲜，分量很足。来这里用餐的人比较喜欢这里清幽、简单、随意的氛围。

⌂ 地址：King Street Wharf 29 Lime St.
☎ 电话：+6102-92995290
¥ 人均消费：40澳元

1 行前早知道

2 出行必备功课

3 堪培拉

4 悉尼

5 黄金海岸

6 布里斯班

靠谱住宿推荐

悉尼的住宿和许多大城市一样，无论是豪华的酒店，还是价格便宜的家庭旅馆和青年旅舍，这里一应俱全，为来到悉尼的游客提供各种档次、各种价位的住宿服务。尤其是在经历了2000年的悉尼奥运会，城市的住宿环境和服务质量更加完善。和其他旅游城市一样，每当旅游旺季住宿的价格会有所提高，旅游淡季则会有所下降，所以出游前为自己选择一个合适的酒店必不可少，也可以为自己省下不少的费用。

豪华酒店

Oaks Goldsbrough Apartments Darling Harbour

该酒店位于悉尼市中心，距离附近的著名景点很近，交通非常方便。酒店是一座历史比较悠久，并经过现代装修的建筑，可以观赏附近的美丽景色。酒店设有游泳池、咖啡厅、酒吧等休闲场所，客房的设施非常齐全，为客人提供优质的客房服务。

地址: 243 Pyrmont Street, Ultimo, NSW 2009 Sydney。
电话: +6102-85862500
价格: 一室公寓套房164澳元，两卧室公寓335澳元，一卧室公寓174澳元，海港景单卧室公寓254澳元，海湾景两卧室公寓434澳元，行政两卧室公寓474澳元。

Hilton Hotel Sydney

该酒店坐落在悉尼的火车站附近，交通极为便利，距离悉尼水族馆、购物区以及娱乐区步行距离很近。酒店内拥有著名的餐厅、设施齐全的水疗中心和悉尼最大的健康俱乐部等，休闲场所一应俱全。酒店提供多种住宿规格的客房，客房经过细致的装修和布置，为客人提供优质、舒适的住宿环境。

地址: 488 George Street, The central business district,, 2000。
电话: +6102-92662000
价格: 豪华特大号床间258澳元，休闲总统套房557澳元，行政双人间329澳元，休闲特大号床间469澳元，特大号床套房821澳元。

Meriton Serviced Apartments-Campbell Street

Meriton Serviced Apartments坐落于悉尼的城市中心，是悉尼最繁华的地段，无论是游玩、购物、娱乐都很方便。酒店内设有餐厅、游泳池、健身中心、酒吧、咖啡厅等为客人提供休闲服务。酒店的客房配备了空调以及带有洗衣机、烘干机、熨斗等设备的洗衣房，为客人提供舒适、便利的住宿体验。

地址: 4-10 Campbell Street, The central business district, 2000。
电话: +6102-92771111
价格: 一室公寓套房207澳元，一室公寓167澳元，Cube公寓237澳元，一卧室公寓187澳元，天空景单卧室公寓247澳元。

家庭旅馆

Y Hotel City South

Y Hotel City South是一座位置、交通、价格都比较好的住宿地点。旅馆为客人提供免费的欧式早餐，并且附近的餐厅、酒吧、咖啡馆等休闲场所数不胜数，可以选择喜欢的地点。旅馆的客房禁烟，且都经过现代化的装修，配备了空调、电视、冰箱、浴室、沏茶/煮咖啡等设施，为客人营造舒适的住宿环境。

- 地址：179 Cleveland St，Chippendale 2008 Sydney。
- 电话：+6102-83031303
- 价格：双人间113澳元，单人间90澳元，家庭间带私人浴室139澳元，双床间113澳元，两卧室公寓248澳元。

Maze Backpackers – Sydney

Maze Backpackers是一家热闹的旅馆，位于悉尼市中心，附近餐馆、酒吧、夜总会以及商店应有尽有。旅馆设有24小时接待处提供行李寄存和储物柜的服务，休息区、台球室、公用厨房客人可随时光顾。旅馆的客房干净、整洁，价格优惠，游客可以选择这里缓解一天的疲劳。

- 地址：417 Pitt Street，The central business district，2000。
- 电话：+6102-92115115
- 价格：双床间60澳元，单人间 40澳元，三人间75澳元，双人间68澳元。

青年旅舍

Lamrock Lodge

Lamrock Lodge坐落在邦带滩旁边，距离悉尼市中心比较远。旅舍设有公共洗衣房、公共厨房、共用浴室、共用厨房以及接待处为客人提供方便的住宿服务。客房配备了齐全的设施，房间装修简单而舒适，为客人提供优质的服务。

- 地址：19 Lamrock Avenue、Bondi Beach、Bondi、2026 Sydney。
- 电话：+6102-91305063
- 价格：双人间62澳元，混合宿舍单人床（4位成年人）26澳元，四人间94澳元，单人间35澳元。

1 行前早知道
2 出行必备功课
3 堪培拉
4 悉尼
5 黄金海岸
6 布里斯班

111

Sydney Harbour YHA

Sydney Harbour YHA坐落在环形渡轮码头附近，可以欣赏到美丽的自然风景。旅舍内部设有电视休息室、公共厨房和公用浴室等公共场所供客人休息，此外还设有咨询台为客人提供旅游咨询服务。旅舍的客房以多人间为主，价格比较便宜，但房间干净、整洁、舒适，适合游客居住。

🏠 地址：110 Cumberland Street，The Rocks，Sydney。
☎ 电话：+6102-82720900
¥ 价格：双人间154澳元，6床女生宿舍的床位，设有私人浴室46澳元，4床混合宿舍间的床位，带私人浴室47澳元。

特色酒店

Macleay Hotel

酒店位于悉尼的海港，坐落在美丽的伍尔卢莫卢湾附近。这这里，客人不仅可以享受美丽优雅的海景客房，还可以在酒店的餐厅、酒吧、健身中心、咖啡厅等休闲场所享受生活。酒店设有配备完善的公寓、宽敞的套房以及舒适的客房等多种选择。

🏠 地址：28 Macleay Street，Potts Point，2011 Sydney。
☎ 电话：+6102-93577755
¥ 价格：景观三人一室公寓190澳元，街区景双床一室公寓165澳元，海港景双床一室公寓185澳元，港湾景观三人一室公寓210澳元。

Meriton Serviced Apartments–Parramatta

Meriton Apartments酒店距离市区比较远，但便利、快捷的交通丝毫不影响出行。酒店附近的购物、娱乐场所有很多，房间的价格也很公道，自然吸引了不少游客前来居住。酒店的游泳池、健身中心、厨房、餐厅以及客房齐全，现代化的设施，为客人提供了方便、舒适的住宿条件。

🏠 地址：180 George Street，Parramatta，Parramatta，2150 Sydney。
☎ 电话：+6102-92647177
¥ 价格：一卧室河景公寓197澳元，两卧室连体别墅227澳元，城市景两卧室公寓237澳元，二卧室公寓367澳元。

The Bayswater Sydney

The Bayswater Sydney酒店位于悉尼的英皇十字区的火车站附近，交通极为便利。酒店设有当地著名的餐厅、时尚的酒吧、时髦的咖啡馆以及公寓、套房等多种娱乐场所和住宿方式。客房内的设施也是一应俱全，包括液晶电视、沙发、空调、冰箱等许多生活用品。

- 🌏 地址：17 Bayswater Road，King's Cross，2011 Sydney。
- 📞 电话： +6102-80700100
- 💴 价格：小型双人间118澳元，行政套房162澳元，豪华特大号床间134澳元，豪华双床间149澳元。

小资情调初体验

悉尼是一个充满诱惑和活力的大都市，每天都有新鲜和独具特色的娱乐活动吸引着来这里旅游的人们。每当夜晚来临，这座神秘的城市更是令人想探究，到处是音乐的盛宴，到处都热闹非凡。尤其是一些酒吧、夜总会、电影院等夜店，每到夜晚都会上演各种精彩的表演，让人流连忘返。

电影院

超感官电影院（Panasonic Imax Theatre）

超感官电影院是悉尼比较大的电影院，经常上映最新的影片。影院的银幕达8层楼高，而且分辨率和音响的效果很好，令观看影片的人犹如身在其中。

- 🌏 地址：31 Wheat Road
- 💴 价格：平面2维：成人14.95澳元，儿童9.95澳元；平面3维：成人15.95澳元，儿童10.95澳元。
- ⏰ 营业时间：每日10:00~22:00

Dendy

Dendy是一家比较小的电影院，以播放一些艺术电影而闻名。影院坐落在一条街道旁边，装修极具现代化，布置温馨、舒适，令观看电影的人心情舒畅。

- 🌏 地址：261 King Street，Newtown
- 💴 价格：成人14澳元，学生10.50澳元，儿童9.50澳元，老年人8澳元，每周一特价9澳元。
- ⏰ 营业时间：每天10:00~22:00

1 行前早知道
2 出行必备功课
3 堪培拉
4 悉尼
5 黄金海岸
6 布里斯班

酒吧

Blacktown RSL

Blacktown RSL是悉尼最大的酒吧。这里经常会有乐队的现场表演，而且每到吃饭时间会供应种类丰富的自助餐和烤肉，针对会员还有优惠。

- 地址：Second Av, Blacktown，2148。
- 价格：9.50～11.50澳元
- 营业时间：周一～周五14:00～23:00，周六、日14:00～次日2:00。

Bentley Bar

Bentley Bar是当地一个比较独特的去处。酒吧的老板痴迷对酒的研究，研制的野葡萄饮料是极好的醒酒饮料，也只有来这间酒吧才能喝到。酒吧经常上演舞蹈表演，有时也会有乐队在此演出，每天都很热闹。

- 地址：320 Crown St.
- 价格：8～14澳元
- 营业时间：周一～周五14:30～23:00，周六、日14:00～ 24:00。

娱乐中心

悉尼文娱中心（Sydney Entertainment Centre）

悉尼文娱中心是悉尼比较重要的娱乐场地，中心有12 500个座位。这里曾经作为2000年奥运会的篮球比赛场地，中心的设施是比较完善的。此外，这里还经常作为音乐会、舞台剧、运动比赛的场地，游客可以根据通知观看自己喜欢的表演。

- 地址：35 Harbour Street，Darling Harbour NSW 2000。
- 价格：根据举办的项目决定
- 营业时间：周一～周五9:00～20:00，周六10:00～17:00。

购物狂想曲

悉尼是澳大利亚知名的旅游城市，拥有的不仅仅是美景，还是一个购物的天堂。悉尼的购物场所特别多，无论是市场、购物中心还是集市，吸引无数人潮来这里购买喜欢的商品。国外的游客在澳大利亚购买电器、美酒、珠宝等商品可以享受退税的优惠，在悉尼也是如此，不妨买一些喜欢的商品带回家。

购物中心

维多利亚女王大厦

维多利亚女王大厦是悉尼规模最大的购物中心，大厦内拥有店铺多达200多家，商品从服装到电器，从古董到手工艺品可谓是应有尽有。大厦内还有酒吧、餐厅、咖啡厅以及儿童游乐场，供人们在购物中寻找乐趣，总之这里绝对是购物天堂。

⊙ 地址：Cnr Georage，Market & York Street。
⊙ 营业时间：平日9:00～18:00，周四9:00～21:00，周日11:00～17:00。

海岸百货（Strand Arcade）

海岸百货是悉尼小有名气的商场之一，商场的建筑设计出自名家之手，也是很有吸引力。商场内有时装店、皮具店、精品店等许多店面，此外还有咖啡厅和餐厅为顾客提供服务。

⊙ 地址：412-414 Georage Street
⊙ 营业时间：每天9:00～18:00

皮特街购物中心（Peter Street Shopping Center）

皮特街购物中心是悉尼最著名的高档购物区，与纽约第五大道、巴黎香榭丽舍大道、香港铜锣湾以及伦敦牛津街齐名。街道的购物中心装修得极其华丽，拥有的商铺超过600家，云集了世界顶尖品牌。橱窗里摆的新款速度与品牌的原创同步，当然价格也是不菲的，前来购物的一般是名流贵族。

⊙ 地址：197 Pitt Street，Sydney NSW 2000。
⊙ 营业时间：平日9:00～18:00，周末9:00～ 17:00。

集市

岩石区假日集市（The Rocks Market）

岩石区假日集市位于悉尼港湾大桥的下方，每当周末这里便人声鼎沸，叫卖声不绝于耳。集市有上百个摊位，商品包罗万象，手工艺品、玩具、珠宝、饰品、陶瓷器、香水、木雕应有尽有。逛累了街边有餐厅和咖啡厅可以稍作休息，偶尔碰到几个露天咖啡座、小酒吧，也是很不错的休息之处。

⊙ 地址：George Street，The Rocks NSW 2000。
⊙ 营业时间：周六～周日10:00～17:00

1 行前早知道
2 出行必备功课
3 堪培拉
4 悉尼
5 黄金海岸
6 布里斯班

5 黄金海岸

　　黄金海岸是澳大利亚境内的一处开发完善的风景区，食、宿、行、游、购、娱的完善设施，满足游客的需求。明媚的阳光、干净的沙滩、透明的海水，使黄金海岸逐渐发展为澳大利亚的旅游胜地。这里分布着许多趣味性的主题乐园，也是举行滑翔跳伞、滑水、冲浪、帆船航行、驾驶汽艇水上运动的最好去处，快到这个美丽的城市体验一下吧。

黄金海岸印象零距离

黄金海岸知识知多少

　　黄金海岸是昆士兰州著名的度假地区，位于澳大利亚的东部沿海布里斯班以南，北起绍斯波特，南至可伦宾，是由数十个美丽沙滩组成的度假胜地。黄金海岸犹如它的名字一般，以海岸为主，海岸线绵延32公里，连绵不断的海滩，有黏性，加上长年照射的温暖阳光，美似金沙，砌珠堆雪般的浪花日夜飞溅，构成了黄金海岸的一道独特风景线，使得黄金海岸成为世界上最引人瞩目的海滨旅游疗养胜地，每年大概会有

200万游客来这里观光度假。这里阳光明媚，旅游设施完备，既可以在太平洋中畅游，也可以在沙滩上打排球，或者只是躺在沙滩伞下看看风景、想想心事。阳光下的黄金海岸处处都金光灿烂，入夜后只有海风拂起轻浪，摇曳树影。无论何时何景，这里都美丽无限，让人流连忘返！

黄金海岸城区示意图

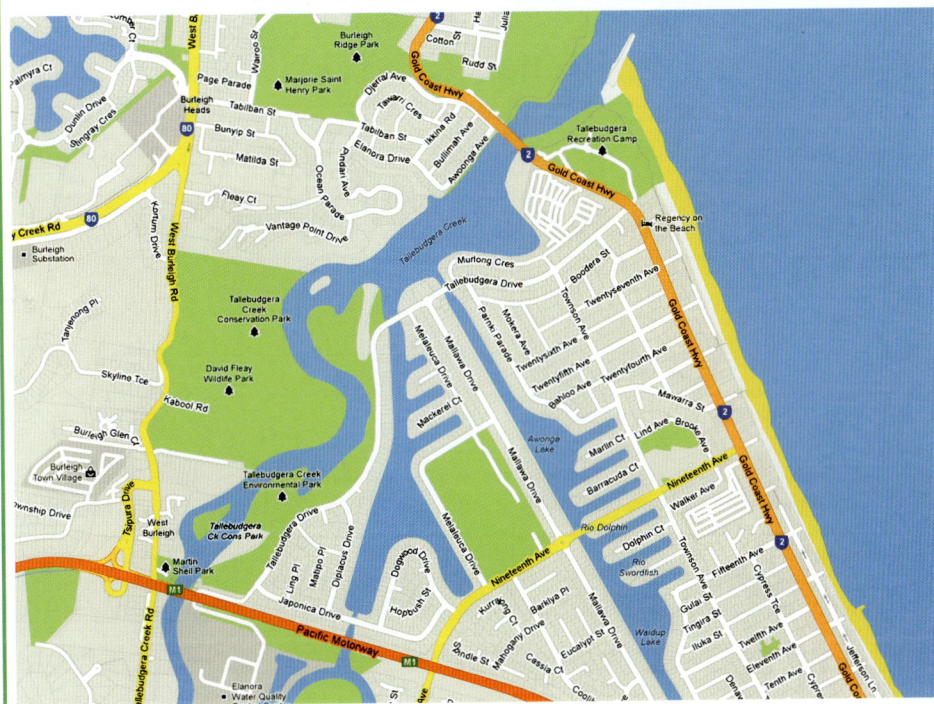

黄金海岸游玩前须知

什么时间旅游最适合

黄金海岸与澳大利亚许多地方一样，一年四季都适宜旅游，阳光明媚，又因水域广阔，空气也十分湿润宜人。最好的旅游时间当属每年12月到次年3月，也就是澳大利亚的夏季，因为这时是最适合潜水的季节，热带风光的特点也最为突出。

1 行前早知道

2 出行必备功课

3 堪培拉

4 悉尼

5 黄金海岸

6 布里斯班

119

最IN风向标——旅游穿衣指南

　　如果春夏季去旅行的话，宜穿着休闲薄装（如衬衫、T恤、防风外套）和舒适运动鞋；此外，早晚气温较低，请务必带一件较厚的保暖毛衣或夹克。黄金海岸一年四季阳光都非常充足，请自备太阳镜、防晒霜、遮阳帽和游泳衣，另需准备沙滩布鞋保护足部。如果冬季去旅行的话则需要备上毛衣外套，防止天气变冷！

必须了解的医疗服务

　　为了旅行的愉快，最好对当地的各种服务有所了解，下面介绍黄金海岸的几家医院，仅供参考！

名　称	地　址	电　话
Pindara Private Hospital	Allchurch Avenue Benowa	+6107-55889888
Allamanda Private Hospital	21 Spendelove Street，Southport	+6107-55326444
Pacific Private Hospital	123 Nerang Street Southport	+6107-55566222
Gold Coast Hospital	108 Nerang Street，Southport	+6107-551982111

市区景点

1 行前早知道

2 出行必备功课

3 堪培拉

4 悉尼

5 黄金海岸

6 布里斯班

景点
1

Q1大厦

Q1大厦（Q1 Mansion）是位于黄金海岸的摩天大楼，整个大楼共80层，高达323米，与埃菲尔铁塔相差1米而已。不论在黄金海岸的任一角落，都可以看见这座高耸云霄的大厦。而且它具有10层楼高的瞭望台和南半球最快捷的电梯升降系统，以及全球最长的螺旋尖顶。所以只需43秒就可直上Q1大楼77层的观景台，透过玻璃窗，黄金海岸360°美丽景致一览无遗。在观景台一隅的空中酒吧，点上一杯鸡尾酒，尽情陶醉于美景、美酒之中，真是浪漫的享受。

⋯⋯⋯**典故解读**⋯⋯⋯

"Q1"这名字是来自一支在20世纪出现的澳大利亚体育队伍，也象征了黄金海岸顶级公寓大楼居住风格，悠闲、时髦、便利及高科技网络建设。大楼外观像一幢办公楼，以玻璃帷幕覆面，外观好似一枚火箭。工程在进行到第50层楼时因为风力太大几乎被迫停摆，幸亏借助强力混凝土才使得Q1大厦在2005年顺利完工。

⋯⋯**玩家指南**⋯⋯

- 📍 地址：Q1 Mansion，Queensland, Australia。
- 🚌 交通：可乘坐公共汽车到达
- ⏰ 开放时间：全天
- ¥ 门票：免费

景点 **2** 冲浪者天堂

几乎与黄金海岸齐名的冲浪者天堂（Surfers Paradise）位于黄金海岸的中心地区，这个绝佳的冲浪场地，聚集了许多慕名前来的冲浪客。在这里搭船沿运河游览明媚风光、畅泳于太平洋的湛蓝海水中、在沙滩上打排球、在连绵无垠的白色沙滩享受日光浴、滑水、跳伞都是不错的选择。这里有许多购物商场、餐厅、咖啡厅和纪念品店，夜晚的冲浪者天堂依然是热闹非凡，吃夜宵看海景，而且每周三和周五晚上超过70个摊位的海滩夜市，更是将旅游者的热情升华，这里不愧有"南半球的夏威夷"之称。

······ 典故解读 ······

黄金海岸处在南太平洋与内兰河（Nerang River）三角洲之间的一条狭窄的陆道，两面都是蓝色的水域，不同的是东侧风急浪高，被称为冲浪者的天堂。

其实内兰河曾经流经的多半是蛮荒地区，直到"二战"结束，大批欧洲移民离开物资匮乏、千疮百孔的故乡来到这里，寻找更好的生活。在20世纪50～70年代这30年间，黄金海岸大兴土木，人口猛增。城市也从20世纪50年代第一家小旅馆"冲浪者俱乐部"发展成为现在的世界冲浪者天堂。

······ 玩家指南 ······

🎯 地址：Surfers Paradise, Queensland, Australia。
🚌 交通：从黄金海岸机场可以乘坐700路公共汽车到达
🕐 开放时间：全天
💴 门票：免费

景点
3

海洋世界

1 行前早知道

2 出行必备功课

3 堪培拉

4 悉尼

5 黄金海岸

6 布里斯班

海洋世界（Sea World）位于黄金海岸区，成立已有二十多年的历史，是以海洋生物为主题的水上乐园。海洋世界共耗资600万元建造，内置娱乐设施和项目能满足不同年龄的人群。当然海洋世界的主角当属这里的动物们，海狮、海狗、海豚的精彩表演都是游客不容错过的，与企鹅、鲨鱼、北极熊、魟、海豚、海星、海参们亲密接触，它们活泼有趣的举止行为更是让人终生难忘；紧张刺激的三重螺旋翻滚的云霄飞车、海盗船等精彩有趣的游乐项目必定使你惊心动魄；另外精彩的滑水表演、水上芭蕾、高空跳水等表演项目更让人赞不绝口。

······ **典故解读** ·······

滑水场全部主题设计都按照20世纪60年代风格，五彩服饰、滑稽闹剧、极酷的造型人物、悦耳的音乐，同时精彩的赤脚滑水、急转及回旋滑水、尾波登艇、令人望而生畏的旋转滑水、壮观的自由式腾跳以及优美的多层金字塔造型和水上芭蕾，妙趣横生的表演展现了海洋世界滑水队一流的身手。

········ **玩家指南** ········

⊙ **地址：** Sea world Dr，The Spit Main Beach。
🚌 **交通：** 乘坐公共汽车在Glen Waverley站下车即到
🕐 **开放时间：** 10:00～17:30，4月25日的Anzac节从下午13:30开到晚上18:30，圣诞节不对外开放。
¥ **门票：** 成人64澳元，儿童42澳元。

景点 **4** 华纳电影世界

华纳电影世界（Warner Brothers Movie World）位于冲浪者天堂以北18公里处。它成立于1991年6月3日，占地168公顷，是耗资数十亿美元打造的以电影为主题的乐园，完整再现了《蝙蝠侠》、《警察学校》等经典影片中的城市布景，来到这里会觉得每个建筑、布景甚至工作人员的服饰都是那么似曾相识。华纳兄弟电影世界有一句口号是："华纳电影世界可以圆每一个人的明星梦。"游客除了观赏到引人入胜的表演节目，更可以亲身体验紧张刺激的电影主题历程游戏，加上电影特技、布景和知名电影人物，犹如身临其境，可以足足过上一把明星瘾。

·······典故解读·······

现已开放的"怪物史莱克四维历险记"是一个最尖端的、融多种感知为一体的节目。它将Dream Works的奥斯卡得奖电影《怪物史莱克》和出自Dream Works Pictures的续集《怪物史莱克2》中的故事联接起来。戴上特别设计的"怪物视觉"眼镜，超强的感知效果把观众们推入"怪物史莱克四维"的超级境界中去，使观众们陶醉于这最新的电影科技之中。

·······玩家指南·······

⌂ 地址：Entertainment Road, Oxenford QLD 4210。

🚌 交通：乘坐公共汽车，在Entertainment Road站下车即到。

🕐 开放时间：每天10:00～17:00

💴 门票：45澳元

景点 **5** 激浪世界

典故解读

激浪是漂流运动的延伸，漂流按探险难度的等级划分为五级，分别为：

第一级：水流平缓的区域。

第二级：大部分水域水流平缓，伴随轻微波浪。（浪高：1米）

第三级：频繁的波浪，但对较有经验的人来说仍易把握方向。（浪高：1.5～2米）

第四级：对有经验的人来说也较困难，有大的障碍物需要避过。（浪高：3米）

第五级：只适于有丰富经验的人，漂流者的生命会受到难以逾越的障碍物的威胁。（浪高：超过3米）

激浪世界（White Water World）是世界上最先进的水上激动娱乐主题公园，水上游戏和滑梯堪称全澳最快、最刺激。激浪世界共耗资6千万澳元投资，通过采用尖端水上活动技术打造从适合家庭游玩的温和的娱乐项目，到世界惊险至极的水上滑道，样样都让人玩到乐不思蜀。激浪世界以海滩文化为宗旨，带给您的是一个澳大利亚所特有的海浪、沙滩、海水的世界。

玩家指南

🏠 **地址：** Dream world Parkway

🚌 **交通：** 乘坐公共汽车，在Dreamworld站下车即到

🕐 **开放时间：** 10:30～16:30开放，圣诞节、4月25日澳新军团日不对外开放。

💴 **门票：** 成人45澳元，儿童30澳元。

1 行前早知道

2 出行必备功课

3 堪培拉

4 悉尼

5 黄金海岸

6 布里斯班

景点 **6** 可伦宾野生动物园

可伦宾野生动物园（Currumbin Wildlife Sanctuary）位于27公顷的尤加利树及雨林之间，里面动植物种类繁多，区内还建有南半球最大的亚热带雀鸟饲养场。游客可以坐着蒸汽小火车穿行在公园的每个角落，还能看到彩虹鹦鹉、袋鼠、袋熊、考拉等澳大利亚独特的动物。另外不要错过这里每天上演的世界级动物及鸟禽演出，以及在绿色卫士剧场欣赏以动物为主题的电影。

······典故解读······

袋鼠是澳大利亚的象征，在澳大利亚的国徽、货币、航空飞机上都有袋鼠的图案。袋鼠是食草动物，性情比较温顺，在澳大利亚少有天敌，所以这一古老物种能存活至今。而且它的繁殖能力很强，澳大利亚生产的一种袋鼠精，就是从袋鼠的睾丸中提取的。关于袋鼠的名称有一个传说，当年库克船长来到澳大利亚时见到袋鼠很惊奇，便问土著人："这是什么动物？"土著人回答："我不认识你。"库克船长便将这句话当成了动物的名字。

······玩家指南······

🏠 地址：Currumbin Queensland 4223

🚌 交通：乘坐公共汽车，在Aboriginal Culture站下车即到。

🕐 开放时间：10:00～17:00

¥ 门票：免费

景点 **7** 梦幻乐园

场奖",并赢得"昆士兰州首选的主要旅游景点"的称号。在梦幻世界里生活着800多种澳大利亚特有野生动物,饲养了世界濒临灭绝的孟加拉虎。电影《哈利·波特》中的场景也在此重现,并有动感电影、逗趣卡通人物。梦幻世界不仅是澳大利亚最大的互动式教学基地之一,也是多媒体制作的传送中心,更是举行澳大利亚顶级专业聚会的首选地!

梦幻乐园(Dream world)是澳大利亚一个极受欢迎的主题乐园,整个乐园分为探险区、冒险区、可爱动物区、老虎岛和热带雨林区。游客可与树熊、袋鼠等800多种澳大利亚野生动物零距离接触;亲临电脑控制的无尾熊玩偶表演和"剪羊毛"的现场表演。同时,梦幻世界也是众多精彩刺激的娱乐项目所在地,轨道滑车、旋转木马、蛇形滑水车、海浪摇滚、摩天轮、时速160公里的飞车和恐怖塔等设施,让人玩得惊叫连连。穿过尖叫不断、热闹非凡的游乐区,还可在河畔乘搭小轮船畅游里西比河,欣赏河畔风光,这又是另一番风味。

...... 典故解读 ......

梦幻世界已经连续三年荣获"旅游产品最佳市

...... 玩家指南 ......

- 地址:Pacific Hwy,Coomera。
- 交通:可乘坐公共汽车,在Dreamworld站下车即到。
- 开放时间:10:00~17:00
- 门票:成人64澳元,儿童42澳元,家庭套票221澳元。

1 行前早知道

2 出行必备功课

3 堪培拉

4 悉尼

5 黄金海岸

6 布里斯班

景点
8

水上世界

水上世界（Wet'n'Wild）以拥有澳大利亚唯一的巨浪湖而知名，现在是澳大利亚最大型的水上主题乐园。45°平底雪橇滑坡、4个水花卷流与7层楼高的滑梯，为游客提供刺激万分的体验，2006年新增的"龙卷风风暴"更是让人玩得惊叫连连。这里不是为精通游泳者而建，只要够胆玩，同样可在碧波中享受无尽乐趣。另外园内还可以进行烧烤、打高尔夫球、观看夜间水上电影等活动，乐趣无穷。

····· **典故解读** ·····

水上世界里玩法各异的滑水梯早已"称霸"南半球，其中以龙卷风、黑洞和超音速最受游客的喜爱。龙卷风无论远观或近看，都像一个漏斗，上阔下窄，流水旋转湍急，为的就是要制造龙卷风风暴效果。黑洞是常见的左弯右曲水管模样，但为制造恐怖感采用了全黑色设计，两条交缠的密封水道因而切切实实变成两道神秘黑洞。超音速建有全乐园最长的两条滑道，左右两边弯弯曲曲伸展开来，分别长约200米。滑道中间还另设三条坡度达45°的滑水梯，游戏刺激感可想而知。

····· **玩家指南** ·····

🏠 地址：Pacific Motorway, Oxenford Queensland 4210。
🚌 交通：可乘坐公共汽车，在Wet'n'Wild站下车即到。
🕐 开放时间：10:00～17:00
💴 门票：成人42澳元，4岁至13岁未成年人28澳元，3岁以下儿童免费。

景点 ⑨ 木星赌场

木星赌场（Jupiter Casino）建成于1986年，内部装修极尽奢华，与美国拉斯维加斯赌城可以相媲美。这里除了是一个人们试试运气的地方，娱乐休闲设施也是一流。其中大酒店拥有600多间客房，并设有游泳池、网球场、壁球场、体育馆、健身房、桑拿室等。赌场还附设六间餐厅、九间酒吧及一间英国俱乐部，另有一间大型国际表演。闲暇之余你还可以享受到美食、观赏到大型的现场舞台表演。

······典故解读·

澳大利亚的博彩业发达，赛马、赌场、扑克机是其主要形式。由于博彩业的高税赋而取得政府的支持，政府采取特许经营制度，博彩公司是持牌经营。Tabcorp、Tatts（Tatersall's）、Centrebet 是最大的三家博彩公司。在澳大利亚政府明令规定下，每一个城市仅可以设立两家赌场，也就是必须经由政府的合法认定，取得营业执照后才能正式开张。

玩家指南

- 🏠 **地址**：Casino Dr，Broadbeach QLD 4218。
- 🚌 **交通**：乘坐公共汽车在Jupiters Hotel下车即可到达
- ⏰ **开放时间**：全天
- 💴 **门票**：免费进去，内部有消费。

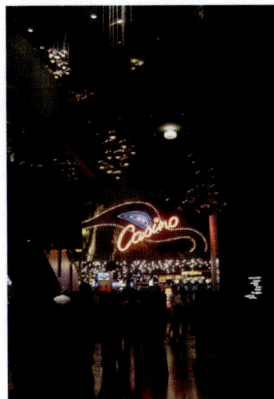

周边景致

景点　拉明顿国家公园

拉明顿国家公园（Lamington National Park）位于1100米高的山脉与高原上，占地200平方公里，是黄金海岸地区最大的国家原始森林公园。公园内蕴藏着全球保存面积最大的亚热带雨林，也因此被认定为世界自然类遗产。在公园内还可以观赏到万年累积下来的彩色沙丘奇观，以及峡谷、岩洞、瀑布与池塘，还有大量的野生动物，尤如世外桃源般的瑰丽美景。

····· **典故解读** ·····

在其他移民未在此定居之前，拉明顿地区居住着几千年来说Yugambeh语言的土著人。拉明顿国家公园的亚热带雨林气候给土著人提供了狩猎和采集的天然条件。他们熟知季节的变化，与自然和谐相处，并且利用这些形成了原始而舒适的生活方式。移民增多后，这种古老的生活方式受到影响，然而Yugambeh语却一代代流传下来。

···· **玩家指南** ····

🏠 地址：Binna Burra，Queensland，Australia。
🚌 交通：可以驾车或乘坐旅游巴士前往
⏰ 开放时间：10:00～17:00
🎫 门票：免费

黄金海岸旅行资讯

1 行前早知道

2 出行必备功课

3 堪培拉

4 悉尼

5 黄金海岸

6 布里斯班

如何抵达

前往黄金海岸可以通过航空、铁路和长途汽车三种方式。黄金海岸的交通总体来说还是比较方便的。

航空

前往黄金海岸，通常选择先飞往布里斯班，然后再乘车到黄金海岸，这样可以节省很多费用。布里斯班和黄金海岸也非常近，大概93公里的距离。从中国的北京、广州以及香港都有航班直达布里斯班，另外，澳大利亚国内的悉尼、墨尔本两地与布里斯班之间的航班也很频繁，每小时一班。

从布里斯班的机场有直达黄金海岸市区的专线列车，从5时30分开始，每20分钟一班，直到20时30分，到黄金海岸约1小时30分钟，票价便宜，方便舒适。

另外，从布里斯班机场有前往黄金海岸的火车，乘坐火车从在Varsity Lakes Railway Station下车，然后转745路公共汽车前往冲浪者天堂，或转761路公共汽车前往黄金海岸机场，全程3个小时左右。

火车

澳大利亚的其他州都有开往黄金海岸的列车，火车是前往黄金海岸最方便与舒适的交通工具，而且相当快捷。如果选择乘坐火车前往，可以在当地的火车站查询前往黄金海岸的班次。

长途巴士

如果时间充足，可以选择长途巴士旅游，费用低廉，舒适安全。乘坐长途巴士前往黄金海岸，可以从悉尼、墨尔本、凯恩斯、堪培拉等地乘坐长途汽车，沿途还可以观赏澳大利亚的乡间风光和风土人情。

必须掌握的市内交通

想在黄金海岸的各个美丽沙滩游走欣赏，有很多种方式，比如公共汽车、出租车、租车或者游艇！

公共汽车

黄金海岸拥有完善的公共交通系统，而且票价便宜。公共汽车站有明显的指示站牌，如果想要搭乘某一线路的公共汽车时一定要向司机招手示意。乘客上车后通过车厢内右侧的蓝色检票箱自助检票或向司机购买单程车票。

在到站下车前可以通过两种方式提醒司机：一种是按动座位背后或手扶立柱上的红色按钮；另一种是拉动车辆两侧位于窗口上方的牵引线来启动车顶的"STOP"（停车）标志，提醒司机下站下车。

另外，海岸巴士也是一种不错的选择。艳黄的车身非常醒目，在各著名景点与饭店都有停靠站，是游览黄金海岸最便利的公共交通工具。

出租车

出租车在黄金海岸是最方便快捷的交通工具。不用考虑坐错方向，不用考虑泊车位，只需提前预订。在市中心的繁华地带有出租汽车停靠站，而在非繁华地带、非交通干道和居民区，以电话叫车为主，一般5～15分钟车便会到。

游艇

黄金海岸独特的地理条件使得其水上交通极为发达。游客不仅可以乘游船在市区内的运河穿梭，欣赏美丽景色，还可以租用住宿式船屋，享受垂钓乐趣的同时探索历史悠久的古运河，度过安逸而美好的一天。

到黄金海岸必做的几件事

来到黄金海岸的每一天都应该是充满激情与活力的，处处皆美景，在黄金海岸尽情享受澳大利亚人的海滩生活方式的同时，别忘记有几个地方是到黄金海岸必去之处！

TOP1：在主题公园尖叫

主题公园爱好者或者带着孩子一起出游的游客，一定会爱上黄金海岸。在电影世界中体验惊险刺激的电影之旅；可以乘着空心原木激流勇进，或者尝试澳大利亚第一个摩托过山车；在华

纳兄弟电影世界，游客可以看到电影的摄制，或者体验蛮荒西部瀑布冒险游结束时的水花飞溅。在天堂村领略独特的农庄牧场文化，在可伦宾保护区抱着考拉拍照，都是美妙且回味无穷的旅行体验！

TOP2：体验世界一流的冲浪

在主海滩体验世界一流的冲浪，或者躺在冲浪者天堂的金色沙滩上，然后去热闹的卡维尔大道逛商店、咖啡馆和餐馆。水下的景色也一样漂亮，在主海滩外浮潜或潜水去探访"苏格兰王子号"残骸，这里有着各种各样的海洋生物。游完泳或潜完水后，可以去宽阔海滩吃饭，或者在适合全家的美人鱼海滩骑车、野餐。在主海滩，游客可以在高档专卖店购物，探寻历史悠久的洗浴亭，说不定还可以看到久违的名人。

TOP3：徜徉在购物圣地

在卡维尔大道的夜间艺术品市场徜徉，在黄金海岸众多巨型购物中心体验一站式购物，包括太平洋集市、海港城、天堂中心和码头幻境；或者跳上一辆从冲浪者天堂开往巨大的周末卡拉拉集市的巴士，在那里从新鲜水果到皮质裤带，各种商品应有尽有；或者在宽阔海滩艺术和手工艺品市场挑一份原创的手工礼物。黄金海岸每周七天都有各种各样的商店营业，不愧为购物者的天堂。

TOP4：参加一次蓝光虫派对

位于春溪国家公园的自然桥上有着世界上最独特的萤火虫，这种虫生活在澳大利亚和新西兰的部分地区。和国内的萤火虫不一样，这里的萤火虫能够发出蓝色的光，它们居住在形如桥穴的洞穴里，每到夜晚，发出的蓝色光芒会照亮整个洞穴。在黄金海岸的旅行社有前往自然桥的旅行团，这种团队游除了欣赏神奇的蓝光虫之外，还包括另外的两种活动，去自然桥和穿越热带雨林。这里的动物大多数喜爱夜间活动，刚好这时候可以认识下它们的真面目，而且可以体验在高原上仰望南半球的星空，也许可以寻找到南十字星！

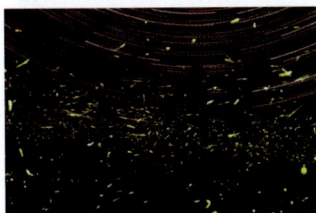

1 行前早知道

2 出行必备功课

3 堪培拉

4 悉尼

5 黄金海岸

6 布里斯班

133

人气餐厅大搜罗

　　黄金海岸紧邻大海，当然这里的海产品极其丰富和新鲜，这里的厨师往往会把螃蟹、龙虾等食材配以当地特有的调料，制作出独具特色的澳大利亚美味。此外，黄金海岸汇集了世界各地的餐厅，人们可以吃到中国、日本、法国、意大利、西班牙、土耳其、印度、墨西哥、泰国等许多国家的美味餐点。餐厅的建筑是经过精心的设计和装修的，用餐的同时欣赏一下美丽的建筑，也不失为一种乐趣。

特色餐厅

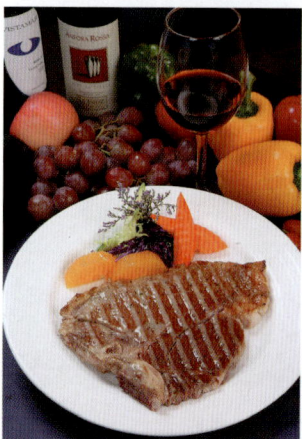

Mecca Bah

　　Mecca Bah 是一家摩洛哥风味餐厅，装潢充满中东风情。餐厅大到布置小到餐具，都具有摩洛哥风情，充满异国情调。香辣羊肉、摩洛哥鸡丝、土耳其风味的比萨是餐厅的特色菜式，在用餐的同时还可以观看乐队的表演，值得一试。

🎧 地址：N101，3 Oracle Blvd （off Charles Avenue），Broadbeach。
📞 电话：+6107-55047754
💴 人均消费：20～30澳元

Sher-E-Punjab

　　Sher-E-Punjab 是一家印度餐厅，在当地比较受欢迎。菜式以咖喱为主，价格实在，分量足，而且味道极为正宗。

🎧 地址：3116 Surfers Paradise Blvd
📞 电话：+6107-55385355
💴 人均消费：15～30澳元

Bavarian Haus

　　Bavarian Haus是一间德国餐厅，已经有30多年的历史了。餐厅的装修具有德国风情，极其讲究，浪漫优雅。餐厅的牛扒选用澳大利亚牛肉，肉质软嫩、可口，味道香浓。此外还有许多德式料理，比如德国猪手、烤土豆或沙拉，味道纯正。

- 地址：41 Cavill Avenue Surfers Paradise，Gold Coast，Queensland。
- 电话：+6107-55317150
- 人均消费：套餐26澳元

The 2nd Home Café

The 2nd Home Café是一家台湾小吃店，经营正宗的台湾小吃。餐馆有传统的牛肉面、三明治和饮品，这里特色的火锅卤肉饭味道纯正，值得一试。

- 地址：Ground Floor，GCIT Centre，Corner Scarborough and Nerang Streets，Southport。
- 电话：+6107-55918587
- 人均消费：7～11澳元

当地餐厅

Dracula's Cabaret Restaurant

Dracula's Cabaret Restaurant是黄金海岸非常有名的特色餐厅，餐厅的布置以及菜式都充满奇特气息。餐厅各种餐点的设计很有特色，用巧克力制成的棺材，用红莓汁假装血液，犹如进入了吸血鬼城堡。用餐的同时还可以欣赏乐队、杂技或舞台剧等表演。由于很受欢迎，用餐需要提前预订。

- 地址：1 Hooker Boulevard，Broadbeach Waters。
- 电话：+6107-180037224218
- 人均消费：三道菜，观看表演84～119澳元

RockSalt Modern Dining

RockSalt Modern Dining是黄金海岸地区比较有名的餐厅。餐厅装修得极具海洋气息，装饰充满现代化，受到客人的一致好评。餐厅以新鲜、美味的海鲜大餐而闻名，爱吃海鲜的朋友千万别错过。

- 地址：Shop 12 Aria Building，Broadbeach。
- 电话：+6107-55706076
- 人均消费：35～45澳元

靠谱住宿推荐

黄金海岸是度假胜地，当然住宿环境以及条件也是比较好的。同其他旅游城市一样，这里无论是档次高的豪华酒店，还是价格便宜的青年旅舍都有，可以为游客提供优质服务以及舒适的住宿环境。

豪华酒店

范思哲皇宫酒店（Palazzo Versace）

范思哲皇宫酒店是意大利时装名牌旗号之下的豪华酒店，全球只有两家。酒店内部环境极其奢华，服务也是超一流，当然价格不菲。酒店内拥有205间客房，每间都经过精心的设计，以蓝、橙、棕为主色的房间，就像名家设计的时装一样，熠熠生辉。

- ⌂ 地址：Main Beach，94 Sea World Drive，Gold Coast。
- ☎ 电话：+6107-55098000
- ¥ 价格：双人间485澳元

Q1 Resort & SPA

Q1 Resort & SPA整体建筑高80层，是黄金海岸的地标性建筑。酒店拥有一个可以360°饱览黄金海岸美景的Q1观景台。酒店内除了提供不同选择的住宿方式外，还拥有泳池、池畔咖啡馆、宴会厅、戏院、会议室、SPA等一些一流服务的休闲场所。

- ⌂ 地址：Hamilton Avenue，Surfers Paradise，Gold Coast。
- ☎ 电话：+6145-6304524
- ¥ 价格：双人间245～300澳元，三人间200～275澳元。

Capricorn one beachside holiday apartments

Capricorn one beachside holiday apartments是黄金海岸比较有名的酒店。酒店紧邻海边，附近有公共汽车经过，交通非常方便，适合度假的人居住。房间布置得干净、温馨，窗外拥有美丽的海景，设备比较齐全，为客人提供良好的住宿环境。

- ⌂ 地址：198 Ferny Avenue，QLD 4217。
- ☎ 电话：+6107-5570 2344
- ¥ 价格：245～350澳元

家庭旅馆

Gold Coast International Backpacker Resort

Gold Coast International Backpacker Resort是坐落在黄金海岸市中心的一家旅馆，交通方便、快捷。旅馆内设有游泳池、健身房和烧烤花园，为客人提供了休闲的去处。旅馆的客房布置温馨舒适，并为居住的客人提供饮料打折券，令游客有一个愉快、舒心的旅程。

🏠 地址：28 Hamilton Avenue, Surfers Paradise。
☎ 电话：+6107-55925888
¥ 价格：多人间25澳元，双人间70澳元。

青年旅舍

Surfers Paradise YHA at Main Beach

Surfers Paradise YHA at Main Beach位于黄金海岸的海边，为客人提供免费的接机服务。旅舍附近的交通比较方便、快捷，餐厅、商店、酒吧等娱乐场所有很多，客人可以自由选择。旅舍的客房装修得比较现代化，设施很齐全，为客人提供舒适的住宿环境。

🏠 地址：Mariners Cove, 70 Seaworld Drive Main Beach, Surfers Paradise 4217。
☎ 电话：+6107-55711776
¥ 价格：4人房27～38.5澳元；双人房73.5～90澳元。

Coolangatta Kirra Beach YHA

Coolangatta Kirra Beach YHA位于黄金海岸海滩附近，交通非常方便，距离机场只有500米。旅舍的内部经过细致的装修和精心的布置，客房布置浪漫、舒适，为客人提供良好的住宿环境。这里还可为游客提供热带雨林之旅、潜水、骑马等丰富的娱乐活动。

🏠 地址：230 Coolangatta Road, Bilinga 4225。
☎ 电话：+61 07-55367644
¥ 价格：6人房27～30澳元，双人房60～67澳元

1 行前早知道
2 出行必备功课
3 堪培拉
4 悉尼
5 黄金海岸
6 布里斯班

137

特色酒店

Treasure Island Resort & Amp

Treasure Island Resort & Amp距离附近的购物中心以及娱乐场所，只有很短的距离。酒店内的各种娱乐设施和场所也很多，方便客人打发业余时间。酒店为家庭游客提供了舒适的住宿环境，游客可以使用设施齐全的厨房和宽敞的客厅。

- 🏠 地址：117 Brisbane Road，Biggera Waters。
- ☎ 电话：+6107-55008666
- ¥ 价格：普通套房115澳元，别墅420澳元。

Holiday inn Surfers Paradise

Holiday inn Surfers Paradise位于黄金海岸的市中心，交通以及附近的娱乐场所自不必说。酒店的装修极为豪华，一、二层为免税店和特产店，健身房、游泳池、网球场等休闲场所也在酒店内。酒店拥有多种住宿方式，客房经过精心的装修，为游客提供舒适的住宿环境。

- 🏠 地址：22 View Avenue，QLD 4217。
- ☎ 电话：+6107-55791000
- ¥ 价格：178～400澳元

小资情调初体验

来到黄金海岸最深体会的就是热闹的夜生活，只要放开自己，绝对会体验一个充满乐趣的假期。黄金海岸的酒吧、夜总会林立，每天都会上演不同的Party、舞会和各种精彩的表演。每当夜幕降临，在璀璨霓虹灯的点缀下，人们便沉醉在灿烂、多彩的夜色之中。

酒吧

The Bedroom Lounge Bar

The Bedroom Lounge Bar是黄金海岸地区最受欢迎的酒吧之一。酒吧的装修风格时尚、服务质量一流，充满欢乐的气氛。每到夜晚里来临这里都是人声鼎沸，前来聚会玩乐的都是一些时髦、前卫的年轻人。

- 🏠 地址：15 Orchid Avenue，Surfers Paradise QLD 4217。
- ¥ 价格：因人而异
- ⏱ 营业时间：每天9:00～次日5:00

SinCity The Nightclub

SinCity The Nightclub是黄金海岸比较受欢迎的

酒吧。酒吧设计很前卫，布置极为时尚、华丽，吸引
了许多年轻人。每当夜幕降临，人们随着舞蹈、音乐
沉醉其中，度过浪漫唯美的夜晚。

- 地址：22 Orchid Avenue，QLD 4217。
- 价格：因人而异
- 营业时间：周二～周六上午9:00～次日5:00

购物狂想曲

黄金海岸不仅是度假胜地，也是购物天堂。当地购物场所，大至购物中心，小
至商贩摊位，无论是世界知名品牌，还是特色手工艺品，可以说应有尽有。到黄金
海岸的集市或商场转一转，购买一些心仪的商品留作纪念，也可以送给友人，都是
很好的选择。

购物中心

太平洋购物中心（Pacific Fair）

太平洋购物中心是该地区最大的购物中心。购物中心拥有300多家商铺，包括世
界知名的品牌Myer、Kmart、Targe等，以及百货公司和超级市场。此外，购物中心
内有电影院、玩具反斗城以及餐厅和酒吧等多处娱乐场所，供游客休闲。

- 地址：Hooker Blvd，Broad beach，Gold Coast。
- 营业时间：每天10:00～18:00

Marina Mirage Mall

Marina Mirage Mall高三层，整体设计出自名家之手，无论是雕塑、喷泉、还是
内部摆设都极具特点。购物中心内部拥有大约100家商店，集餐厅、超市、本土品
牌、世界知名品牌于一身，吸引大量的游客前来购物。

- 地址：74 Sea World Drive，Main Beach，Gold Coast。
- 营业时间：每天10:00～18:00

专卖店

Home-wear On Main

Home-wear On Main主要出售化妆品，店内的化妆品都是纯天然成分制作的，
深受女性的喜爱。尤其是一些不含防腐剂的护肤品，如薰衣草、玫瑰和牛奶材料制
成的产品最受欢迎。

- 地址：14-16 Tedder Ave. Main Beach，Gold Coast。
- 营业时间：周一～周五10:00～17:30，周六10:00～17:00，周日10:00～16:00。

6 布里斯班

　　走进布里斯班，映入眼帘的不是高楼大厦，而是一片片掩映在绿树丛中的别墅。清亮的天空、蔚蓝的大海、绿色的草地、灿烂多姿的文化和热情淳朴的人们，造物主把天地间的一切美好都赐予了这片古老的大地。这片阳光灿烂的大陆，是让人魂牵梦萦、流连忘返的美丽净土。

布里斯班印象零距离

布里斯班知识知多少

布里斯班是澳大利亚昆士兰州的首府和主要港口，也是澳大利亚第三大城市，面积1200平方公里，人口达140万，它横跨布里斯班河两岸，距河口19公里，有"树熊之都"的美誉，是世界特具地域色彩的地方之一。

现今的布里斯班是一个有效率、干净又充满年轻活力的城市，布里斯班河犹如一条明亮的缎带，从山峦天际之间缓缓流下，流过蜿蜒曲折的原野，一些澳大利亚特有的动植物也生活在这里，与人类的关系十分亲近。另外布里斯班的人文景观也很丰富，有许多19世纪的古老建筑，游客来到布里斯班，还可以感受到浓厚的文化艺术气息，这里会经常上演大型歌舞剧及音乐会。游客还可以从旧水钟和观赏塔上观看布里斯班的美丽景色。

布里斯班城区示意图

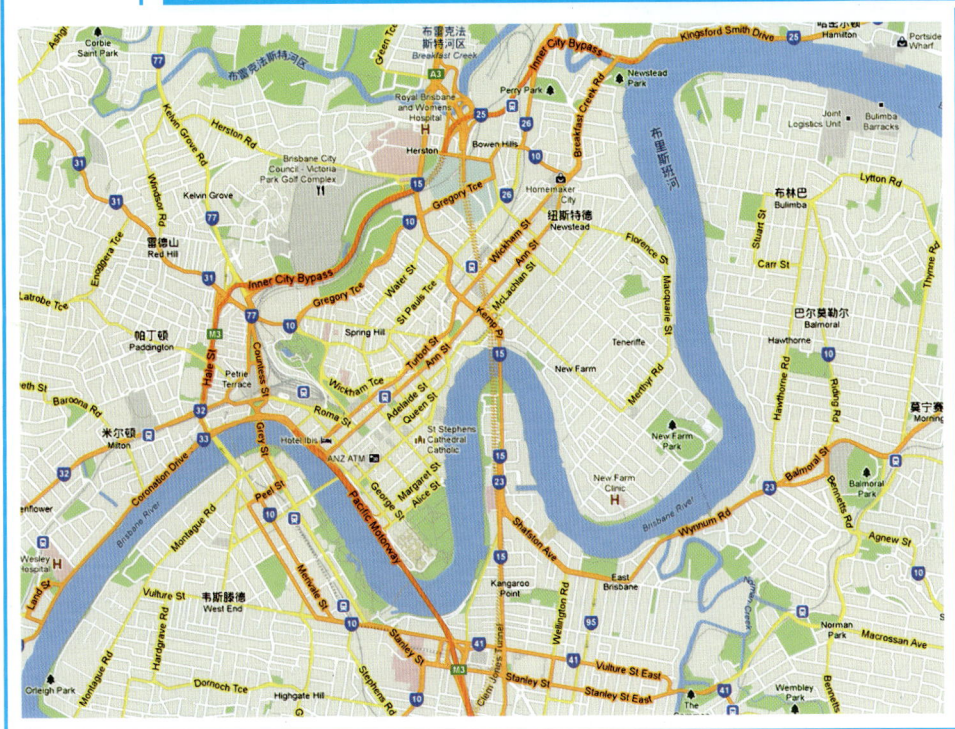

布里斯班游玩前须知

什么时间旅游最适合

　　布里斯班地处南回归线稍南边，属亚热带气候，每天平均日照时间为7.5小时，故又有"艳阳之都"的称号。气候温暖，降水量适中。春天是在9～11月，夏天是12月～次年2月，秋天是3～5月，冬天是6～8月，这里全年都温暖如春，适合旅游度假。即使是全年最热的夏天，也给人舒爽温和的感觉，加之这时候又比较适合参加各类水上运动及潜水。因此，每年的12月～次年2月是布里斯班的最佳旅游季节。

1 行前早知道

2 出行必备功课

3 堪培拉

4 悉尼

5 黄金海岸

6 布里斯班

143

最IN风向标——旅游穿衣指南

　　布里斯班的冬天只有几个星期，夏天的衣服一定要多带，这里的东西都比较贵，建议在国内买。还有一定不要忘记带泳衣，这里穿比基尼较多，这边商场卖1000多元人民币；太阳镜、遮阳帽和防晒霜也是必备物品！这边的商店不多，而且价格也较高，所以尽量不要在这边买东西了！

必须了解的医疗服务

　　布里斯班的医院为海外游客提供紧急医疗服务，有的医院还有懂中文的护士为游客提供翻译服务（普通话和广东话），并对游客提供24小时酒店和住宅出诊的紧急医疗服务。只要游客有任何医疗需要，他们都会提供周到热情的专业服务。

名　　称	地　　址	电　　话
Logan Puplic Hospital	Armstrong Road	+6107- 32998899
Mater Children's Hospital	Cnr Stanley St. & Raymond Terrace	+6107- 31638195
Mater Mothers' Hospital	Raymond Terrace	+6107- 31638664
Redland Hospital	Cnr Wellington & Weippin Streets	+6107- 34883111

市区景点

1 行前早知道

2 出行必备功课

3 堪培拉

4 悉尼

5 黄金海岸

6 布里斯班

景点

①

故事桥

故事桥（Story Bridge）建造于1940年6月6日，虽然只有500米长，却是世界上仅有的两座手工制作的大桥之一。而且故事桥也是可以攀爬的大桥，因而在导游的带领下攀爬距离河面80米高的故事桥，一览布里斯班全景成了游客最喜爱的游玩项目之一。

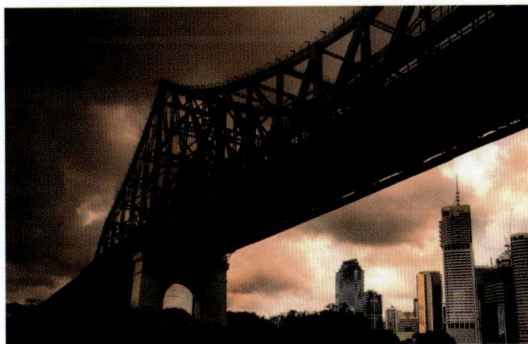

•••••典故解读•••••

桥名"故事桥"，但并没有像罗密欧与朱丽叶或者梁山伯与祝英台一类的故事，更没有廊桥遗梦的艳遇、卡桑德兰大桥的惊险，之所以叫故事桥，是因为设计者的名字叫"Story"。

•••••玩家指南•••••

⌂ **地址**：200 Main Street，Kangaroo Point QLD 4169。
🚌 **交通**：可乘坐巴士在City Hall下车即到
🕐 **开放时间**：全天
¥ **门票**：免费

景点 ② 市政厅

市政厅（Brisbane City Hall）这座具有意大利典型新古典主义派风格的棱柱型塔式建筑建成于1930年，它是澳大利亚现存最大、最富丽堂皇的市政厅。也因为是相当宝贵的历史资产，而被称为"百万市府（Million Pound Town Hall）"。市政厅的门庭有很多立柱，与古代希腊的神庙颇有几分相似。一楼大厅挑高的天花板、具有古典气息的壁画、磨得发亮的大理石阶梯、马赛克地砖、水晶吊灯等，给人一股华丽又优雅的氛围。市政厅拥有一座直插云霄的钟塔，深具南欧风情。该钟塔高106米，目前仍是澳大利亚最高的钟塔，钟塔的76米高处，是个观景台，可免费攀登，欣赏优美的市街景致。

······ 典故解读 ······

布里斯班还有另一处傲人的观景台——摩天轮。布里斯班摩天轮高60米，共悬挂42个空调舱，如果全部坐满可以搭载200多人，并提供24小时服务。传说摩天轮的每个格子里都盛放着幸福。和最爱的人一起坐上摩天轮，虔诚地许下一个愿望，你的愿望就会得以实现。

·········· 玩家指南 ··········

🏠 地址：Albert Street，City Centre，Brisbane，Australia。

🚌 交通：可乘坐免费巴士在City Hall下车即到

🕐 开放时间：周一至周五8:00～17:00，周末10:00～18:00；钟塔：周一至周五10:00～15:00，周六10:00～14:30。

💰 门票：免费

景点

3

昆士兰文化中心

规模宏大的昆士兰文化中心（Queensland Cultural Center）是这座城市的文化支柱，中心内综合体现了澳大利亚文化、艺术等方面的成就。中心包括：昆士兰博物馆（Queensland Museum）、昆士兰美术馆（Queensland Art Gallery）、昆州图书馆（State Library）及综合表演艺术中心（Performing Arts Complex）。昆士兰博物馆内有恐龙骨骼化石、鲸鱼模型，并展出古老特殊的文物遗产，是一座大型的自然博物馆。艺术馆内藏有超过一万件澳大利亚本土艺术家的作品及大量国际艺术名家的作品。表演中心则是提供演唱会、歌剧、话剧等的表演场地。而文化中心外的广场、风景园林、水榭与商场、餐厅、咖啡厅交相辉映，吸引着人们前来参观。

······典故解读······

在1974年，昆士兰州政府决定将已有的建筑进行整合，统一建设成为昆士兰文化中心。其中的莱摩尼剧院曾经是澳大利亚一座著名的剧院，于1954年毁于一场大火。很多澳大利亚著名表演艺术家都曾在这个剧院中进行过表演，如今的克莱摩尼剧院位于昆士兰表演艺术中心之中。

······玩家指南······

⚑ 地址：Melbourne St., South Brisbane QLD 4101。
🚌 交通：乘坐公共汽车在South Brisbane站下车，向西步行254米即到。
⏱ 开放时间：美术馆10:00～17:00，博物馆间9:00～17:00，州立图书馆周一～周四10:00～20:00，周五～周日10:00～17:00。
💴 门票：免费，有特别展览除外。

1 行前早知道

2 出行必备功课

3 堪培拉

4 悉尼

5 黄金海岸

6 布里斯班

147

景点 **4** 南岸公园

南岸公园（South Bank Parklands）占地17公顷，覆盖着大片的草坪，绿树成荫，热带植物繁茂，是享受布里斯班亚热带气候的最佳去处。园内的标志性景点要数"三角梅长廊"，弯曲的铁架长廊，贯穿了整个公园。铁架每一根都是抽象的袋鼠形象，造型极为别致。游客来到这里可以在广场上观看街头表演、进电影院看场超大银幕的电影，或是单独遛滑板、练长跑、骑自行车穿越树林；或独木泛舟，航行在中国城与南岸公园之间，或是享用野餐或烤肉，就算只是沿着河边的步道走走，感觉都是那么的惬意。

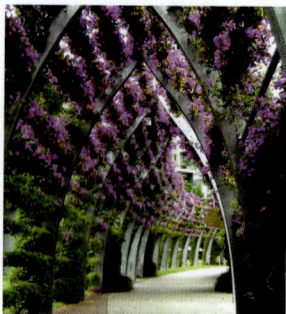

·······典故解读·······

南岸公园原本是1988年万国博览会的会场地址，在展览结束后，市政当局原本想改建成公寓住宅，后来遭到当地居民的坚决反对，才改造成为一个亲水公园。公园除了餐饮与停车费之外，完全不收费，是所有市民休闲放松的好去处。

·············· 玩家指南 ··············

⚇ **地址**：Grey Street，South Brisbane QLD 4101。
🛉 **交通**：可乘坐公共汽车在South Brisbane站下车，后步行500米即到。
⏰ **开放时间**：8:00～20:00
¥ **门票**：免费

景点 **⑤** 野生动物园

野生动物园（Brisbane Wildlife Park）是由龙柏树袋熊保护区和澳大利亚羊毛乐园组成的。龙柏树袋熊保护区距布里斯班西南11公里，内有超过80种的澳大利亚本土动物及鸟类，最令人瞩目的是一大群生活在自然环境中的澳大利亚树熊。你可以与它们相拥，并用相机记录下这美妙的时刻。五彩缤纷的鸟类更会不甘示弱地前来索取食物。在羊毛乐园，除了可以一睹剪羊毛示范、羊毛纺织示范、牧羊犬与绵羊表演之外，更可以亲自尝试挤牛乳、喂食袋鼠等有趣的事情，趁机体验澳大利亚传统的农村生活。此外，这里每天还有公羊与丛林舞蹈表演。

著居民食物的来源，因此无尾熊也是土著文化中许多神话与传说的重要组成部分。

⋯⋯ 典故解读 ⋯⋯

设立于1927年的龙柏树熊保护区，不但是澳大利亚设立的第一个无尾熊保护区，数量与面积也是澳大利亚最大的。目前龙柏共有130只无尾熊。这种没有尾巴的动物，在4500万年以前的澳大利亚就已经有了踪影，后来澳大利亚的气候变得越来越干燥，树熊食物的主要来源就是桉树、橡皮树的叶子，所以20世纪40年代树熊曾被认为已经灭绝。而且无尾熊也曾是土

⋯⋯ 玩家指南 ⋯⋯

⌂ **地址**：Jesmond Rd.，Fig Tree pocket Brisbane。

🚌 **交通**：可乘坐出租车约15分钟到达；或是在市中心乘坐445、430号公共汽车；或是在市区的North Quay搭乘Mirimar游艇前往。

🕐 **开放时间**：8:30～17:00

¥ **门票**：免费

1 行前早知道
2 出行必备功课
3 堪培拉
4 悉尼
5 黄金海岸
6 布里斯班

149

景点 **6** 袋鼠角

袋鼠角（Kangaroo Point）就如同故事桥一样，其实这里并无袋鼠。反而由于这个地方是布里斯班河的一个转弯的河流地带，自然形成了一个高达几十米的狭长悬崖断壁而闻名。其中引人注目的就是一大片棱角分明的岩壁，据说是早期囚犯们服苦役的岩石场，现在这里是练习攀岩的好地方。攀岩爱好者不妨一显身手。想要一览布里斯班的地平线，袋鼠角的观景台是绝佳地点。登上观景台，美丽的布里斯班河和对岸的现代化建筑尽收眼底。

······**典故解读**······

据说，早年的布里斯班到处都是袋鼠，直到后来成灾，市民出行，车子常与袋鼠相撞，造成车损人伤。政府只好出面解决，最后人们四面围拢，将成群袋鼠赶至"袋鼠角"。袋鼠跳跃着走，只会前进，不会后退。被逼至悬崖边，袋鼠惊惶失措，纷纷跌下悬崖，或者被围杀。

··············**玩家指南**··············

🏠 **地址**：Kangaroo Point，Queensland，Australia。

🚌 **交通**：乘坐公共汽车在Kangaroo Point站下车即到

🕐 **开放时间**：全天

¥ **门票**：免费

景点 **7** 库塔山植物园

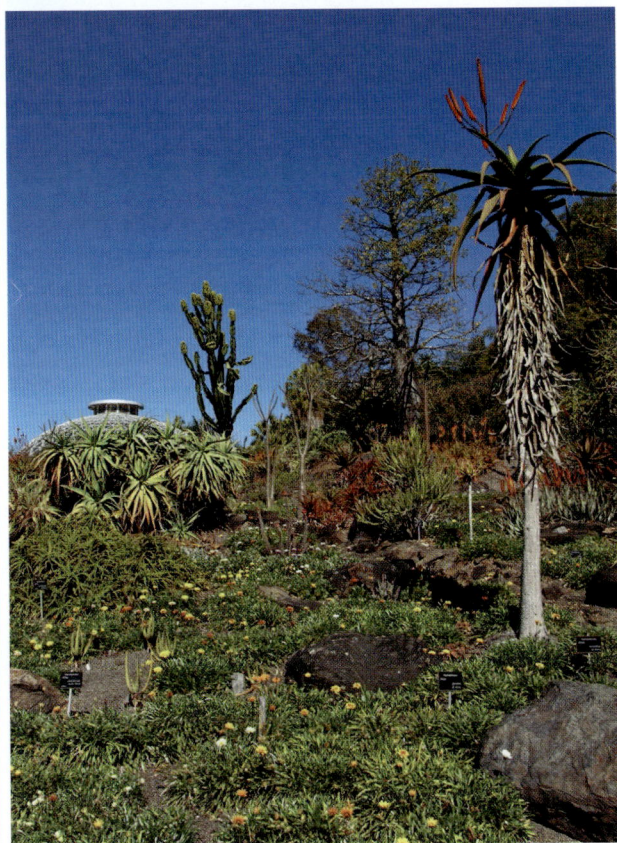

库塔山植物园（Mt Coot-tha Botanic Gardens）占地52公顷，园内培育热带及亚热带植物多达5000种，素有"布里斯班后花园"之称。除了可以欣赏到稀有植物外，园内还包括图书馆、植物标本馆、带有中式风情的日本庭院，以及澳大利亚最大的天文馆——汤姆爵士天文馆。而且从库塔山瞭望台可以远眺布里斯班与摩尔顿湾的美丽景色，这里同样也是野餐的极佳场所。

········ 典故解读 ········

汤姆爵士天文馆于1978年5月24日正式开幕。这座在澳大利亚独树一帜的天文馆，也是培养像尼尔·阿姆斯特朗（Neil Armstrong，第一个登上月球的宇航员）优秀宇航员的启蒙地。天文台有各式各样的天文望远镜，馆内的驻地天文学家可以帮游客准确找到星星和银河系间的天体。Cosmic Skydome定期播放节目，带你畅游外太空。

········ 玩家指南 ········

🏠 **地址：** Mt Coot-tha Road, TOOWONG, Brisbane。

🚌 **交通：** 可以从市区乘坐471路巴士即可到达

🕐 **开放时间：** 4～8月8:00～17:00，9月～次年3月8:00～17:30，每天16:30停止入园。

💰 **门票：** 入园免费，天文馆成人9澳元，家庭票25澳元。

1 行前早知道

2 出行必备功课

3 堪培拉

4 悉尼

5 黄金海岸

6 布里斯班

景点

8

澳野奇观

总投资额达2300多万澳元的澳野奇观（Australian Outback Spectacular）真实地将澳大利亚的内陆风情展现得淋漓尽致。它于2006年4月4日对外开放营业，全封闭的表演大厅可同时容纳超过1000名观众入座。每晚开演前个半小时，会场接待处都会先行开放，这个仿照20世纪六七十年代中期设计的牛仔酒吧，除提供免费酒水任饮外，还有歌手献唱。另外在表演前，观众们要按牛仔派送的帽子颜色分为两派，各占会场一方，为自己所属的牛仔队打气，观众可以拍掌欢呼，也可以用脚踏地，场面十分热烈。接下来将会展现骑骆驼竞赛、最新的罗马骑术表演、令人叫好的精湛骑术。而且在观众惊叹表演的同时，也可品尝澳大利亚地道的三道式西餐美味，让人不亦乐乎！

制服，腰板挺直，骑着自家的马儿表演各种舞步，有模有样的，煞是威风。主办方最后会给马儿和骑士颁发各种奖项，皆大欢喜。

······**典故解读**

在昆士兰州每年都会举行骑术比赛，所以很多人养马，家里的孩子也是从小骑马。每年比赛时，这些膘肥体壮的马儿都打扮得漂漂亮亮地走秀，马尾巴和马鬃鬃修剪得整整齐齐，马臀部的毛被剃成各种各样的几何图案。骑士们穿着

··········**玩家指南**··········

🏠 **地址**：Entertainment Drive, Oxenford QLD 4210。
🚌 **交通**：乘坐公共汽车在Oxenford站下车后步行即到
🕐 **开放时间**：全天
🎫 **门票**：免费

景点 ⑨ 皇后街购物中心

皇后街购物中心（Queen Street Mall）位于布里斯班的市中心，是布里斯班乃至昆士兰州享有盛名的娱乐购物胜地。长达半公里的皇后街上分布着500多家的专卖店。除了David Jones和Myer两大百货公司，还有许多家购物中心、时装店、书店、纪念品店……一定不会让人空手而归。当然食品店、娱乐场更是不能缺少的，而且无论是在高档餐厅还是小餐馆里，游客都可以品尝到各种昆士兰独有的美味佳肴。

典故解读

购物之余游客可以享受一下澳大利亚特色的风味茶点，那就是香喷喷的比利茶（Billy Tea）和丹波面包（Damper）。比利茶的味道有点像中国的普洱茶，可以根据个人口味加些牛奶和糖，这样就是味道独特的比利茶了。丹波面包非常松软，切好的面包片抹上一种像蜂蜜一样的甜酱，细细咀嚼，面包的麦香瞬间弥漫整个口腔。

玩家指南

🏠 **地址：** 300 Adelaide St., Brisbane QLD 4000
🚌 **交通：** 乘坐公共汽车在Central站下车即到
🕐 **开放时间：** 周一～周五9:00～18:00，周六9:00～17:30，周日10:00～18:00（依店家不同，开放时间略有差异）。
¥ **门票：** 免费

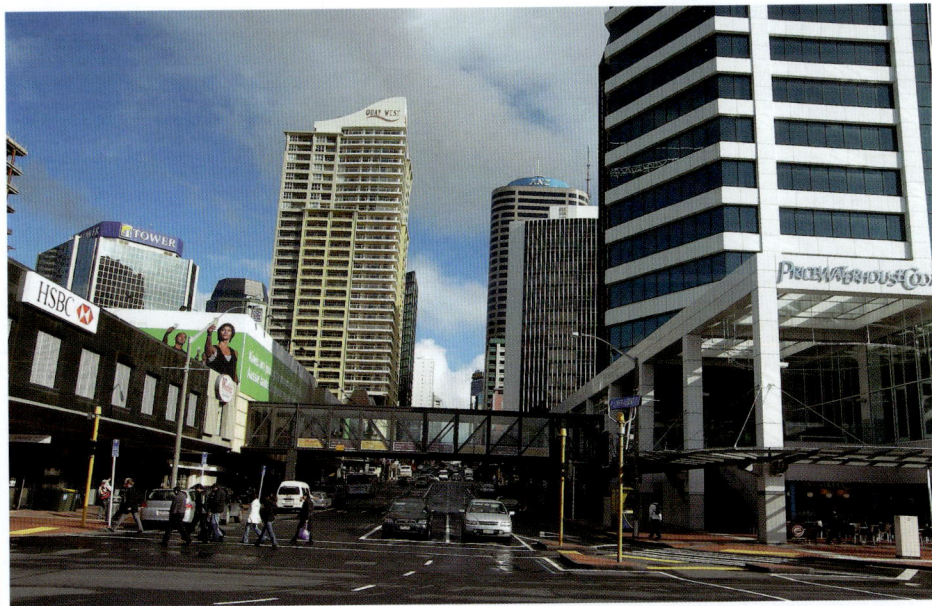

1 行前早知道
2 出行必备功课
3 堪培拉
4 悉尼
5 黄金海岸
6 布里斯班

景点
10

佛特谷

佛特谷（Fortitude Valley）是布里斯班的唐人街，是布里斯班市内最热闹的地点之一，也是当地年轻的专业人士、设计师等的集中地。这里云集了时装店、剧场以及许多不错的餐馆、酒馆、夜店和酒吧。不过既然是唐人街，中国文化元素自然是主流。具有唐朝风格的亭台楼榭、牌坊、石狮，还有那浓郁的中国红。据说每周日还有专人在这里教授太极。流连于布里斯班的唐人街，好像回到了祖国，无比亲切。

······**典故解读**······

来到布里斯班唐人街，不得不提被誉为"布里斯班唐人街之父"的刘达文父子。年近九旬的刘达文于20世纪30年代移居澳大利亚，长期热心华社工作，积极维护华人利益，并于1954年发起成立了昆士兰州第一家华人社团——"中国人协会"。1987年1月29日，在刘达文等人积极创议联络下，布里斯班唐人街落成并对外开放。布市唐人街是全世界为数不多的由当地政府出资建造的唐人街。刘达文于2004年当选为昆士兰省"当地英雄"，2005年被选入"昆士兰州名人录"，并被任命为布里斯班荣誉大使。

······**玩家指南**······

⌂ **地址**：Fortitude Valley District, Queensland 4006 Australia。

🚌 **交通**：可以乘坐观光巴士前往

🕐 **开放时间**：全天

¥ **门票**：免费

周边景致

景点 ① 天堂农庄

天堂农庄（Paradise Country）位于布里斯班西北14公里处，是参照澳大利亚内陆传统的农场建成，12公顷的庄园面积，以栏栅给猪、牛、羊等小动物围起了各自的绿色居家，来此参观可以让游客尽情体验澳大利亚农庄风情。园内设有多处休息地点，也有出售各种小动物纪念品的商店。而且可以品尝比利茶和当地的面包，还有看剪羊毛表演、狗赶羊的场景以及与考拉、袋鼠和鸸鹋亲密接触等，是亲近自然、放松心灵的好地方。

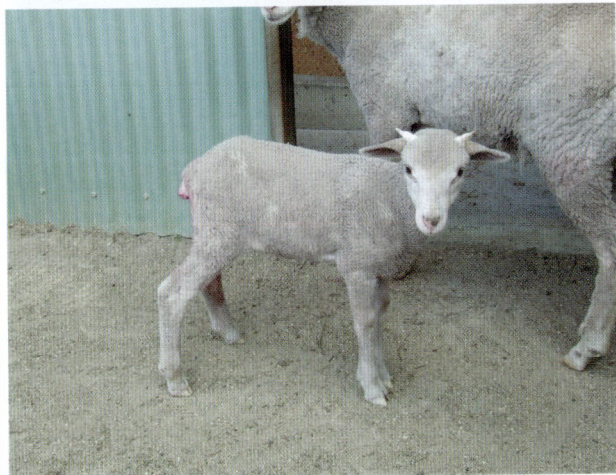

典故解读

鸸鹋（又名澳大利亚鸵鸟）。鸸鹋是澳大利亚特有鸟类之一，现在和袋鼠一同作为澳大利亚国徽的图案。但鸸鹋曾是被宣判死刑的"头等罪犯"。因为种群数量太多，成天到处乱窜，导致当地食物与淡水匮乏。为了创建和谐社会，澳大利亚军队向鸸鹋们开战了！但是鸸鹋们以每小时50公里的速度轻巧地躲着子弹，最终还是没有完全被消灭。

玩家指南

🏠 地址：Entertainment Road，Oxenford Gold Coast，Queensland 4210 Australia。
🚌 交通：位于布里斯班附近，可以乘坐观光巴士前往。
🕐 开放时间：全天
💴 门票：免费

1 行前早知道
2 出行必备功课
3 堪培拉
4 悉尼
5 黄金海岸
6 布里斯班

景点

② 莫顿岛

莫顿岛（Moreton Island）是世界第三大沙岛，它由三个小镇组成：布尔沃（Bulwar）、科文（Cowan）以及库瑞葛镇（Kooringal）。岛上还有一处天阁露玛度假村（Tangalooma），至今已经有30多年的历史，每到傍晚都有一群野生的宽吻海豚几十年如一日，像约好似的游到度假村的海滩边觅食、嬉戏。莫顿岛都由沙子组成，岛中的沙丘形状各异，有大量的游客被这里的沙砾所吸引。莫顿岛也是一个生态岛，拥有澳大利亚最纯净的海滩，还有聪慧的海豚和众多野生动物。目前岛上大部分都是国家级公园景观，是自然生物的保护地。

······典故解读······

传说中，早年的莫顿岛上生活着一群以捕鱼为生的原住民。在出海捕鱼的过程中，聪慧的海豚总会给他们提供很大的帮助，于是收获颇丰的渔民为了报答海豚，每天都会在海边喂食他们的朋友。渐渐地，就定下了这个不见不散的约会，并延续至今。相传看见海豚的恋人，便可生生世世相爱永不分离，所以很多恋人前来莫顿岛，在海豚面前许下他们的诺言。

·············玩家指南·············

⌂ 地址：Corner of Kingsford Smith Drive & Harvey Street，Eagle Farm，Brisbane。
🚢 交通：可在布里斯班码头乘轮渡前往莫顿岛。
🕐 开放时间：全天
💲 门票：免费

布里斯班旅行资讯

1 行前早知道

2 出行必备功课

3 堪培拉

4 悉尼

5 黄金海岸

6 布里斯班

如何抵达

抵达布里斯班的方式非常简单，可以乘坐飞机、火车或长途巴士。无论哪一种，都会让您有一个非常愉快而难忘的旅途！

飞机

从中国的北京、广州以及香港都有航班直达布里斯班，另外，澳大利亚国内的悉尼、墨尔本两地与布里斯班之间的航班也很频繁，每小时一班，频繁地来往两地。从悉尼前往布里斯班的航程是1小时，从墨尔本直飞的航程是2小时。布里斯班的机场离市里很近，乘坐机场巴士只需20分钟即可抵达市内。

火车

澳大利亚的各州首府都有列车通往布里斯班的中央火车站和罗马街火车站，其中主要的旅游车次有：凯恩斯－普斯莎班－布里斯班的昆士兰人号、来往于凯恩斯－布里斯班的热带风情号、来往于普斯莎班－布里斯班的热带风情号以及来往于朗烈治－布里斯班的荒漠风情号等。

另外，悉尼每日有以舒适快捷和设备豪华的"布里斯班特快车"开往此地。20:50从悉尼出发，次日12:45抵布里斯班。

长途巴士

Ansett Pionerr公司、灰狗等巴士从悉尼与各都市有长途巴士联接。从悉尼前往布里斯班约需16小时30分钟。时间虽长，但比飞机和火车便宜，所以很受欢迎。

必须掌握的市内交通

布里斯班的市内交通只有公共汽车和轮船，虽然只有两种，但游览布里斯班也很方便！

公共汽车

布里斯班市内的观光巴士是游览布里斯班市区的绝佳交通工具，不但费用低廉，而且几乎市内各景区，巴士都可到达。游客还可以乘坐观光巴士（City Sights Bus）游览市区。

轮渡

布里斯班的南北两岸可以乘坐轮渡游览。

到布里斯班游玩必做的几件事

布里斯班是个特别适合游玩的地方，有很多乐趣需要细细体味，方可知其境界!

TOP1：在城市郊区尽情享受美景

在布里斯班的文化中心毅力谷欣赏现场音乐会，在热闹的户外商业街购物，品尝唐人街的饺子；在旁边的新农庄，游客可以坐在时髦的咖啡馆看街道人来人往，到著名的熟食店购买美味，还可以在河边的草地上野餐。搭乘渡轮前往布里斯班的郊区，然后游览漂亮的帕丁顿区，穿梭于拉特罗布河畔的流行酒吧、咖啡馆与餐馆之间。接着可以看看山上和宽阔街道两旁的传统的昆士兰住宅。还可以去河对岸西区的时髦餐厅和小型艺术剧院，商店以及参观昆士兰最著名的啤酒酿酒厂。

TOP 2：畅游莫顿湾水域和岛屿

从北斯特拉布罗克岛或莫顿岛出发，划海上皮艇观光，或在斯卡波罗、博来比岛、曼利或拉比湾进行深海钓鱼。在红崖半岛乘坐喷气艇，玩风帆冲浪，或在威灵顿角进行风筝冲浪。乘撬从世界最高的沙丘上滑下，或在莫顿岛驾驶沙滩越野车。在靴子岛骑水上自行车，或驾驶四轮驱动车奔驰于莫顿岛、北斯特拉布罗克岛和博来比岛上。来克利夫兰角观赏昆士兰最古老的孟加拉榕树，在瑞德兰泉和麦奥拉泉观看土著伤疤树，在圣海伦娜岛参观一处臭名昭著的古老的囚犯定居点。

TOP 3：参加刺激的冒险活动

在清晨或者华灯初上的傍晚，在袋鼠角悬崖沿绳下降或者攀岩。爬上故事桥360°欣赏美丽全景，顺便来一次双人特技跳伞或是搭乘热气球漂游城市上空。游客甚至可以像鸟一样乘坐机动滑翔机越过阳光海岸上空。乘坐金色的刚朵拉、古老的明轮蒸汽船，或参加野生动物航游，沿着布里斯班河顺流而下。或者从布里斯班以北近30分钟的红崖半岛出发，来一趟豪华观鲸航游。还可以参加一次生态航游，途经博来比岛和温室山，前往浮石通道海洋公园，乘坐哈利摩托车欣赏城市美景！

TOP4：乘坐轮船顺河而下，在花园里休憩

在城市植物园的坚果树和红树林下骑着自行车，然后乘坐木制明轮蒸汽船，顺流而下，在占地17公顷的南岸河滨花园里，在棕榈树下休息或野餐。在这里，游客可以去保罗布瑞卡海滩的淡水湖和游泳池游泳，逛逛市场，还可以前往夏日露天电影院，并在阳光下露天用餐。沿原住民艺术路穿越库萨山保护区，这里也是观赏本土野生动物和饱览城市全景的去处。在山脚下，游客可以在布里斯班植物园的热带区、雨林和日式花园漫步。

1 行前早知道

2 出行必备功课

3 堪培拉

4 悉尼

5 黄金海岸

6 布里斯班

人气餐厅大搜罗

布里斯班可以说是美食的天堂，在这里除了可以品尝当地的美食，还可以享受世界各地的风味美食，包括亚洲的美食以及欧洲的风味饮食，令人大饱口福。布里斯班的用餐方式比较独特，无论是在高档餐厅还是普通餐馆，经营者想方设法地吸引用餐的人。顾客可以在阳台上、草坪上、街道边甚至是在水池里，在享用美食的同时还可以欣赏美丽的景色。

特色餐厅

Mu'ooz

Mu'ooz是布里斯班市内的一家有名的餐厅。餐厅以经营"美味而健康"的饮食为宗旨，而且价格实惠。餐厅以素菜为主，推荐咖喱南瓜料理以及各式的肉类。令人想不到的是，餐厅所有的收益都会捐给非洲慈善机构。

- 🏠 地址：197/201 Beaudesert Road
- ☎ 电话：+6107-32558992
- ¥ 人均消费：20～25澳元

Zafron on Brunswick

Zafron on Brunswick是一家以波斯菜肴为主的餐厅。餐厅的菜肴充满了异域风味，采用酸奶和阿拉伯芝麻酱为配料，加入中东元素的肉桂、石榴和青柠汁，味道极其鲜美。餐厅的老板在不忙的时候，会抱着吉他来助兴，让游客有种回家的感觉。

- 🏠 地址：726 Brunswick Street New Farm QLD 4005
- ☎ 电话：+6107-33582655
- ¥ 人均消费：24～28澳元

Pintxo Spanish Taperia

Pintxo Spanish Taperia是一家很有特点的餐厅。就像吃旋转寿司一样，精致的菜品沿着轨道缓缓"驶来"，游客若看中的便可伸手拿下来食用；若没有则继续选择。在这家餐厅就采用这样的用餐方式，正宗的西班牙小菜，无论冷、热配上西班牙果酒，在炎炎夏日和朋友来此小聚，别提有多惬意了。

地址：561 Brunswick Street New Farm QLD 4005
电话：+6107-33332231
人均消费：30～38澳元

Kuan-Yin Tea House

Kuan-Yin Tea House 是布里斯班唐人街最受欢迎的餐厅。之前这条街道经过全新的翻修设计，逐渐成为商业聚集中心，这家餐厅逐渐被人们熟知。餐厅经营素食食品，这里所有的荤菜都是用豆腐制作而成的，是素食者的理想用餐之地。

地址：198 Wickham St.，Fortitude Valley QLD 4006
电话：+6107-32524557
人均消费：25～30澳元

当地餐厅

Blowfly

Blowfly 是澳大利亚当地一家正宗的餐厅。餐厅主要采用本地食材以及本地的烹饪方法，在布里斯班也是比较知名的餐厅。餐厅的设计比较温馨、舒适，兔肉料理、羊羔料理不加太多调味料，保持原汁原味，鲜美无比，是来这里用餐的人必点的菜式。

地址：Shop 3, 110 Macquarie St.，Teneriffe。
电话：+6107-32573511
人均消费：20～30澳元

亚洲餐厅

Edamame

Edamame 是一家坐落在大学生住宅小区的日式餐厅。餐厅附近的交通方便，景色优美，吸引许多人来这里用餐。餐厅虽然不是很大，但10多页的菜单足以证明这里的小吃是多么丰富。餐厅的菜式简单、健康、少油，无任何添加剂，口味好，分量足，深受欢迎。

地址：224 Hawken Dr St Lucia
电话：+6107-38760060
人均消费：10～20澳元

1 行前早知道
2 出行必备功课
3 堪培拉
4 悉尼
5 黄金海岸
6 布里斯班

靠谱住宿推荐

　　布里斯班的住宿地点比较多，而且交通方便，附近的各种配套设施比较完善，游客可以放心地住宿。

豪华酒店

The Astor Apartments

　　该酒店位于布里斯班的市中心，距离火车站只有200米，交通便利。酒店内设有桑拿室、酒吧、餐厅、旅游咨询台等服务设施，为客人提供周到的服务。酒店的客房经过精心的装修，配备了微波炉、冰箱、平面电视和DVD播放机等设施，为客人营造舒适的住宿环境。

🏠 地址：35 Astor Terrace，Spring Hill，4000。
☎ 电话：+6107-38399022
¥ 价格：没有空调的单卧室公寓192澳元，一卧室公寓207澳元，没有空调的两卧室公寓219澳元，两卧室公寓237澳元。

Best Western Astor Metropole

　　Best Western Astor Metropole坐落在布里斯班的市中心，附近有很多购物场所以及餐厅。酒店设有室外泳池、带有阳光庭院的餐厅、网吧、室内停车场以及24小时的服务台，随时为客人提供优质服务。酒店的客房都经过独立装修和布置，配备了空调、带有微波炉的厨房、浴室以及免费的室内电影等，全心为客人着想。

🏠 地址：193 Wickham Terrace，Spring Hill，4000。
☎ 电话：+6107-31444000
¥ 价格：大号床一室公寓158澳元，双床一室公寓160澳元，双床一室公寓150澳元。

Oaks Felix

　　Oaks Felix是拥有享有布里斯班城市美景的时尚公寓，交通方便、快捷。酒店设有餐厅、游泳池、健身中心、桑拿浴室、咖啡厅等休闲场所供客人休息。酒店的客房设有平面有线电视、DVD播放机、洗衣设施以及设备齐全的厨房随时供客人使用。

🏠 地址：26 Felix Street，布里斯班中央商业区，4000。
☎ 电话：+6107-1300663619
¥ 价格：一卧室公寓253澳元，一卧室行政公寓297澳元，两卧室公寓345澳元。

家庭旅馆

Annies Shandon Inn

Annies Shandon Inn是位于布里斯班市中心的一家家庭旅馆。旅馆的装修风格清新、自然，拥有一个可以吃早餐、喝咖啡的客厅。旅馆的客房布置很可爱，松软的大床配上浅色的床罩，搭配可爱的花盆，简直像进入童话里一般。

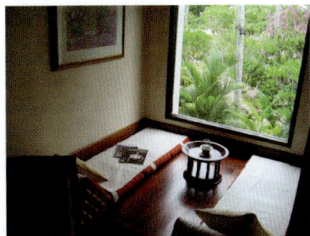

地址：405 Upp.Ed-ward St.
电话：+6107-38318684
价格：使用公共淋浴和卫生间：单人间40澳元，双人间50澳元；有淋浴及卫生间的房间：单人间50澳元，双人间60澳元。

Soho Motel

Soho Motel是一家汽车旅馆，位于布里斯班的市中心。旅馆的建筑是一座粉红色的五层楼，设有餐厅，服务员风趣、热情。旅馆的客房设有阳台可以欣赏风景，配备了卫生间、电视、冰箱、空调、电话、烧茶设备等设施，供客人使用。

地址：333 Wickham Tee
电话：+6107-38317722
价格：单人间49澳元，双人间53澳元。

Marrs Town House Motel

Marrs Town House Motel距离布里斯班市中心不远，交通便捷。旅馆的服务周到，设施齐全，房价实惠，是许多旅游者的最佳选择。旅馆的客房经过细心的装饰和布置，为客人提供干净、整洁的住宿环境。

地址：391 Wickham Tee
电话：+6107-38315388
价格：单人间40～55澳元，双人间50～65澳元。

青年旅舍

1 行前早知道
2 出行必备功课
3 堪培拉
4 悉尼
5 黄金海岸
6 布里斯班

Yale In-ner Oty Inn

Yale In-ner Oty Inn位于布里斯班的市中心，附近有许多餐厅和购物场所。旅舍经过细致的装修和布置，设有公共淋浴及卫生间，客房设施齐全，可供游客使用。旅舍的管理很严格，每到晚上都会把大门锁好，所以晚归的朋友需要携带钥匙。

- 地址：413 Upper Edward St.
- 电话：+6107 -38321663
- 价格：单人间35澳元，双人间45澳元，带淋浴的双人间55澳元。

Aussie Way Backpacker's Hostel

Aussie Way Backpacker's Hostel坐落在布里斯班的市中心附近，整体建筑漂亮、美观。旅舍设有接机服务以及旅游咨询服务，为游客提供周到的服务。客房装修具有古典的风格，窗外的环境优雅、景色美丽，让人心情愉快。

- 地址：34 Cricket st.
- 电话：+6107-33690711
- 价格：多人间13澳元；单人间25澳元，双人间35澳元。

特色酒店

Albert Park Hotel

Albert Park Hotel位于布里斯班的市中心，交通方便、快捷。酒店设有餐厅、咖啡厅、酒吧、游泳池、健身中心等娱乐设施，为客人提供休闲娱乐的场所。客房配备了淋浴、卫生间、电视等设施，为客人提供方便、干净的住宿环境。

- 地址：551 Wick-ham Tce.，Sping Hill。
- 电话：+6107-38313111
- 价格：带淋浴的双人间120～145澳元

Mint Brisbane - Skyline Apartments

Mint Brisbane - Skyline Apartments拥有舒适的公寓，位于布里斯班市中心，附近就是中央商务区、皇后街购物商场。酒店的公寓都可观赏布里斯班的壮观全景，并配备了齐全的设施，包括空调、现代家具等。每间公寓都经过细致的装修和布置，为客人提供舒适的住宿环境。

- 地址：30 Macrossan Street, Brisbane QLD 4000。
- 电话：+6107-32392000
- 价格：标准两卧室公寓295澳元，顶楼公寓657澳元。

小资情调初体验

布里斯班娱乐场所比较多，来这里可以充分享受精彩的休闲生活。每当夜幕降临，整座城市霓虹闪烁，热闹非凡，人们聚集在酒吧、夜总会等娱乐场所欣赏表演、聆听音乐，尽情地欢乐，享受精彩、狂热的夜生活。布里斯班的酒吧、夜总会的要求比较严格，必须随身携带身份证、护照等证明自己年龄的证件，不要穿着吊带衫、短外裤、拖鞋等，否则会被禁止入内。

酒吧

Lychee Lounge

Lychee Lounge是一个吸引无数潮流人士前去的酒吧。酒吧内部的装修风格充满了神秘特色，再配以绚丽的灯光和细致的装饰，让人欲罢不能。酒吧里面有上百种不同口味的鸡尾酒，偶尔还有纯正的东方美食，千万不要错过这个神秘多彩的世界。

- 地址：2，94 Boudary St.，West End
- 价格：20～28澳元
- 营业时间：周二～周日14:00～23:00

Cloud Land Bar

Cloud Land Bar是一个充满魔幻的世界，每到夜晚这里聚集了无数年轻人尽情欢乐。酒吧装修是专门为年轻的时尚男女打造的，造型各异的台灯，绚丽的舞台以及粉红色的沙发，营造了梦幻般的世界。酒吧里有数不清口味的鸡尾酒，还有来自世界不同国家的啤酒以及各种美食，足以让你度过一个快乐的夜晚。

- 地址：641 Ann St.，Fortitude Valley。
- 价格：30～40澳元
- 营业时间：周二～周日14:00～次日2:00

咖啡厅

Café Bouquiniste咖啡厅

这间咖啡厅装修得很别致，用老式的办公桌当餐桌，发黄的硬纸板上印着菜单。面积不大的咖啡厅里挤满了爱喝咖啡的人。在这里不仅可以喝到纯正的咖啡，还可以品尝到点心、三明治和水果沙拉。

- 地址：121 Merthyr Rd.，New Farm QLD 4005。
- 价格：10澳元
- 营业时间：周一～周五9:00～23:00，周六、日9:00～20:00。

1 行前早知道

2 出行必备功课

3 堪培拉

4 悉尼

5 黄金海岸

6 布里斯班

Gallery B

Gallery B 比较另类，这里的咖啡带着辛辣的味道，配着土耳其苹果茶，绝对是新奇的体验。咖啡厅内的装饰采用地中海风情的饰物，别具特色。每天都有许多喜爱冒险的人，来这里品尝美味的食品。

🎧 地址：178 Enoggera Road Newmarket
💴 价格：20澳元
🕐 营业时间：每天7:00～15:00，19:00～24:00。

Stove

Stove坐落在一个不起眼的角落，却因为美味的特色小点心备受附近上班族的喜爱，而逐渐被人们熟知。在这里不仅有味道甘醇的咖啡，还有经典的三明治午餐，自制的美味小点心，如小姜人饼、土耳其面包、巧克力纸杯蛋糕等令人回味。

🎧 地址：91 Jane St. West End
💴 价格：15～23澳元
🕐 营业时间：每天7:00～15:00，19:00～24:00。

购物狂想曲

人们都说在布里斯班购物是一种享受，因为布里斯班的天气比较好，可以在购物的同时享受美好的天气，是一种很愉快的事情。市内拥有大型的购物中心、露天市场等许多购物场所，满足游客的购物需求。无论是珠宝首饰，特色手工艺品还是各种品牌服装，可以说是应有尽有，总之买到适合自己的商品是很容易的事。

购物街

皇后街购物中心（Queen Street Mall）

皇后街购物中心是一条商业步行街，街道两边拥有数百家时尚精品店。商品包括时尚服饰、高级鞋类、奢华珠宝、顶级箱包、独特纪念品、精致的家居用品等，云集了享誉全球的顶级品牌，当然也有许多澳大利亚本土名牌，令人爱不释手。除了各个精品店，这条街上还有美食中心、咖啡厅、电影院等娱乐场所，让游客在购物之余放松心情。

🎧 地址: 146 Queen Street Brisbane QLD 4010
⏰ 营业时间: 每天9:00～19:00

商场

迈亚商场（Myer Centre）

Myer Centre是一栋九层楼高的商场，是当地最大的商场。商场内拥有上百家店面，商品从服装到手工艺品，从生活用品到电器可以说应有尽有。商场内的餐厅、小吃店为游客提供了各种美食。此外，这里有一个当地最大的停车场方便人们前来购物。

🎧 地址: 22 Rundle Mall, Adelaide SA 5000。
⏰ 营业时间: 每天9:00～19:00

市场

南岸市场（South Bank Markets）

南岸市场是布里斯班的周末集市，集市主要以出售当地生产和制作的手工艺品和艺术品为主，还有新鲜的农产品、时髦的家居用品以及做工考究的服饰等商品，可以说是应有尽有。每到周末，这里聚集了许多街头艺人表演，配合悠扬的音乐，再吃点街头的小吃，别提有多惬意了。

🎧 地址: Stanley Street Plaza, Stanley Street South Bank QLD 4101。
⏰ 营业时间: 每周五、周六11:00～17:00；周日9:00～17:00。

1 行前早知道

2 出行必备功课

3 堪培拉

4 悉尼

5 黄金海岸

6 布里斯班

167

7 凯恩斯

凯恩斯是一个缤纷、悠闲的城市，四季如春，城市周围被热带雨林区环绕，邻近风景怡人的棕榈湾、名人度假天堂道格拉斯港。与热带雨林中的美丽市镇库兰达（Kuranda）、大堡礁等自然奇景相映成趣。未经人工修饰的景色和太平洋岸边的美丽风光一定能让你大吃一惊，使每个到访凯恩斯的游客都乐而忘返。

凯恩斯印象零距离

凯恩斯知识知多少

凯恩斯是昆士兰州北部主要的城市，距离布里斯班以北约2000公里，是进出澳大利亚主要的国际门户之一。城市地处热带，风景优美，四周密布郁郁葱葱的热带雨林，南北两翼则是绵延数英里的银色沙滩和浩瀚碧海，背倚壮丽高山，并延伸至海边一带。被棕榈树环绕的凯恩斯，正与大堡礁等自然奇景相映成趣。大堡礁景色优美，景致变化无穷，现已被列入联合国《世界文化遗产名录》。大批游客蜂拥而至，在这个世界上公认的最佳潜水场所体验潜水的滋味。凯恩斯因是去往大堡礁的门户城市而闻名，然而凯恩斯本身亦是一道美丽的风景。

凯恩斯城区示意图

凯恩斯游玩前须知

什么时间旅游最适合

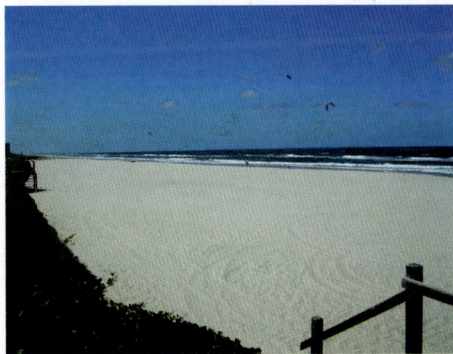

6 布里斯班

7 凯恩斯

8 墨尔本

9 塔斯马尼亚

10 阿德莱德

11 信息补给站

171

凯恩斯是全年皆宜的旅游目的地，但最佳月份是5～10月，这段时间气候较为稳定、清爽宜人，多为晴天，夜晚气温也较为温和，海水能见度最佳。天气晴朗，则有足够光线入水，各种绚丽的珊瑚和色彩缤纷的鱼类就足够吸引人的眼球。大堡礁的海水温度是从冬季最冷的23℃到夏季最热的32℃。因此游客任何时间都可以下海游泳观光而不会感到寒冷。

最IN风向标——旅游穿衣指南

去凯恩斯游玩可以按夏天的装备来准备，短袖T恤、短裤就可以。如果担心天气会凉的话，再备上件长袖薄外套就完全可以应付了。

必须了解的医疗服务

如果在凯恩斯旅游的过程中，发生意外事故或生病，需要到医院就医，可以参考下面的医院。

名　　称	地　　址	电　　话
Atherton Hospital	Cnr Louise & Jack Street	+6107-40910211
Babinda Hospital	128 Munro Street	+6107-40678200
Bamaga Hospital	Sagaukaz Street	+6107-40693166
Cairns Central Day Hospital	58-60 McLeod Street Level 4，Cairns Central Plaza	+6107-40406888

市区景点

6 布里斯班

7 凯恩斯

8 墨尔本

9 塔斯马尼亚

10 阿德莱德

11 信息补给站

景点
1

凯恩斯艺术画廊

　　凯恩斯艺术画廊（**Cairns Regional Gallery**）位于一座富丽堂皇的传统建筑内，馆内展示各地艺术家的作品，展览品反映了当地人的思想与文化，尤其强调本地艺术。此外，画廊也展出土著民众与Torres Straits岛民众的艺术品，而且不定时地安排各种热门展览品的展出，是值得细细品味的一处景点。

典故解读

　　虽然凯恩斯本身的历史只有短短130年，但在这里生活的欧洲人的历史却可以回溯至230多年前。1876年10月6日，人们第一次把测量用的木桩钉在了艾波特街和沃夫街的交接处，这片被划定的区域被正式命名为凯恩斯。凯恩斯这个名字与当时新的昆士兰州州长同姓，旨在表达对这位州长的尊敬。

玩家指南

🎧 **地址**：40 Abbott Street, Cairns QLD 4870。

🚌 **交通**：乘坐110、111、120、121、130公共汽车在Abbott Street -c246站下车即到。

🕐 **开放时间**：周一至周六10:00～17:00，周日13:00～17:00。

💰 **门票**：成人4澳元，10岁以下儿童免费参观。

景点 ② 红树林区

从凯恩斯机场前往市区的途中，车子会穿过澳大利亚面积最大、被列为澳大利亚一类自然保护区的红树林区（Mangrove）。红树林栈道有两条不同的去向。北面的栈道长700米，包括一个观景塔和咸水河边的一个观测平台。沿着栈道进入红树林后，你会为裸露在地表上面的红树林根系的粗大感到震惊，而且有的树根甚至高出地面达两米多，人站在上面，树根纹丝不动。红树林的深处几乎见不到阳光，因为红树的高度都在20米以上，火辣的阳光已被茂密的枝叶遮挡住了。如果是在这里独行或许会感到恐慌，穿行其中，只有偶尔传来的鸟叫声才会打破这份宁静。北面栈道的护栏的木质平台下边就是通向大海的水道，这里是观赏野生鳄鱼和垂钓的好地方；另一条栈道的尽头是一个高8~10米的瞭望台，可惜由于红树林的高度远远超过了该塔的高度，游客已经无法登高瞭望了。

······ 典故解读

红树属于四季常绿树种。割破树干的鲜嫩部位，表皮的内部呈红褐色，甚至会有红色液体流出。盘根错节的树根具有排泄盐分的功能。由于红树林的根系特别发达，生长茂密，因此对于保护海岸潮间带免受海浪的侵袭具有重要作用。同时这里也是许多海洋生物的重要繁殖栖息地。

······ 玩家指南

🧭 地址：Mangrove Mountain, New South Wales, Australia。
🚌 交通：可乘坐机场巴士在Mangrove下车即到
🕐 开放时间：全天
¥ 门票：免费

景点
3

棕榈湾

物。棕榈对烟尘、二氧化硫、氟化氢等多种有害气体具较强的抗性，并具有吸收能力。除此之外，棕榈还有许多用途，树干纹理致密，耐潮防腐，是优良的建材；叶鞘纤维可制扫帚、毛刷、枕垫、床垫等；棕皮可制绳索；棕叶可用作防雨棚盖；花、果、棕根及叶基棕板可加工入药；种子蜡皮则可提取工业上使用的高熔点蜡；种仁含有丰富的淀粉和蛋白质，经磨粉后可作牲畜饲料；未开花的花苞还可作蔬菜食用；棕榈油也被称为饱和脂肪，可代替花生油、大豆油、葵花籽油等食用。

棕榈湾（Palm Cove）以热带雨林为背景，以蓝天、绿海、白沙滩为衬托，形成独特的热带风情。它仅有的一条街道上布满不同等级的饭店、餐厅和小得不能再小的超市。其中有多间豪华和新派的酒店及度假村，大多都设有出色的SPA服务。棕榈湾晚上热闹非凡，温柔的海风加上醉人的夜景，沿岸一间一间的露天餐厅都坐满本地人和慕名而来的游客。在棕榈湾附近的哈特里溪鳄鱼农场中能够安全地欣赏到鳄鱼从水中跃起扑食的精彩场面。棕榈湾是度假、休闲的好地方，也是很多新婚夫妇度蜜月的理想选择。

典故解读

既然是棕榈湾，自然就少不了棕榈这种植

玩家指南

- ⊙ **地址：** Palm Cove, Queensland, Lanzhou, 4879。
- ⊙ **交通：** 乘坐汽车在Palm Cove站下车即到
- ⊙ **开放时间：** 全天
- ¥ **门票：** 免费

175

景点 **4** 查普凯土著文化园

查普凯土著文化园（Tjapukai Aboriginal Cultural Park）占地11公顷，是一个国家级原住民文化中一个国家级的、全昆士兰最具代表性的原住民历史文化中心，曾获得1999年亚太旅游协会（Pacific Asia Travel Association）的金牌奖。查普凯原住民文化园共有五区，分别为神秘天地、创世剧场、历史剧场、查普凯歌舞剧场以及传统营地，每个区可上演不相同但又互有关联的表演，在此不仅可以了解土著人的文化历史，欣赏他们的传统歌舞和古老的庆典仪式，还可以亲自试投土著人传统的回力镖、飞镖等器具。在紧张和神秘的表演气氛中，你将感受到充满力量的土著神灵在空气中弥漫。此外，夜间表演活动时可边享用晚餐边欣赏查普凯的传统表演，让游客体验不一样的原住民生活。

······ **典故解读** ······

何为"土著人"国际上现在并无具体定论，但许多的人类学家都一致同意澳大利亚的土著居民代表了地球上生活着最古老的人之一。追溯到欧洲人定居下来的许多年前，土著居民漫游在澳大利亚的土地上，过着与自然和谐相处的游牧生活。澳大利亚土著居民是多元化的民族，在澳大利亚的每个角落有不同的生活方式。澳大利亚有超过700个传统族群和超过200种语言。

······ **玩家指南** ······

⌂ 地址：Kamerunga Road Caravonica Lakes QLD 4878

♪ 交通：乘坐123路公共汽车在Skyrail & Tjapukai 站下车即到

☀ 开放时间：9:15～17:00；晚间表演19:30～21:00，每周二、四、五、日对外开放。

💲 门票：成人29澳元，晚会80澳元；儿童14.5澳元，晚会40澳元。

6 布里斯班

7 凯恩斯

8 墨尔本

9 塔斯马尼亚

10 阿德莱德

11 信息补给站

景点 **5** 凯恩斯海底世界水族馆

海底世界水族馆（Undersea World Aquarium）为大堡礁提供最精华的展示。在这个水族馆里可以看到超过1000种的海洋生物，16种特殊珊瑚。另外，同时把珊瑚分为白天及夜晚展示，让游客了解不同时间的珊瑚。并且水族馆还提供与鲨鱼同游的项目，不过要事先预约。

典故解读

鲨鱼作为海洋中最凶猛的动物之一，早在恐龙出现前三亿年前就已经存在于地球上，至今已超过四亿年，但在近一亿年来几乎没有改变，在古代叫做鲛、鲛鲨、沙鱼。它身体坚硬，肌肉发达，还有味觉和触觉，而且鲨鱼的一生需更换上万颗牙齿。但据研究表明有"海中狼"之称的鲨鱼其实是十分胆小的，它之所以会攻击人类，是因为人类闯进了它的地盘。

玩家指南

◎ **地址**：Parkyn Parade, Mooloolaba QLD 4557。
🚌 **交通**：乘坐123路公共汽车在Skyrail & Tjapukai站下车，步行后即到。
🕐 **开放时间**：8:00～20:00
¥ **门票**：成人10澳元，儿童6澳元，家庭票25澳元，与鲨鱼潜水75澳元。

周边景致

景点 ① 大堡礁

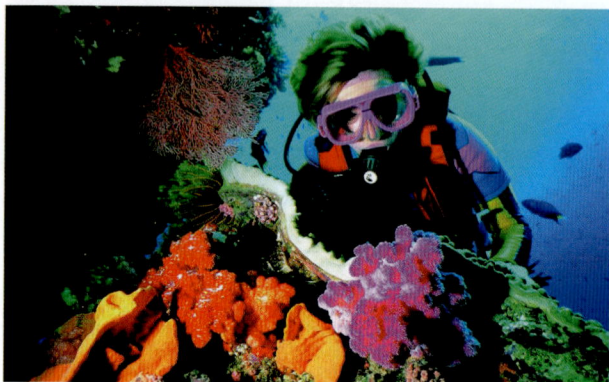

大堡礁（Great Barrier Reef）是澳大利亚最引以为傲的自然珍宝，在世界上也享有盛誉，早在1981年已被列入联合国《世界自然遗产名录》。大堡礁北起托雷斯海峡，南到弗雷泽岛附近，纵观两千多公里的海域，总面积达8万平方公里。由于凯恩斯附近海域的水温、洁净度、营养度适宜，使得这里的珊瑚礁距离海岸及海平面的距离较短，凯恩斯也因此成为观赏大堡礁的最佳地点。

大堡礁是世界上最大的礁岩体，由400多种绚丽多彩的珊瑚组成，距今已有15 000多年的历史。它们色彩斑斓，形状各异，如同一幅千姿百态的天然艺术画。大堡礁海域生活着大约1500种热带海洋鱼类；4000多种棘皮动物和软体动物等其他海洋生物；240多种鸟类，简直是一个超级海洋博物馆。

另外不要忘记大堡礁是世界上公认的最佳潜水场所。在这种类繁多、变化万千的珊瑚丛中潜水，别有一番滋味。而且游客还可以在海上浮动平台上的水下观赏厅欣赏珊瑚、鱼类，并且可以参加喂鱼表演和前往海洋生物水箱触摸海星、海参等海洋生物，聆听海洋生物学家介绍有关大堡礁的自然生态环境以及珊瑚和鱼类的生活状况。此外，还可乘坐直升机从高空观赏翡翠般珊瑚海的美丽景色。

······ 典故解读 ······

大堡礁名称的由来与英国探险家库克船长有关。1770年6月，库克船长驾驶"奋斗"号作环球考察时，他的船只陷在澳大利亚东海岸和珊瑚礁的泻湖之间动弹不得。尽管极力想法摆脱，"奋斗"号还是搁浅了。库克只好率领水手上岸修理船只，在停留期间他考察了珊瑚礁群，并为这些珊瑚礁群起名为"大堡礁"。

······ 玩家指南 ······

🏠 地址：Great Barrier Reef, Abbott Street, Cairns, Queensland, Australia。

🚌 交通：乘坐110、123、130、131路公共汽车，在Abbott Street -c17站下车即到。

🕐 开放时间：全天

💴 门票：免费

景点 ② 昆士兰热带雨林

　　昆士兰热带雨林（Wet Tropics of Queensland）包括19个国家公园、31座国家森林、5处墓葬遗址和1处土著人保留地，面积共达8944平方千米，是地球上最古老的雨林区，至少有上亿年的历史，1988年这里被列入自然类的世界遗产。昆士兰热带雨林终年高温，年降雨量也达到4000mm，为热带动植物提供了绝佳的生长环境。现在世界上的热带雨林正以惊人的速度减少，但这里似乎并没有受到影响，崎岖的山路，湍急的河流，深邃的峡谷，参天的古树以及种类和色彩多到令人惊艳的动植物构成了一幅世外桃源的美景。

玩家指南

📍地址：15 Lake St.，Cairns QLD 4870。
🚌交通：可乘坐133、140、143、150路公共汽车，在Spence Street站下车即到。
🕐开放时间：全天
💰门票：免费

典故解读

　　据说50万～100万年前，80%的大洋洲土地上都遍布雨林，目前只剩下不到0.25%了，其中有一半又都集中在昆士兰热带雨林地区。昆士兰热带雨林集科学研究价值与自然美于一体，包含了与地球演变历史中8个主要阶段相关的生态因素。植被以热带雨林为主，最著名的雨林树种之一是濒危的扇棕榈，森林边缘地带有一些桉树、林地、沼泽和红树林。昆士兰的热带雨林可分为13个主要种类。在较温暖湿润、土壤肥沃的地区，森林间层层藤萝盘根错节，而在较凉爽干燥、土壤贫瘠的森林中只有稀疏的藤萝。

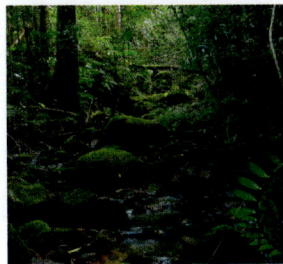

景点 ③ 凯恩斯高地

　　凯恩斯高地（Cairns highlands）位于凯恩斯西面100公里处，这一地区海拔1000米以上，遍布瀑布、火山湖、起伏的丘陵和茂密的雨林，有数条村落点缀其间，并以盛产咖啡、荔枝和芒果等热带水果而闻名遐迩。凯恩斯高地处在内陆的边缘，游客可以参观野生生物保护公园，逛逛当地集市，参观咖啡种植园，品尝热带水果酒，或者亲手喂野生小袋鼠。

典故解读

　　凯恩斯高地是热气球爱好者的主要基地。热气球发展至今，用途极为广泛。

6 布里斯班
7 凯恩斯
8 墨尔本
9 塔斯马尼亚
10 阿德莱德
11 信息补给站

2000多年前，伟大的古希腊数学家阿基米德就发现了浮力定律，而且有可能已经构想出借助浮力升空的飞行器。13世纪时，英国科学家罗吉尔•培根和德国哲学家阿尔伯特•马格纳斯（Albertus Magnus）分别根据该定律提出假想中的飞行器。而我国也有诸葛先生糊成无数个天灯施计救助孔明的故事；1241年蒙古人曾经在李格尼兹（Liegnitz）战役中使用热气球过龙形天灯传递信号。

······ 玩家指南 ······

◎ 地址：Land Road, via Lake Eacham . Atherton Tablelands。

🚌 交通：可乘坐112路公共汽车抵达

⌚ 开放时间：全天

¥ 门票：免费

景点 ④ 库兰达

库兰达位于凯恩斯东北部，是个人口不足2000人的小镇。这里有目前地球上最古老的热带雨林动植物生态保护区，其间那高耸的百年古树、直泻的瀑布、涓涓的小溪流水、珍贵的野生动物以及奇花异卉，着实配得上"童话之地"、"澳大利亚热带雨林第一村"的美誉。而且无论来库兰达多少次，相信一定都会留下意犹未尽的感觉，因为这里实在有太多好玩的项目了：库兰达观光列车（Kuranda Scenic Railway）、天轨空中缆车（Skyrail）、雨林车站（Rainforestation）、雨林自然公园（Rainforestation Nature Park）、澳大利亚蝴蝶保护区（Australian Butterfly Sanctuary）、鸟世界（Bird World）······每逢

周三、五、日上午都是库兰达最热闹的集市，精致的手工艺品、土著风情的装饰品等，件件都令人爱不释手！

······ 典故解读 ······

库兰达最早是作为火车站，始建于1850年。由于当时砍伐业和采矿业成为当地主要的工业，库兰达作为当时该地区唯一的交通枢纽，起到运输和储存货物，为往来人员提供住宿，以及宣传当地土著文化的积极作用。

······ 玩家指南 ······

◎ 地址：Bunda Street, Cairns QLD 4870。

🚌 交通：从凯恩斯乘搭风景列车（Kuranda Scenic Railway）前往，一个半小时便可到达。

⌚ 开放时间：全天

¥ 门票：免费

景点
5

凯恩斯热带雨林空中缆车

凯恩斯热带雨林空中观光缆车（Skyrail Rain Forest Cableway）起点站为卡拉尼卡湖，终点为库兰达镇，全长7.5公里，由山上到山下足足需要一个半小时，号称世界最长的空中缆车，被当地人称为"天空之城"。缆车行进的途中经32个塔台，以6号塔台最高，为40.5米。有两个停靠车站——红顶站和巴伦瀑布站。红顶站可以深入森林深处去漫游原始森林。巴伦瀑布站下来之后本来可以看见雄伟的巴伦瀑布。坐在缆车中，仿佛行走在雨林的顶上，沿途聆听蝉鸣、鸟叫及虫鸣，俯瞰凯恩斯、太平洋以及附近山脉的壮观全景，令人由衷地赞叹大自然的美丽与伟大。

······典故解读······

凯恩斯热带雨林空中缆车于1994年修建，1995年完工，修建共用一年时间。但修建缆车的审批过程却用了七年多的时间，经过23个政府部门和其他团体的反复讨论，在确认缆车的修建和运行不会对热带雨林造成不良影响后，工程才得以实施。

建造这个缆车时，为了不破坏雨林生态，缆车的支柱全部用直升机吊装，过程中从未砍伐过一棵树。整条缆车共有114个载客车，缆车的行进速度为5米/秒（18千米/小时）。客车为封闭式，里面可乘坐4～6人。随着缆车的徐徐前行，车门会自动关闭，令人难忘的空中之旅将会开始。

······玩家指南······

🏠 **地址**：Cnr Cook Hwy and Cairns Western Arterial Rd., Smithfield, Cairns QLD 4870。
🚌 **交通**：乘坐123路公共汽车，在Skyrail & Tjapukai站下车即到。
🕐 **开放时间**：全天
¥ **门票**：成人42澳元，儿童21澳元。

景点

6

道格拉斯湾

道格拉斯湾（Port Douglas）是一个小镇，位于凯恩斯北部约70公里，是集海洋、热带雨林和沙漠景观于一处的地方。道格拉斯湾市区虽然不大，但布满了各种大小的高尔夫球场，还有很多豪华套房及别墅。大小餐厅齐备，小吃外卖店更是数不胜数。麦哥山（Macrossan）购物街是时装、珠宝店的品牌店所在地，每逢星期日，道格拉斯港还会有露天市场。四哩海滩（Four Mile Beach）至迪辰湾（Dickson's Inlet）是一望无际的金黄色沙滩，无论是碧波畅泳、日光浴、潜水观赏海底世界，还是扬帆出海垂钓，都足以让游客耗上一整天。

·········· **典故解读** ··········

道格拉斯港那一带因有热带雨林和鳄鱼泛滥的沼泽与河流，过去是一个捕鳄的好地方，许多人靠此为生。现在鳄鱼减少，被列为保护动物。周围地区的人现以制糖业和牧业为主。当然还有一些养鳄业。鳄鱼皮和肉都可以卖个好价钱。镇中心就有一些商店在出售整张的鳄鱼皮。当然更多的是鳄鱼皮制品，有鳄鱼皮包、鳄鱼皮带，还有用鳄鱼爪制成的钥匙挂等。人工饲养的鳄鱼不大，爪子较小。即使鞣过了，新的鳄鱼皮摸上去还是有点儿硬，但用几年就会变软，光泽依然会保持。

·········· **玩家指南** ··········

⊙ **地址**：Port Douglas, Queensland, Australia。
🚌 **交通**：乘坐观光巴士即可到达
⏰ **开放时间**：全天
¥ **门票**：免费

凯恩斯旅行资讯

如何抵达

抵达凯恩斯的交通很方便，可以乘坐飞机、火车或长途巴士。无论哪一种，都会让您有一个非常愉快而难忘的旅途！

飞机

从中国内地没有直飞凯恩斯的飞机（从中国香港可以搭乘澳亚航空的直航机直飞凯恩斯），一般需要先飞往悉尼，再从悉尼转机至凯恩斯。乘飞机前往凯恩斯，可以在凯恩斯国际机场降落。

凯恩斯国际机场位于凯恩斯以西约6公里，该机场分为国际线航站楼及国内线航站楼，两航站楼相距1公里。

从凯恩斯国际机场可搭乘机场巴士（Airport Shuttle Bus）前往市区，此机场巴士连接两航空站及市区各主要旅馆。由机场到市区约需20分钟，若事先未决定住宿地点，可先到市区广场下车，附近有很多高级或便宜的旅馆。

火车

如果从澳大利亚的其他地方前往凯恩斯，也可以选择乘坐火车前往。从澳大利亚各主要城市都有前往凯恩斯的列车。如果从布里斯班乘坐火车到凯恩斯，可以乘坐The Sunlander号，或The Queenslander号前往，然后在马克洛德街的火车站下车。再由火车站步行约10分钟可抵达凯恩斯市区广场。

长途巴士

到凯恩斯的长途巴士，都停靠在三一码头巴士总站（Trinity Wharf Bus Terminal），隔壁是游艇的停靠场。到凯恩斯市区广场步行5～6分钟，附近有很多便宜的旅馆，这里到海滨广场步行只有5分钟的路程。

6 布里斯班
7 凯恩斯
8 墨尔本
9 塔斯马尼亚
10 阿德莱德
11 信息补给站

必须掌握的市内交通

凯恩斯是个不大的城市，内部交通十分方便。马连海岸太阳巴士提供定时巴士服务。沙滩巴士来往凯恩斯至各海滩之间，例如三圣海滩和棕榈湾。红色观光巴士提供随时上下车的观光点专车服务；巴士的全天套票为：成人20澳元，儿童10澳元。另外，每天也有公共汽车从凯恩斯前往特里比莱申角（票价40澳元，约需4小时），中途的停靠站包括道拉斯港（票价20澳元，约需1.25小时）和莫斯曼（票价25澳元，约需2小时）。

到凯恩斯游玩必做的几件事

作为澳大利亚最宝贵的自然主题城市及度假胜地，这里有多种体验完美旅游胜地的方式，千万不要错过！也正是这些惊险刺激的活动，使这里成为冒险者寻求户外刺激的天堂！

Top1：在海底漫步

如果游客对游泳不太精通，那么换上潜水衣带上头盔，来一次海底漫步吧。这种水下行走活动老少咸宜，无需经验，安全可靠，是深海潜水以外的最佳选择。头盔的重量会让人的身体慢慢地下沉，手中抓紧缆绳，慢慢潜入水中，去适应水下的环境，到了最下方，双腿轻轻地跪在柔软的沙上，伸出手小心翼翼地去触碰那些灵动的珊瑚，不停地会有鱼儿冲撞你的身体，一切都是那么不可思议，那么神奇。

Top2：在大堡礁的直升机上观光飞行

乘直升机飞在浩瀚的大海之上，能提供在空中欣赏大海里的自然奇迹的机会，浅海里的原始珊瑚，通过阳光照射，更能显现这漂亮的景色。从空中观看伟大的大堡礁是难忘的体验，也是到大堡礁最值得体验的选择！

Top3：凯恩斯热气球之旅

在凯恩斯西面50公里处，清晨旭日初升之时，乘热气球飞行于美丽宽阔的亚瑟顿平原上空，被连绵的山脉和热带雨林包围着；在气球上还可观看到袋鼠，并且有长满芒果和荔枝的热带果园。这是一次无比奇特的飞越澳大利亚全景的旅程！

6 布里斯班

7 凯恩斯

8 墨尔本

9 塔斯马尼亚

10 阿德莱德

11 信息补给站

人气餐厅大搜罗

凯恩斯的饮食中海鲜是最出名的，由于靠近太平洋的东海岸，这里的海鲜种类繁多，有鲍鱼、生蚝、泥蟹、龙虾、老虎虾等，极为新鲜美味。凯恩斯的饮食特点融合了世界各地的特色，来到这个城市可以吃到正宗的中国菜、日本菜、韩国菜等亚洲美食，配以当地的热带水果，从海鲜大餐到新鲜水果拼盘，吸引了全世界的游客来这里品尝美食。

特色餐厅

Cherry Blossom

这是一家位于凯恩斯的日式餐厅，餐厅和大多日式餐厅一样具有日本风格。在这家餐厅里不仅可以吃到天妇罗和烤鸡肉串，还可以吃到鳄鱼肉和袋鼠肉。

- 地址：cnr Spence&Lake Sts
- 电话：+6107-40521050
- 人均消费：14～24澳元

当地餐厅

Red Ochre Grill

Red Ochre Grill 装修得极为豪华，经过精心的布置。餐厅的厨师手艺比较高，采用当地的原料以及产品烹饪菜肴，可以吃到鳄鱼肉、袋鼠肉和鸸鹋肉，味道很正宗。受到当地人和游客的喜爱，不妨来试一试。

- 地址：43 Shields St.
- 电话：+6107-40510100
- 人均消费：26～30澳元

Fish Lips

Fish Lips 是一家海鲜餐厅，提供的饮食以新鲜的海鲜为主。厨师将海鲜采用不同的方法烹饪，味道极为鲜美，受到游客的一致好评。

- 地址：228 Sheridan St.
- 电话：+6107-40411700
- 人均消费：24～27澳元

靠谱住宿推荐

凯恩斯可以说是比较热门的旅游城市，为游客准备了多种住宿方式，无论是豪华酒店、家庭旅馆，还是青年旅社，总有适合的地点。来凯恩斯旅游不必为了住宿而烦恼，这里的住宿条件良好且价格合理，游客可以十分安心。当然一般在旅游淡季的时候，价格会比较便宜，旅游旺季的时候价格会有波动，并且需要提前预订。

豪华酒店

Holiday Inn Cairns

Holiday Inn Cairns 位于凯恩斯的城市中心，距离娱乐、购物以及商业中心距离很近。酒店的酒吧、餐厅、咖啡厅、游泳池、健身中心、24小时的前台服务，为客人提供休闲、娱乐的场所。酒店的客房经过精心的装修和布置，配备了空调、电视、迷你吧等设施供客人使用。

地址: 121-123 The Esplanade & Florence Street, 4870。

电话: +6107-40506070

价格: 标准双人或双床间182澳元，带2张双人床的高级双人间203澳元，高级特大号床间226澳元，豪华双人或双床间254澳元，海景特大号床间298澳元。

Pacific International Hotel

Pacific International Hotel 坐落于凯恩斯的滨海地区，可以观赏迷人的海景。酒店距离附近的购物区、餐饮区等休闲区域有很近的距离。酒店装修风格比较豪华，房间收拾得干净、整洁，配备设施齐全，为客人提供舒适的住宿环境。

地址: 43 The Esplanade, 4870。

电话: +6107-40517888

价格: 高级间205澳元，行政间225澳元，豪华间281澳元。

Mantra Trilogy

Mantra Trilogy 坐落于凯恩斯城市中心，交通、旅游、购物都很方便。酒店距离附近的娱乐休闲场所很近，并为游客提供旅游咨询台、健身中心、游泳池、洗衣等服务。酒店的客房设施齐全，布置舒适整洁，是一个比较好的住宿之选。

地址: 101-105 The Esplanade, 4870。

电话: +6107-40808000

价格: 双人间178澳元，海景双人间206澳元，一卧室公寓249澳元，海景一卧室公寓282澳元，两卧室连通间314澳元，两卧室海景连通房346澳元。

家庭旅馆

Bohemia Resort Cairns

Bohemia Resort Cairns 距离城市中心的娱乐、休闲区域比较近，乘坐交通工具比较方便。旅馆设有24小时前台服务，为游客提供咨询、洗衣、上网等服务。旅馆的客房有多种选择方式，套房以及多人、单人的客房，价格很实惠，并为客人提供齐全的客房设施。

地址：231 McLeod Street, 4870
电话：+6107-40808022
价格：双床间40澳元，大号床套房98澳元，家庭一室公寓套房107澳元，6床位混合宿舍间的床16澳元，混合宿舍单人床（4位成年人）19澳元。

Hides Hotel

Hides Hotel 位于凯恩斯的城市中心，拥有方便的交通。旅馆拥有多种住宿方式可供选择，并设有旅游咨询台可以帮助游客安排合适的旅游行程。旅馆的客房配备了空调、电视、冰箱以及沏茶/煮咖啡的设备，为游客提供舒适的住宿环境。

地址：87 Lake Street，4870。
电话：+6107-40511266
价格：双人间—带共用浴室82澳元，高级双人间（带私人浴室）126澳元，家庭间141澳元。

Coral Tree Inn

Coral Tree Cairns坐落在海滩附近，拥有风景优美的阳台景观。旅馆设有旅游咨询台，随时为游客提供旅游咨询服务。旅馆客房的布置干净整洁，并为游客准备了电视、冰箱、沏茶和煮咖啡的设备，营造舒适的住宿环境。

地址：166-172 Grafton Street, 4870。
电话：+6107-40313744
价格：标准双人或双床间127澳元，套房172澳元，标准双人或双床间150澳元，家庭间162澳元。

青年旅舍

Cairns Queens Court

Cairns Queens Court是一家位于凯恩斯城市中心的旅舍，交通、购物、娱乐都很方便。旅舍的服务热情、周到，并提供免费的接机服务以及24小时的前台服务。旅舍的客房配备了液晶电视、冰箱、空调、沏茶/煮咖啡设施等，为游客提供舒适的住宿环境。

地址：167-173 Sheridan Street，4870。
电话：+6107 - 40517722
价格：经济双人或双床间87澳元，高级双人或双床间99澳元，尊贵双人或双床间130澳元，一室公寓套房136澳元。

Global Backpackers

Global Backpackers是位于凯恩斯城市中心的一家旅舍，交通方便，附近的娱乐场所以及购物场所比较多。旅舍为游客提供多种住宿方式，包括单人间、双人间和宿舍间等，价格优惠。旅舍的房间打扫得比较干净，为客人提供舒适的住宿环境。

🏠地址：9B Shield Street，4870

☎电话：+6107-40317921

¥价格：标准双人间（共享浴室）52澳元，8床混合宿舍间的床位14澳元，6床位混合宿舍间的单人床16澳元，4床位混合宿舍间的床21澳元。

Reef Backpackers

Reef Backpackers坐落在凯恩斯的中心地区，交通、购物、娱乐比较方便。旅舍为游客准备了公用厨房、室外游泳池、无线网络等优质服务。客房有私人客房、宿舍等多种选择，布置干净、整洁，价格合理，是一个不错的住宿之地。

🏠地址：140 Grafton Street，4870

☎电话：+6107-40415255

¥价格：双人间54澳元，9床混合宿舍19澳元，8床女性宿舍间的床位20澳元，6床位混合宿舍间的床22澳元，4床位混合宿舍间的床24澳元。

特色酒店

Best Western City Sheridan

Best Western City Sheridan位于凯恩斯的城市中心，交通方便、快捷。酒店为游客提供洗衣、干洗等服务，距离咖啡厅、餐厅和购物场所比较近。酒店的客房配备了空调、私人浴室、DVD播放机、电视、沏茶/煮咖啡等设备，营造舒适的居住环境。

🏠地址：157 Sheridan Street，4870。

☎电话：+6107-40513555

¥价格：豪华双床间103澳元，套房（带按摩浴缸）153澳元。

Australis Cairns Beach Resort

Australis Cairns Beach Resort位于凯恩斯的海滨地区，环境清幽、风景优美。酒店提供24小时服务的

6 布里斯班

7 凯恩斯

8 墨尔本

9 塔斯马尼亚

10 阿德莱德

11 信息补给站

前台，为游客提供洗衣、干洗等服务，距离咖啡厅、餐厅和购物场所比较近。酒店的房间都经过简单的装修，配备了齐全的设施，为游客营造舒适的居住环境。

⌂ 地址：129 Oleander Street, Holloways Beach, 4870。
☎ 电话：+6107-40370600
¥ 价格：花园景观高级公寓221澳元，高级海景公寓261澳元。

小资情调初体验

　　凯恩斯是一个热闹、充满乐趣的城市。来到这个城市旅游，不仅有丰富多彩的娱乐项目，也会有许多令人难忘的去处。夜幕降临，人们聚集在酒吧、夜总会等场所内，伴着欢快的音乐尽情地欢乐、舞蹈。

酒吧

JUTE Theatre Company

　　这是当地最受人欢迎的酒吧之一，每天都会吸引许多年轻人来这里度过愉快的夜晚。酒吧提供各式美酒，包括各个国家的啤酒和多种鸡尾酒，此外还有很多小吃令游客在娱乐的同时可以品尝到美味的食品。

⌂ 地址：96 Abbott Street, Cairns, Queensland 4870, Australia。
¥ 价格：14～20澳元
⊙ 营业时间：周一～周五11:00～次日2:00，周六、日14:00～24:00

The Reef Casino 酒吧

⌂ 地址：35-41 Wharf St., Cairns, Queensland, Australi。
¥ 价格：15澳元
⊙ 营业时间：每天11:00～次日2:00

赌场

凯恩斯礁赌场（Cairns Reef Casino）

　　凯恩斯礁赌场是凯恩斯最大的赌场，赌场拥有酒吧、餐厅、酒店等场所，提供纸牌游戏、桌上游戏、电子游戏、百家乐、天堂浮桥、轮盘赌、骰博、钱轮等，可谓齐全的赌法。经验丰富的赌客和那些寻找刺激的游客往往会大方得很。

⌂ 地址：35/35-41 Wharf Street, Cairns QLD 4870。
¥ 价格：因人而异
⊙ 营业时间：周一至周四10:00～次日4:00

购物狂想曲

凯恩斯是购物的天堂，来这座城市旅游，不妨购买一些当地的特色手工艺品以及当地的特色服装，无论是留作纪念还是送给友人都是不错的选择。凯恩斯的购物场所主要集中在Lake Street与Abbott Street这一带，一些周末集市的商品质量、价格也好得没话说，不妨前去购买一些。

集市

露斯蒂集市（Rusty's Bazaar）

露斯蒂集市是凯恩斯比较大的集市，有上百个摊位接待前来购物的游客。市场内不仅有水果、美食和纯正的蜂蜜，还有各种照相器材等其他商品。商场内的商品价格实在，质量较好，要早早出来，以免商品都卖光了。

○ 地址：44 Spence Street，Cairns QLD 4870。
○ 营业时间：周六、日的上午8:00～12:30

兰花广场（Orchid Plaza）

兰花广场四周遍布着商店以及出售各种商品的小店面，每当旅游旺季，这一带都吸引无数的游客来这里购买小礼品。除了丰富的礼品和纪念品，这里的服装和珠宝也很有名，不仅因为价格便宜，还因质量比较好。此外，邮政署就坐落在广场上，可以从这里寄信件或明信片，将是不错的体验。

○ 地址：12-14 Lake Street，Cairns QLD 4870。
○ 营业时间：每天10:00～17:00

特色店面

考提卡二手店（Kaotica Second-hand）

考提卡二手店是凯恩斯比较有特点的出售二手货物的店面，深受到背包客的欢迎。在这里可以找到一些20世纪50～90年代的物品，牛仔、衣服一类的东西还是比较受欢迎的，而且质量比较好。

○ 地址：62 Grafton Street，Cairns QLD 4870。
○ 营业时间：每天10:00～17:00

购物中心

码头购物中心（The Pier Marketplace）

码头市场是凯恩斯一个奇妙的购物场所，不仅可以购买到许多心仪的商品，还可以欣赏到大堡礁的奇异美景，在海底世界看看没有见过的生物。购物中心有许多摊位，出售纪念品、食品、服装以及其他商品。

○ 地址：Orchid Plz, Cairns QLD 4870。
○ 营业时间：每天10:00～19:00

凯恩斯中央购物中心（Cairns Central Shopping Centre）

凯恩斯中央购物中心是凯恩斯最大的购物场所。购物中心入驻了国际知名品牌和当地特色品牌，此外还有餐厅、电影院以及连锁百货公司。购物中心的停车场提供大量的停车位，还有许多娱乐场所的现场表演，为游客提供舒适的购物环境。

○ 地址：Cnr Spence & McLeod Streets, Cairns QLD 4870。
○ 营业时间：每天9:00～17:00

6 布里斯班
7 凯恩斯
8 墨尔本
9 塔斯马尼亚
10 阿德莱德
11 信息补给站

8 墨尔本

　　墨尔本是澳大利亚最有历史文化底蕴的城市了，人们认为它很庄重，不管是它古色古香的建筑，还是当地人的衣着举止，都给人留下深刻的印象。河中流水静静地流淌，小船在水上飘荡，男女青年躺在河边草地上懒洋洋地晒太阳，似乎和几步之遥的现代城市生活没有关系，这种很独特的景象，大概只有在墨尔本才可以看得到。

墨尔本印象零距离

墨尔本知识知多少

墨尔本是维多利亚州的首府，澳大利亚第二大城市。城市被亚拉河一分为二，河边的维多利亚时期的建筑和林荫大道彰显着欧洲殖民早期的风貌。在这里，新老建筑交相辉映，典雅的街道干净整齐，公园和花园茂密葱盛，不愧被称为"最美丽的城市"。繁忙的中心商业区，四周环绕着宽敞的街道和开放式的公园绿地，而市区周边则是一片郁郁葱葱的景象。这里几乎存在世界上最文明和最适合居住城市所必需的一切条件，使得墨尔本之旅更加丰富。这里的景点方便易行，吸引着来自世界各地的游客！

墨尔本城区示意图

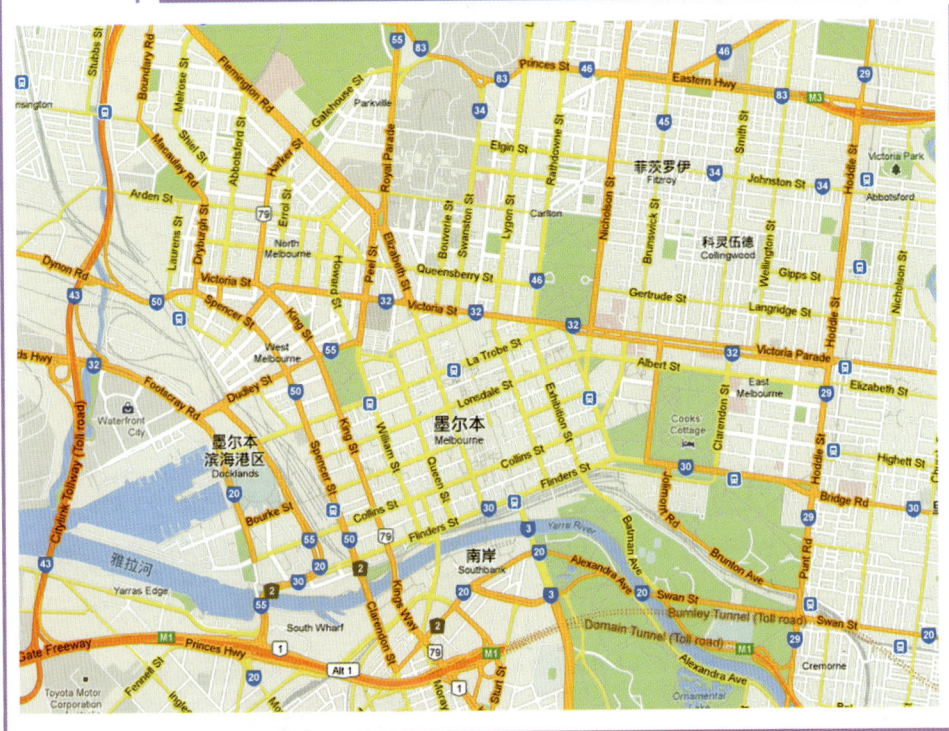

墨尔本游玩前须知

什么时间旅游最适合

墨尔本最好的旅游季节在秋季，为3~5月。平均温度在20℃，比较适宜出游，植物颜色缤纷多彩。冬季为6~8月，天气寒冷，是滑雪的最佳季节。春季为9~11

6 布里斯班
7 凯恩斯
8 墨尔本
9 塔斯马尼亚
10 阿德莱德
11 信息补给站

195

月，天朗气清，到处充满生机；夏季则为12月～次年2月，日间阳光充沛，白天气温在25～29℃，有时候甚至达到40℃。总体来说，气候多变。每个季节来都有不一样的体验！

最IN风向标——旅游穿衣指南

春夏气温变化是最无常的，前后两天最高气温相差15℃不足为奇，而且昼夜温差很大，甚至会有15～20℃的落差。冬天最低气温一般为5～9℃，有时也会到1～3℃，因此及时增减衣物很必要。去之前一定要了解当地的气候，备上适季的衣物！春秋季去的话需要准备外套、T恤等。如果冬季去的话，那就一定要备上棉衣了！

必须了解的医疗服务

在墨尔本旅游的过程中如果感觉身体不舒服，如果症状比较轻的话，可以吃一些药，如果症状比较重的话，就需要去医院就诊，下面提供一些医院的信息供参考！

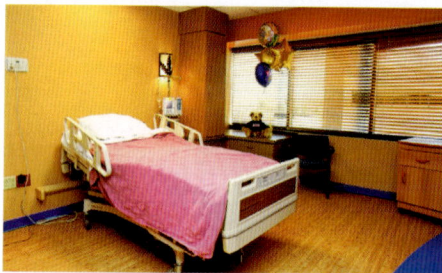

名　称	地　址	电　话
Mercy Private Hospital	159 Grey Street，East Melbourne	+6103-99286555
Mercy Hospital For Women	163 Studley Road，Heidelberg	+6103-84584444
Saint Georges Hospital	283 Cotham Road，Kew	+6103-98160444
Women's & Children's Health	1st/96 Grattan Street，Carlton	+6103-93442000

市区景点

6 布里斯班

7 凯恩斯

8 墨尔本

9 塔斯马尼亚

10 阿德莱德

11 信息补给站

景点
①

圣保罗大教堂

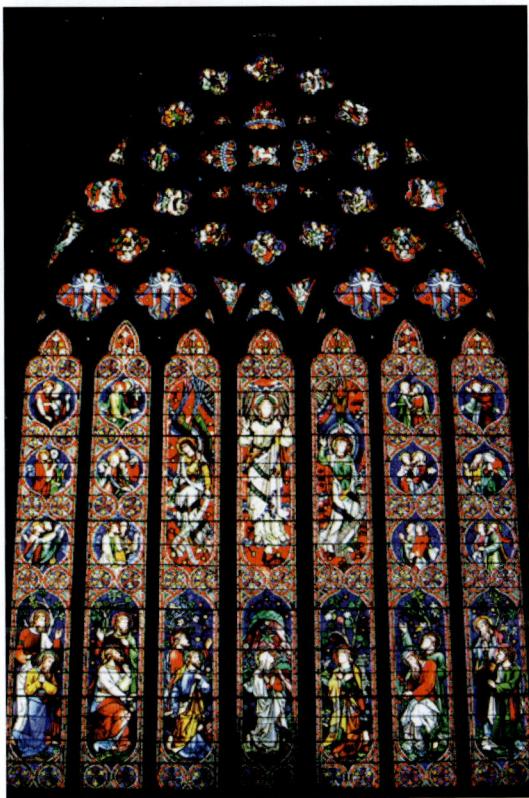

Flinders）是澳大利亚最早的拓荒者，生于1774年3月16日，卒于1814年7月19日。1801年7月～1803年6月，马修·福林达斯船长完成了环绕澳大利亚一周的航海，绘制出世界第一幅澳大利亚全图。澳大利亚原来被早期的殖民者叫做"新荷兰"，更有一个富于诗意的名字——"南极光照耀下的土地"。自从马修·福林达斯的地图出版之后，越来越多的人把这块大陆叫做澳大利亚，拉丁语的意思是"未知的南方大陆"。

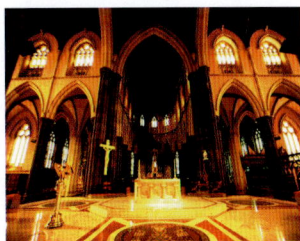

圣保罗大教堂（St. Paul's Cathedral）建于1891年，由英国建筑师威廉·巴特菲设计，是墨尔本最早的英国式教堂，也是墨尔本市区内最著名的建筑。整个建筑由蓝石砌成，墙壁纹理精细，也因此而闻名。教堂内部饰有彩色玻璃窗、釉烧地砖、木制设备，将圣保罗大教堂装点得更加庄严高雅。教堂外面的草坪上有一尊马修·福林达斯的塑像。

······ 典故解读 ······

马修·福林达斯（Captain Matthew

·········· 玩家指南 ··········

◎ 地址：Swanston St., Melbourne VIC 3000。
🚌 交通：乘坐1、3、6、16、35、64路公共汽车，在Swanston St./Flinders St.站下车即到。
⏰ 开放时间：10:00～17:00
¥ 门票：免费

景点 ② **墨尔本市政厅**

墨尔本市政厅（Melbourne Town Hall）建于1869年，由著名的建筑师约瑟夫·里德设计。这里一度是本市最主要的音乐厅，它曾在1954年与皇后共度下午茶时光，也在1964年迎接过成千上万疯狂的披头士歌迷。目前是维多利亚省的立法议会所在。市政厅的建筑美轮美奂，其中以音乐大厅最为突出，堪称最为完美的维多利亚式建筑。百年纪念堂内珍藏的由8000多支管装配而成的巨大的管风琴至今还能奏出美妙的音乐。因与墨尔本婚姻注册处在同一条街上，时常有新婚夫妇和参加婚礼的嘉宾在此拍摄留念。

······ **典故解读** ······

维多利亚风格是1837～1901年英国维多利亚女王在位期间形成的艺术复辟的风格，它重新诠释了古典的意义，扬弃机械理性的美学。维多利亚风格的色彩绚丽、用色大胆、色彩对比强烈。黑、白、灰等中性色与褐色、金色结合突出了建筑的豪华和大气。它的造型细腻，空间分割精巧、层次丰富，装饰美与自然美达到了完美的结合。

················ **玩家指南** ················

🏠 地址：Corner Swanston Street and Collins Street

🚌 交通：乘坐1、3、6、8、42路公共汽车，在Collins St./Swanston St.站下车，步行44米即到。

🕐 开放时间：10:00～17:00

¥ 门票：免费

景点
3

墨尔本博物馆

墨尔本博物馆（Melbourne Museum）建于1996年7月，总建筑面积为8万平方米，号称南半球最大且最具创新精神的博物馆，总造价大约近3亿澳元，在2000年11月正式对公众开放之时就注定了它的不平凡。整个博物馆除了建筑造型极富现代感外，馆内工作人员的服饰色彩艳丽，款式看上去也更加休闲，与整个风格交相呼应。作为一个综合性博物馆，它的20多个展厅和独立展馆中藏品包罗万象，包括：恐龙化石；20米长的蓝鲸骨架；对昆虫和人体等生命的探索实验；展现原住民文化和生活的藏品；专门为伟大的澳大利亚偶像法尔·拉普赛马而设的展馆；专门为儿童准备的儿童馆等。它主要强调教育与互动，

寓教于乐，使人们一点都没有枯燥感，并可以深入了解更多的知识。

·······典故解读········

法尔·拉普是匹传奇的赛马，在澳大利亚人民心目中有着不可替代的地位，每年有无数参观者前来，只为一睹它的风采。其实这匹红色的高头大马，当初被人从新西兰用船运到澳大利亚的时候状况并不好，浑身都是瘀伤，而且受尽旅途的折磨，嘴上甚至还长了疖子，没有人看好它。幸运的是，它被驯马师哈里·托芬相中了，经过训练，法尔·拉普3岁那年第一次参加比赛，就战胜了维多利亚赛马俱乐部主席的赛马。之后，它就开始疯狂地囊括各种比赛的冠军。

··················玩家指南··················

🏠 地址：11 Nicholson Street，Carlton VIC 3053。
🚌 交通：乘坐96路公共汽车，在Hanover St. Nicholson St. 站下车即到。
🕐 开放时间：10:00～17:00，耶稣受难日和圣诞节不对外开放。
💴 门票：成人10澳元，3～16岁儿童、学生、老年人免费参观。

景点 **4** ## 移民博物馆

移民博物馆（Immigration Museum）位于旧海关大楼内，是一幢意大利文艺复兴风格的老建筑。移民博物馆通过展示大量的图片、播放相应的影像内容、陈列与移民事件息息相关的各种实物，浓缩了维多利亚州200年来的移民历史，还有对这个城市的多元文化融合做出贡献的艰难征途，这里仿佛是一幅记录澳大利亚移民历史的画卷。

········ 玩家指南 ········

🏠 **地址：** 400 Flinders Street, Melbourne VIC 3000。

🚌 **交通：** 乘坐公共汽车35、55、70路，在Market St./Flinders St. 站下车即到。

🕐 **开放时间：** 10:00～17:00

💴 **门票：** 成人6澳元，儿童免费参观。

········ 典故解读 ········

1901年，大洋洲的6个殖民地联合起来成为澳大利亚联邦之后，马上采取行动彻底阻止任何非欧洲血统的移民进入澳大利亚，这就是举世闻名的"白澳政策"，使得当时澳大利亚社会从上到下对中国人充满了种族偏见。而这种政策被实行了60多年，直到人类的社会进步使种族主义越来越站不住脚，越来越被世人不耻，"白澳政策"才终于瓦解。

景点 ⑤ 战争纪念馆

墨尔本战争纪念馆（Shrine of Remembrance）建于1934年，是为了纪念十一万四千多名参加第一次世界大战的维多利亚州死难者而修建的，后来在第二次世界大战中阵亡者也都被供奉于此。纪念馆是经典的希腊古典式设计风格，正面有和平女神的图案，象征着这些士兵为和平而战；大厅的四周矗立着16根黑色大理石的柱子，象征着战争中的哨兵；周边的长廊边摆放着42个精美的小铜箱，每一个小铜箱里放着一本记载着曾经参加"一战"士兵的名字和战功；纪念馆外面的广场上有一个圣火坛，是英国女皇伊丽莎白二世在1956年点燃的，象征着那些为和平而献身的士兵们的灵魂永存！

……典故解读……

1914年爆发的第一次世界大战让澳大利亚真正体验到了战争的滋味。1914年8月4日，英国宣布对德国宣战。像以往一样，澳大利亚政府立刻显示出高度的热情，表示要追随英国参战。当时的工党政府总理安德鲁·费舍尔（Andrew Fisher）宣布不惜一切代价支持英国，直到"最后一个人、最后一个先令"。就这样，澳大利亚这个年轻的国家卷入了血腥惨烈的第一次世界大战。

……玩家指南……

⌂ **地址**：Birdwood Ave, Melbourne VIC 3004。

🚃 **交通**：可从市区乘3、6、8、16、64、72路电车10分钟抵达，如步行30分钟也可到达。

⏰ **开放时间**：10:00～17:00，圣诞节、复活节不对外开放。

¥ **门票**：免费

6 布里斯班

7 凯恩斯

8 墨尔本

9 塔斯马尼亚

10 阿德莱德

11 信息补给站

景点 **6** 维多利亚州立图书馆

作为墨尔本最具特色的地标建筑——维多利亚州立图书馆（State Library of Victoria）是澳大利亚历史最悠久的图书馆，代表着墨尔本深厚的文化底蕴。它拥有一面古典复兴式样的正墙，百万幅地图、图书和其他出版物，以及主要内部建筑以大拱形著称的La Trobe阅览室。现在维多利亚州立图书馆每年都要举办上千场针对不同人群、不同主题的公益活动，包括演讲、表演、互动参与等多样化的体验，而这一系列活动都是免费对公众开放的，这充分体现了图书馆资源为大众公共所有的属性。

·······典故解读·······

1901年，澳大利亚联邦成立之后，墨尔本就成为了其首都。随着悉尼的日益繁荣，悉尼市民十分希望悉尼成为澳大利亚的首都。澳大利亚政府后来决定，在悉尼和墨尔本之间建造一个新的城市堪培拉，作为新首都。1927年，澳大利亚迁都堪培拉。有趣的是，新首都并非位于悉尼和墨尔本的正中央，它距离悉尼约4小时车程，距离墨尔本约7小时车程。

········· 玩家指南 ·········

⌂ 地址：The Arts Centre, 100 St Kilda Rd., Melbourne VIC 3004。

🚌 交通：可乘坐1、3、16、24路公共汽车，在La Trobe St./Swanston St.站下车即到。

🕐 开放时间：周一至周四10:00～21:00，周五至周日10:00～18:00。

¥ 门票：免费

景点 **7** 维多利亚艺术中心

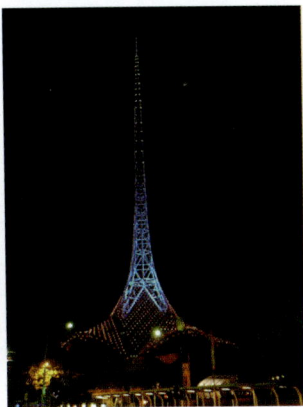

　　维多利亚艺术中心（Vctorian Arts Centre）坐落在亚拉河两岸，是墨尔本社会和艺术活动的主要地区，已成为墨尔本的标志。艺术中心由墨尔本音乐厅和剧院大厦两部分建筑组成。墨尔本大厅是主要的演出场所，也是墨尔本交响乐团的大本营。剧院大厦的顶端是醒目的埃菲尔铁塔式尖顶，直插云霄，而夜晚蓝色的灯光将它映衬得更加充满艺术气息。

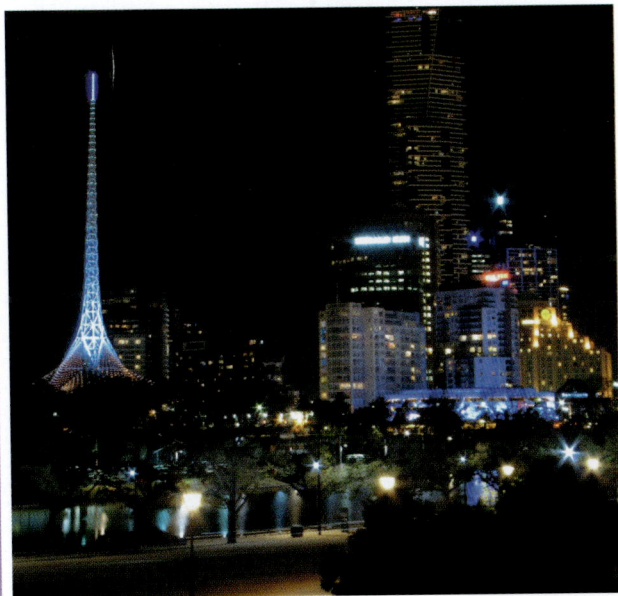

······**典故解读**······

　　艺术中心的标志性建筑是一座漂亮的白色铁塔，它是根据芭蕾舞女演员飘扬的白鹅毛裙而设计的，塔高115米。它从1973年开始建造，直到1984年才正式完工，历时11年。此艺术中心内有一座维多利亚美术馆，馆内有70000件的收藏品，堪称澳大利亚最大的美术馆。

······**玩家指南**······

⌂ **地址**：100 St Kilda Rd., Melbourne VIC 3004。
🚍 **交通**：乘坐1、3、64、72路公共汽车，在Arts Centre站下车步行68米即到。
🕐 **开放时间**：周一休息，周三10:00～21:00，其他时间10:00～17:00。
¥ **门票**：免费

6 布里斯班

7 凯恩斯

8 墨尔本

9 塔斯马尼亚

10 阿德莱德

11 信息补给站

203

景点
8

墨尔本皇家展览馆

墨尔本皇家展览馆见证的最重要的事件，无疑是1901年5月9日澳大利亚第一届议会的召开以及君主立宪的澳大利亚联邦的就职仪式。在官方开幕式后，联邦政府移入了维多利亚国会大厦，与此同时，维多利亚政府移入了展览馆并在那里待了26年。

······玩家指南······

⌂ **地址**：1 Convention Centre Place，South Wharf Victoria 3006。

♪ **交通**：乘坐35、70、71路公共汽车，在Village Docklands/Harbour Esplanade站下车，步行362米即到。

☉ **开放时间**：10:00～17:00

¥ **门票**：免费

墨尔本皇家展览馆（Royal Melbourne Exhibition Building）是专为1880年万国博览会而建。展馆融合了拜占庭建筑、古罗马建筑和意大利文艺复兴建筑的风格，总面积达12 000平方米。当年在为期8个月的时间内就接待了130万名参观万国博览会的访客。它是唯一被列入联合国《世界文化遗产名录》，但仍然还被用做展览场地的建筑。展览馆向社会开放，任何企业、组织、个人均可租用展览馆，举办宴会、婚庆、商品发布等，但更重要的是展览大厅也见证了澳大利亚很多重要的事件。虽然现在它已经不是墨尔本最光鲜亮丽的展馆，但常被用做墨尔本大学、墨尔本皇家理工大学等学校的考场。

景点 9 墨尔本皇家植物园

皇家植物园（Royal Botanic Gardens）是澳大利亚历史上最早的国家植物园，也是全世界设计最好的植物园之一。它建于1845年，占地约40公顷，设计采用了19世纪的园林风格。皇家植物园汇集了来自全球各地12 000余类、30 000多种植物和花卉。在这里不仅可以看到澳大利亚的雨林生态系统，更能欣赏到美国加州的植物，甚至还有来自沙漠地带的仙人掌，另外园内还有国家植物标本馆（National Herbarium）、坦尼森花园（Lord Tennyson）和蝙蝠林（Fly fox）等，而且公园内也放养了大量的野生动物，如在人工湖附近就经常能见到野鸭、天鹅及鳗鱼等，还有凤头鹦鹉和负鼠等。

典故解读

皇家植物园的一大特色是，这里有许多著名的澳大利亚和外国名人亲手种下的纪念树，如英国侦探小说家柯南·道尔等。其中一棵红色尤加利树（Red Gum Tree）尤其值得一提，这棵树在维多利亚的历史上名为"分离纪念树"。1851年对维多利亚人来说是一个令人鼓舞的年份，这一年在维多利亚发现了黄金，同时这个原属于新南威尔士殖民区一部分的不列颠领地，获得英国批准单独成立殖民区。为了纪念这一历史性事件，原维多利亚殖民区总督在墨尔本皇家植物园里种下了这棵桉树。从某种意义上来说，它目睹了这个城市发展的历史。

玩家指南

- 地址：Anderson Street，Alexandra and Birdwood avenues，South Yarra。
- 交通：可在市中心搭乘3、6、8、16、67路有轨电车，15分钟可以到，如果从市中心步行需要30分钟。
- 开放时间：11月至次年3月7:30～20:30，4月、9月、10月7:30～20:00，5月至8月7:30～17:30。
- 门票：免费

6 布里斯班
7 凯恩斯
8 墨尔本
9 塔斯马尼亚
10 阿德莱德
11 信息补给站

景点
⑩

联邦广场

联邦广场（Federation Square）与传统的墨尔本建筑相比，这里充满了时代感，是21世纪的墨尔本的象征。它是州政府投资四亿三万澳元，动工修建的以市民广场为中心的建筑群，除了11栋主体建筑，广场还包含一些开放区域，总面积达3.6万平方公里，相当于为墨尔本建了一座新城区。建筑群内除了有维多利亚国家美术馆新馆、澳大利亚动态图像中心、BMW剧场与一些餐厅、商店、酒吧外，最主要的机构是移民组成的多元文化电视台与广播电台。联邦广场十字路口处是墨尔本游客中心，里面汇聚了所有关于墨尔本和维多利亚州的旅游资料，可免费索取。

典故解读

联邦广场是Peter Davidson所创建的Lab建筑工作室最成功的作品。自建成至今，奖项光环一直都围绕着这个作品，诸如，2005年亚太地区最佳公共建筑奖，2003年英国FX国际室内设计奖，2003年迪拜建筑和城市空间都市设计奖，2003年澳大利亚皇家建筑师协会最佳城市设计奖和最佳室内设计奖，以及2003年澳大利亚维多利亚州皇家建筑师协会勋章等诸多奖项。

玩家指南

📍 地址：Russell Court, Melbourne VIC 3000。
🚌 交通：乘坐35、70、77、75路公共汽车，在Russell St./Flinders St.站下车即到。
🕐 开放时间：周二至周四 10:00～17:00
💲 门票：免费

景点 ⑪ 尤利卡88观景台

尤利卡88观景台（Eureka Skydeck88）位于92层的尤利卡大楼（Eureka Tower）内第88层。尤利卡88观景台由尤利卡公司投资1000万澳元，经过两年半时间设计和建造而成，号称南半球观景制高点。不过想登上这300米高的观景台并不难，因为可以乘坐全世界最快的电梯，只需44秒。如果这个不足为奇，那么尤利卡88观景台专为勇于挑战自我的游客特别设计了一个被称做"边缘地带"的透明观景包厢。观景包厢采用了全球领先的尖端技术并严格遵守最高级别建筑标准，可以承受10吨重量，抵挡70公里时速的强劲风力。当游客踏上这个"晶莹剔透"的玻璃观景包厢后，伴随着舒缓而柔和的美妙音乐，观景包厢开始缓缓向前伸出88层楼体之外。这时四周的玻璃外墙还是白蒙蒙一片，突然耳边传来金属击打声音，之后再听到玻璃的爆裂声，"嘭"一声后，四周的玻璃突然变得通透，让你瞬间站在半空，感觉心惊胆跳。此外，尤利卡88观景台还为游客提供了户外观景露台、高倍观景望远镜、精彩的交互式展览和特效体验，并设有纪念品商店、360°的旋转餐厅和咖啡馆等场所。如果无缘尝试"边缘地带"，即使坐在这里喝杯咖啡，欣赏窗外无尽的都市风景也是不错的选择！

典故解读

可以高空俯瞰墨尔本景色的观景台不止一个，在尤利卡88观景台对岸，也有一个位处55楼的360°观景台——Melbourne 360。这座商业大楼高253米，乘坐升降机从地下直达观景台只需38秒，观景台同时设有室内及户外部分，让人饱览墨尔本景色。

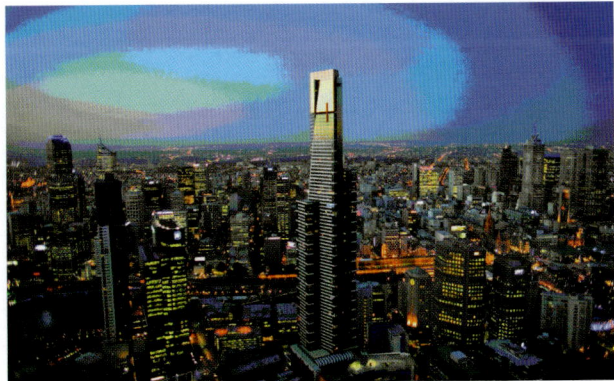

玩家指南

🎧 **地址：** Riverside Quay, Southbank VIC 3006。
🚌 **交通：** 乘坐55路公共汽车，在Casino East/Flinders Ln站下车即到。
🕐 **开放时间：** 周一～周四10:00～22:00，周五～周六10:00～23:00，元旦和圣诞节10:00～17:30。
💰 **门票：** 成人17.5澳元，学生、老年人13澳元，4～16岁儿童10澳元；家庭（1名成人和2名儿童）29.5澳元，家庭（2名成人和1名儿童）39.5澳元，家庭（2名成人和2名儿童）39.5澳元。

布里斯班 6
凯恩斯 7
墨尔本 8
塔斯马尼亚 9
阿德莱德 10
信息补给站 11

景点 **12** 墨尔本水族馆

　　墨尔本水族馆（Melbourne Aquarium）坐落在被誉为"南半球的泰晤士河"的亚拉河畔，于2000年1月正式建成。馆内有各种海洋生物500余种，海洋馆里的Oceanarium是全澳大利亚最大的水族槽，其中饲养的鲨鱼、魔鬼鱼都是难得一见的珍稀鱼类。在海底世界馆内，游客可以亲手触摸各种各样的海洋贝类。在这里，你还可以全副武装，与鲨鱼同游，与硕大的海龟嬉戏，与"尼莫"捉迷藏，无限乐趣等着被发掘。

······典故解读······

　　"魔鬼鱼"是一种庞大的热带鱼类，学名叫前口蝠鲼。它的个头和力气常使潜水员害怕，因为只要它发起怒来，只需用它那强有力的"双翅"一拍，就会碰断人的骨头，置人于死地。但它是很温和的，仅以甲壳动物或成群的小鱼小虾为食。在它的头上长着两只肉足，也就是它的头鳍，蝠鲼就是用这对头鳍来猎捕食物，并把食物拨入口内吞食。有的时候蝠鲼用它的头鳍把自己挂在小船的锚链上，拖着小船飞快地在海上跑来跑去，使渔民误以为这是"魔鬼"在作怪，实际上是蝠鲼的恶作剧罢了。"魔鬼鱼"喜欢成群游泳，有时潜栖海底，有时雌雄成双成对升至海面。在繁殖季节，蝠鲼有时用双鳍拍击水面，跃起腾空，它跃出水面，在离水一人多高的上空"滑翔"，落水时，声响犹如打炮，波及数里，非常壮观。

······玩家指南······

🔊 **地址**：Corner King St. & Flinders St.，Melbourne VIC 3000。

🚌 **交通**：乘坐35、70、75路公共汽车，在Melbourne Aquarium/Flinders St. 站下车步行100米。

🕐 **开放时间**：9:30～18:00，最后入场时间是17:00，圣诞节不对外开放。

💰 **门票**：成人22澳元，儿童9.90澳元，家庭票（2大人，2小孩）49.9澳元。

景点

⑬

菲兹洛伊花园

6 布里斯班

7 凯恩斯

8 墨尔本

9 塔斯马尼亚

10 阿德莱德

11 信息补给站

·········典故解读·········

库克是1770年最早登上澳大利亚大陆并宣布它为英国领土的英国人，被视为澳大利亚的开国者。库克船长的小屋（Captain Cook's Cottage）最早是他父母的故居，建于1755年，故居里面按照18世纪英格兰北部的普通民居风格陈列着各种家居和装饰品。当墨尔本建市100周年时，一位实业家把库克在英国的故居买下，拆开来装在253个箱子里运到墨尔本，然后按原状复原，小屋边有库克的全身铜像。

·········玩家指南·········

菲兹洛伊花园（Fitzroy Garden）面积达26公顷，是墨尔本市区五大花园之一，如果有机会搭乘飞机在空中俯瞰这个花园，游客会惊奇地发现这个花园内的林荫小路是一幅巨大的英国米字国旗的图案。花园曾经是建造墨尔本时的采石场，石头采光后就成了花园。公园除了是当地热门的结婚照拍摄场地外，游客来到这里，还可以欣赏雕塑、喷泉和园艺，以及建于1928年的Gardener's Residence，不过花园最著名的景点是库克船长的小屋，这是澳大利亚最古老的文物之一。

🌐 地址：Fitzroy Gardens, Wellington Pde, East Melbourne VIC 3002。

🚍 交通：乘坐48、71、75路公共汽车，在Jolimont Rd./Wellington Pde站下车即到。

⏰ 开放时间：全天

¥ 门票：免费

景点
14

维多利亚女王市场

维多利亚女王市场（Queen Victoria Market）是南半球最大的露天市场之一，在这里有1000多家摊位，摊主多以东欧和亚洲移民为主，不同口音的叫卖声，分别销售蔬菜水果、海鲜肉类、服装玩具、小五金和澳大利亚当地特产等。自1878年3月20日正式开市营业，经过130年的岁月变迁，仍然保持着传统的风格。市场的周围还有一排一排的维多利亚女皇时代的建筑物做点缀，另外每年的11月下旬至次年2月中旬，还有熙熙攘攘的夜市。

┈┈┈ 典故解读 ┈┈┈

维多利亚女王的名字，象征着一个时代，成为英国和平与繁荣的象征。以她的名字命名的景点有很多。她80余年的人生历程和在位64年的政治经历，代表了英国皇室传统的稳定性和连续性。维多利亚女王性格鲜明，秉性真挚。她忠于职守，具有治国之才；她不仅把时光交付给工作，也为家务操劳；她忠于自己的丈夫，对子女要求严格，成为一代楷模。她的不懈努力，不仅使英国的文学、艺术、科学昌盛，经济繁荣，英国的生活方式也成为世界各国人民所追逐的仿效。

┈┈┈ 玩家指南 ┈┈┈

地址：Cnr. Elizabeth and Victoria Streets

交通：乘坐从Elizabeth大街向北行的电车，10分钟即可到达；或步行30分钟到达。

开放时间：周二和周四6:00～14:00，周五6:00～18:00，周六、日6:00～15:00，周一、周三和节假日关门不对外开放。

门票：免费

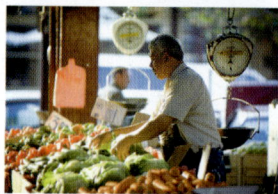

景点 15 中国城

中国城（China Town）始建于1854年维多利亚"淘金热"时期的墨尔本唐人街，是澳大利亚最古老的唐人街，在历经150多年变迁后，这些中国人最初的落脚之地，已演变成集社会、经济、文化于一身的"中国城"。这里到处是吆喝声和耀眼的霓虹灯，街道上有中文电影院、华语夜总会、中文书店、中医诊所、中药房和以中文为主要服务语言的银行、保险公司、律师（移民）事务所、会计楼、旅行社、免税商店及众多的亚洲餐馆。还有一处记载了华人在澳大利亚这块大陆悠久历史的澳华博物馆，

博物馆门前由218千克的千禧龙守护。每年春节，唐人街彩灯高挂，旗帜飘扬，很多华人会来到唐人街参与庆祝中国农历新年。

⋯⋯⋯典故解读⋯⋯⋯

澳华博物馆是为纪念维多利亚建州150周年，于1985年11月建造的，馆舍地点由澳大利亚政府拨给，博物馆里保留了唐人街建立之初以及华人移民澳大利亚的历史的真实印记，人们可以从大量照片、文件、实物目睹唐人街的历史变迁，体验当年华人的生活情景。这个博物馆一方面展示华人在澳大利亚的历史资料，另一方面宣扬中华文化。

⋯⋯⋯玩家指南⋯⋯⋯

⌂ 地址：195 Little Bourke Street, Melbourne VIC 3000。
🚍 交通：乘坐86、95、96路公共汽车，在Russell St./Bourke St.站下车即到。
⏱ 开放时间：全天
¥ 门票：成人6.5澳元

6 布里斯班

7 凯恩斯

8 墨尔本

9 塔斯马尼亚

10 阿德莱德

11 信息补给站

周边景致

景点 ① 大洋路

"Great War"，这条路又是参加过第一次世界大战的士兵修建的，所以被正式命名为"Great Ocean Road"（大洋路）。

大洋路（Great Ocean Road），如果你是驾车兜风的爱好者，如果你喜欢辽阔壮观的海景，那你一定要来大洋路上飞驰一次。这条全长近300公里的海滨公路，原为澳大利亚政府为第一次世界大战中牺牲的战士而建，1932年竣工，经过20多年的开发和推广，现在已成为澳大利亚境内为数不多的世界著名观光景点之一。沿途有宁静海湾、冲浪海滩、热带雨林、山洞和风口，美食佳酿更是必不可少，途中令人驻足的景点不计其数，把大洋路说成是惊奇之旅的大组合，一点不为过。

玩家指南

🏠 地址：35 Hobson Street, Queenscliff VIC 3225。
🚗 交通：可自己租车前往，车程4小时；或者参加墨尔本当地小型巴士旅行团。
🕐 开放时间：全天
💴 门票：当地小型巴士旅行团Best Tour的大洋路一日游费用为108澳元，包括午餐和所有景点的门票。

典故解读

在第一次世界大战后，从英国归来了约5万名澳大利亚士兵。由于当时国家经济萧条，失业率上升，政府出于无奈，只有安排这批士兵开荒修建。1932年从吉隆到坎贝尔港长达180公里的海滨公路正式建成开通。由于在英语中通常将"第一次世界大战"称为

景点 **②** 伦敦桥

伦敦桥（London Bridge）是一个石灰岩悬崖，在海浪的冲蚀下正好成双拱形，外形与英国的伦敦桥相似，因而得名"伦敦桥"。看到伦敦桥不得不被大自然的力量所折服，大自然不但用几百万年来创造它，在1990年海浪又把它的一个孔冲垮。现在我们看到的伦敦桥已经和陆地断开，成了单孔桥。

典故解读

伦敦桥背后也有着一则惊心动魄的故事。相传多年前，两名游客沿着连海石桥走到石上拍照，正想回头时，石桥突然坍塌，于是两人被困于岩石上，警方出动直升机来救援才得以脱险。

玩家指南

- 📍 地址：Portsea VIC 3944
- 🚌 交通：可以乘坐墨尔本当地小型巴士旅行团前往
- 🕐 开放时间：全天
- ¥ 门票：免费

6 布里斯班

7 凯恩斯

8 墨尔本

9 塔斯马尼亚

10 阿德莱德

11 信息补给站

景点 **3**

十二使徒岩

十二使徒岩（The Twelve Apostle）是经过几百万年的风化和海水侵蚀形成的12个断壁岩石，堪称大洋路上最著名、最值得欣赏的景观。十二使徒岩酷似人面，而且表情迥异，有的看似悲哀，有的恰似温柔，大自然的鬼斧神工令人惊叹！不过随着时间流逝与海浪冲洗，十二门徒石至今只剩下8根。如果赶上傍晚参观更别有韵味。

典故解读

最初这些石头被称为"母猪和小猪"，在20世纪50年代，它们的名字被改成更加吸引人的"十二使徒岩"，这个名字来自耶稣的十二个使徒。为什么耶稣不选十个人而要选十二个呢？原来"十二"这个数目在属灵上有一连串的意义。旧约有以色列的十二支派，正预表新约的十二门徒，表示全以色列及新约教会的全体事奉。

玩家指南

🔾 地址：35 Hobson Street, Queenscliff VIC 3225。

🚌 交通：十二使徒岩坐落在大洋路上，可以乘坐墨尔本当地小型巴士旅行团前往。

🕐 开放时间：全天

💴 门票：免费

景点 **4** 华勒比庄园

维多利亚州最大的私人庄园——华勒比庄园（Wallaby Manor），是由英国丘恩塞德家族兄弟建于1874~1877年，占地140公顷。两层楼的庄园充满英国维多利亚风格，右方是天主教会所建的会堂。1937年被维多利亚州政府购得并重新修缮，一切摆设都恢复了当年的原样，重现了当年的繁华盛景。参观时游客可以佩戴英语自我导览耳机游览庄园，房间内不时传来的模拟对话声、倒酒声、时钟声，让人仿佛进入了时间的隧道。庄园内的入口处种植了4500多株的玫瑰，尤其是每年11月至次年4月，200多种玫瑰花齐放，顿时让人感觉到重返澳大利亚19世纪的维多利亚风情。

······典故解读······

华勒比庄园是一座名噪一时的私人宅邸，流传着一段感人肺腑的爱情故事。庄园主人安德鲁兄弟1840年搭上淘金船来到大洋洲，经过几年苦心经营，这对一文不名的穷小子变成为全州最富有的家族之一，随后兴建了这座庄园。功成名就后，哥哥派弟弟返乡迎接未婚妻玛丽来澳大利亚，谁知弟弟与玛丽情投意合，而且很快就结婚了。痴情的哥哥因此终身未娶，并因长期郁郁寡欢而最终在洗衣房里举枪自尽。后来，这里成为新婚伴侣以及已携手走过大半个世纪的金婚夫妇见证两人真爱人生的首选地。

············ 玩家指南 ············

- 地址：K Rd.，Werribee VIC 3030。
- 交通：乘坐墨尔本当地小型巴士旅行团前往即可到达
- 开放时间：11月~次年4月10:00~17:00，5月至10月，周一至周五10:00~16:00，周六、日10:00~17:00。
- 门票：免费

6 布里斯班
7 凯恩斯
8 墨尔本
9 塔斯马尼亚
10 阿德莱德
11 信息补给站

215

景点 5 菲利普岛

菲利普岛（Phillip Island）位于墨尔本东南124公里的海上，为一处天然动物保护区，珍禽异兽和怪石相映成趣，在菲利普岛上参观企鹅成为国内外游客争相追捧的事情。也因岛上栖息着许多世界上最小的、身高大约30厘米的神仙小企鹅，当地人亦称之为"企鹅岛"。小企鹅日出而作、日落而归，它们原生态的生活方式被完整地保留下来。如果带着望远镜，从诺毕斯岬可以看见洋面海豹和岩上栖息的海豹以及孔洞和金字塔岩等奇石。而对墨尔本市民来说，这里也是冲浪、驾船、钓鱼、滑水等活动的度假胜地。

典故解读

企鹅归巢，是菲利普岛上独特的自然景观。墨尔本市政府不惜斥巨资建立保护区，每当太阳快要落山时，都要封锁企鹅可能经过的所有道路，禁止任何车辆通行。白天，成年企鹅离开小岛，游到离岸一两百公里的深海觅食，总是在天黑透以后不约而同地返回。整个队伍浩浩荡荡，十分壮观。走在队伍最前面的是只"领头鹅"，它肩负着侦察工作。稍有风吹草动，"领头鹅"就会迅速向后甩一甩头，给同伴们一个信号，后面的企鹅即刻掉头扑入大海，隐蔽起来。据说这种动物还比较专情，绝对不会出现"三角恋爱"。

温馨提示

在菲利普岛，观光游客是不准使用带有闪光灯的照相机的，因为强烈的白光会灼伤企鹅的眼睛。

玩家指南

📍 地址：Phillip Island, VictoriaLocated in Victoria, Australia。

🚌 交通：可以在墨尔本当地参加菲利普岛一日游的活动，行车2小时左右即到。

🕐 开放时间：全天，观赏企鹅时间5～9月18:30～20:00，10月～次年4月19:30～21:30。

💴 门票：免费

景点
6

雅拉河谷葡萄庄园

6 布里斯班

7 凯恩斯

8 墨尔本

9 塔斯马尼亚

10 阿德莱德

11 信息补给站

位于墨尔本以东48公里处的雅拉河谷葡萄园区（Yarra Valley Winery）是当今世界最美丽壮观的葡萄酒产区之一。这里气候温和，雨量适中，阳光充足，非常适于葡萄的生长。现在这里有30多家大小葡萄酒厂，最早的葡萄酒工厂可追溯到1860年。在此游玩不仅可以品尝到美酒，学习一点造酒知识，观赏体验澳大利亚风景如画的田园乡村风情。还可以体验从葡萄园上空从天而降，从另一角度饱览南半球的葡萄园庄园风情。

管走到哪里也无须住宿旅店，实用又方便。

······ 典故解读 ······

雅拉河是经过墨尔本市区的唯一的一条河流，是墨尔本的母亲河，流入菲利普海湾。"雅拉"源于澳大利亚土著民的语言，意思是从山谷中涌出的清泉。在河流两侧除了高楼林立外，周末还会发现会增添许多炉灶和水池，这是澳大利亚人休闲方式的体现。澳大利亚人喜欢假日一家人驾着房车外出旅行，房车其实就是汽车后面再拖着一个与汽车大小相当的车厢，车厢内既载行李，又装食品和蔬菜，晚间还是睡眠的地方，不

······ 玩家指南 ······

⊙ 地址：17 Hightech Place，Lilydale VIC 3140。

🚌 交通：乘坐公共汽车在Lilydale站下车，步行260米即可到达。

🕐 开放时间：10:00～17:00，圣诞节、复活节不对外开放。

¥ 门票：免费

景点 **7** 莫宁顿半岛

莫宁顿半岛（Mornington Peninsula）风景如画、重峦叠翠，人们经常称之为墨尔本的"游乐场"。莫宁顿半岛有古老的渔村小镇、星罗棋布的酒庄、开放的果园、多过超市的乡村高尔夫球场及曾经的军事基地以及大人也喜欢的迷宫。这里的夏季活动也是异常丰富：赛船、游泳赛、爵士乐节、红山乡村音乐节、德罗玛纳草莓节和弗兰克斯顿海洋节以及以展示半岛丰富的新鲜农产品为主的黑皮诺节。蓝色的海水，宽广的沙滩，绵绵的沙质，还有那一个挨着一个的彩色小房子，整个莫宁顿半岛就被度假氛围笼罩着。

·········典故解读·········

莫宁顿半岛上酿酒已有200多年的历史，在1970年以前，由于没有适宜栽培的品种，所以一直不成气候。直到黑比诺葡萄的迁移，商业化的酿酒才繁盛起来。现在，来自莫宁顿半岛的黑皮诺和霞多丽早已名声在外，它们的质量控制十分严格，以极为细腻的风格，获得了世界葡萄酒评论家的赞赏。

·········玩家指南·········

⊙ 地址：Mornington Peninsula Located in Victoria, Australia。
🚌 交通：乘坐墨尔本当地小型巴士旅行团前往即可到达。
🕐 开放时间：全天
💲 门票：免费

墨尔本旅行资讯

6 布里斯班

7 凯恩斯

8 墨尔本

9 塔斯马尼亚

10 阿德莱德

11 信息补给站

如何抵达

抵达墨尔本的方式非常简单,可以乘坐飞机、火车或长途巴士。无论哪一种,都会让人有一个非常愉快而难忘的旅途!

飞机

中国目前已有中国国际航空公司及南方航空公司的航班从北京、上海、广州直达墨尔本,不过搭乘澳大利亚航空、东方航空都可以迅速直飞航点:悉尼、布里斯班转往墨尔本。而搭乘国泰航空可从中国香港飞往墨尔本。每周日19:00由广州起飞,次日早晨7:00左右到达。每周一有返回班机,早晨8:00左右起飞,下午15:32到达。

墨尔本市的机场主要是墨尔本国际机场,该机场位于墨尔本市区以北20公里,车程约30分钟。墨尔本机场国际航线大厅左右分别为澳大利亚快达航空公司以及澳大利亚安赛特航空公司的国内航线大厅。国际到达大厅内设有银行、行李存放处、快达航空公司以及安赛特航空公司的柜台等设施。

从机场前往市区可以乘坐机场大巴(Skybus)、出租车等,乘坐出租车需要30~35澳元。而机场巴士,则提供上午每30分钟、下午每小时一班的服务。从机场出来,左手转弯就是机场大巴的车站了,很方便。机场大巴每20分钟左右一班,且在每个候机大厅都停一下。机场大巴的车票分单程票和往返票,往返的票价是22澳元,单程车票价为12澳元。

火车

澳大利亚境内知名的是跨州际运行的火车。其中每天都有固定班次由各州开往墨尔本市。由各州开往墨尔本的火车主要在史宾沙街站(Spencer Street Station)停靠,在此火车站可以乘坐火车前往墨尔本的主要景点。

长途巴士

澳大利亚境内的长途巴士也是很受欢迎的交通工具,每天都有固定班车。分别从悉尼和阿德莱德开往墨尔本,需要11~12个小时的车程。多数巴士上都拥有电视和洗手间。

219

必须掌握的市内交通

在墨尔本市内旅游观光有很多种交通方式，非常方便。墨尔本主要的大众交通工具有三种，火车（Train）、有轨电车（Tram）和汽车（Bus）。这三种交通工具的线路遍布了墨尔本的所有区域，通过换车可以到达墨尔本的各个角落。这三种交通工具中，最快的是火车，可以欣赏沿途风景的是有轨电车，汽车则可以去一些火车和有轨电车不能直接到达的地方。

在墨尔本这三种交通工具的车票是通用的，只要买一张车票，就可以乘坐火车、有轨电车和汽车这三种交通工具。

在墨尔本，出行的车票票价按区域来划分，墨尔本的地图分三个区域：zone1、zone2、zone3。如果你的出发地和目的地都在zone1，那么只要买zone1的车票就可以了，如果同样的情况发生在zone2和zone3也一样，但是如果你的出发地在zone1，而目的地在zone3，那么你就要买zone1＋zone2＋zone3的车票，价格也基本上是三者之和。

另外，票价还按时间分为2小时（2 Hour）的票、日票（Daily）、周票（Weekly）、月票（Monthly）和年票（Yearly）。如果你买的是日票，那么可以在一天中乘坐火车、有轨电车和汽车，不限制次数。

在火车站、有轨电车上，Met shop、Metcard helpline等都有卖车票的，只要你看到商店的门口贴着或者挂着Metcard的蓝色标志，就可以去那里买票。

小贴士　如何乘车

在买好车票准备乘车时，如果是乘坐公共汽车或有轨电车的话，在上车的时候，必须去一台机器上打票（Validate），打票的机器会在你的车票上印上过期的日期和时间，你只能在车票有效期内坐车。如果购买的是10次的车票（10 Times），每打一次，车票上就多一行日期，并记录一共用了几次。

如果乘坐火车，则进入站台之前就要先打票。一般一些大站，不打票无法进出，但有很多小站，根本就没有障碍，不打票也可以进出车站，但是万一被查票的人抓到，是要罚款的，一般第一次罚100澳元。

火车

墨尔本的主要公共交通工具是市内火车，与地铁不同的是它多数是行走在地面以上的，只是在市中心区域内在地下行驶。这里的火车贯穿了主要的交通要道和主要人口居住地区。由于墨尔本市中心是比较繁忙的商业中心，所以许多人在上班时因无法停泊私家车而改乘火车，同时它也是运载学生上学的主要交通工具。

火车的运行时间一般是周一到周六，早上5:00到午夜；周日的早上8:00到晚上11:00。火车一般每10分钟一趟。墨尔本当地火车线路的总站是弗林德斯街站（Flinders Street Station）。

6 布里斯班

7 凯恩斯

8 墨尔本

9 塔斯马尼亚

10 阿德莱德

11 信息补给站

小贴士 　如何在自动售票机上买票

　　在每个车站的自动售票机处都可以购得车票，在自动售票机上买票，要自己选择要买的车票种类，先是选择全票（Full fare）还是优惠票（Concession），再选择区（Zone），再选择时间，是短程的（Short trip）还是2小时（2 Hour）或是全天（Daily）的票。

　　接着自动售票机会显示出具体的钱数，然后在投币口投入相应的硬币，就会弹出车票，在另外一个出口会出来找零。如果选错了车票，按取消按钮就可以重新选择。

有轨电车

　　有轨电车是墨尔本市内最便利、经济、快速的交通工具，很适合旅行者搭乘。有轨电车可以直达各个景点。

　　有轨电车可分为两种，一种是绿色车体，另一种是和巴士相似的橘色车体。停靠站有简单的标示牌，搭乘时，从后面上车，在车上购票。有轨电车的车票在市内每一区间是0.60澳元；此外，也有可在一天内乘坐电车和巴士的车票，票价是2澳元。而下车时，只需按铃即可靠近下车。

　　有轨电车的运行时间一般是，周一到周六早上5:00到午夜；周日早上8:00到晚上11:00。

公共汽车

　　在墨尔本乘坐公交汽车也是非常方便的，公交汽车的车票和火车、有轨电车是通用的。乘坐公交汽车的时候，需要先上车，然后打票。打完的车票上会印上过期的日期和时间，你只能在车票有效的时候坐车。

　　公共汽车的发车时间各不相同，如果需要了解可以打电话询问，电话为：131 638。

出租车

　　出租车是这里最方便的交通工具了，可以在路上拦，也可以用电话叫车。如果用电话叫车，一般只需要告诉对方自己要去哪里即可，然后他们会打电话过来确认，很快就会有出租车到了。出租车的起始价为2.6澳元，以后每次加价0.1澳元。

免费观光车

免费观光车算是墨尔本的特色之一了，大红色的观光有轨电车，会绕着市中心兜一圈，站点很多，基本上市中心的每个比较有名的景点都有站点。可以自由上下车，无须车票，完全免费，每20分钟一班，平时从10:00到15:00，周末是10:00到18:00。坐这老式的有轨电车蛮好玩的，但是速度很慢。其实市中心就那么小地方，要观光还不如自己步行比较方便，也不会累。

到墨尔本游玩必做的几件事

墨尔本有澳大利亚艺术与文化之都的美称，游客万不可错过在市内比较好玩的娱乐项目！

TOP1：购物走到脚软

在玫瑰街艺术市场淘便宜货，逛逛布朗斯威克街的时尚精品屋。在普兰区的教堂街、历史悠久的墨尔本邮政总局，购买Akira Isogawa和Zimmerman等设计师的作品。从时装到家具陈设，里奇蒙区的布里奇路一应俱全，而且绝对物超所值。墨尔本是一个购物天堂，在市内拱廊街道和隐蔽巷道里，有风格奇异的精品店、高档时装、别致的居家用品商店和欧洲式市场。

TOP2：品尝特色美味

墨尔本以咖啡和旧式咖啡文化闻名，在欧洲风格的巷道里，沉迷于咖啡的浓香之中是一种很美好的享受，但值得探索的地方远不止这些，喝过特浓咖啡或下午的开胃酒后，可以在19世纪风格的酒店里品茶，可以在星期六去维多利亚女王集市挑选新鲜水果、蔬菜和海鲜。去卡尔顿区（Carlton）品尝意大利经典餐饮，去里奇蒙区（Richmond）体验经济实惠的越南菜，去费兹罗伊区（Fitzroy）品味西班牙餐前小吃。

TOP3：欣赏文化盛宴

观看澳大利亚芭蕾舞团的表演，该团的大本营就设在这个澳大利亚的文化之都，或在公主剧院欣赏令人眼花缭乱的音乐剧。在维多利亚国家艺术馆浏览南半球最好的国际艺术藏品，或在墨尔本人的标志性文化"空间"——联邦广场，参观澳大利亚动态影像中心。让南岸的澳大利亚当代艺术中心的创意作品挑战您的品味。要想更多地了解墨尔本的原住民文化，可以参观当代和梦幻时代艺术，或沿着原住民文化遗存步行路线漫步于皇家植物园。

TOP4：一起为比赛喝彩

如果您是赛车迷，可以在3月份前往墨尔本观看阿尔伯特公园举行的澳大利亚一级方程式锦标赛。无论您是赛马迷还是偶尔下注，您千万不能错过11月份第二个星期二举行的世界上最重要的赛马比赛——墨尔本杯赛马锦标赛。冬季，在墨尔本板球场与爆满的观众一起为澳式橄榄球比赛欢呼雀跃。夏季为板球而狂，届时这里会举办Ashes锦标赛和单日国际赛。一年四季都有不可错过的运动项目！

6 布里斯班
7 凯恩斯
8 墨尔本
9 塔斯马尼亚
10 阿德莱德
11 信息补给站

人气餐厅大搜罗

　　墨尔本可以说是澳大利亚内的名副其实的"美食之都"，这里的美食汇聚了各个国家的特色。除了中餐、日式菜、越南菜、韩国菜等亚洲美食，以及一些欧洲的菜式，还可以品尝到比较少见的阿富汗菜和非洲祖鲁菜，总之一定会大饱口福。墨尔本当地盛产奶酪、酒、肉类、鱼类、水果和野味等食材，经过澳大利亚最具创造力的厨师之手，人们可以品尝到多种不同风味的饮食。一年一度的墨尔本美食节将展现墨尔本的饮食文化，体验当地特色美食感受独特的生活方式，这在澳大利亚乃至南半球都具有一定的影响力，不妨亲临现场感受一下。

中餐厅

万寿宫（Flower Drum）

　　万寿宫被誉为澳大利亚最好的中国餐厅之一，曾经接待了不少名人。餐厅主要经营粤菜，为了保证饭菜的质量，餐厅一直都没有开设分店，只此一家。当然菜式以及口味好得没话说，吸引了无数食客前来品尝。

　🎧 地址：17 Market Lane，Melbourne VIC 3000。
　📞 电话：+6103-96623655
　💴 人均消费：18～30澳元

特色餐厅

鸿记越南粉

　　鸿记越南粉是墨尔本一家正宗的越南餐馆，位于墨尔本的郊区。餐馆装修简单，但极为干净、整洁，食物以物美价廉而闻名。餐馆内的招牌菜是牛肉河粉附赠一盘豆芽菜、九层塔、辣椒，趁热吃上一碗别提有多美味了。

　🎧 地址：Springvale Shopping Centre
　📞 电话：+6103-94219668
　💴 人均消费：23～30澳元

桃太郎拉面店（Momotaro Rahmen）

　　桃太郎拉面店是当地比较有特色的一家面馆，店面不大，却吸引了许多人来这里品尝。店面布置很温馨、自然，让人有种回家的感觉。店内拉面用料比较足，搭配着蘑菇、葱、鸡蛋、芝麻、猪肉片、豆芽菜、高丽菜等，满满的配料和浓厚的汤底让人回味。

⌂ 地址：392 Bridge Rd.，Richmond。
☏ 电话：+6103-94211661
¥ 人均消费：25～38澳元

Nobu restaurant

Nobu restaurant 是一家全球连锁餐厅位于墨尔本的一间分店。餐厅分为两层，第一层是酒吧，第二层是用餐的，餐厅内的装饰具有日本风格，舒适、典雅，让人心情放松。餐厅的菜式清新，味道纯正，受到当地人以及游客的喜爱。

⌂ 地址：8 Whiteman St.，South bank。
☏ 电话：+6103-92927879
¥ 人均消费：26～35澳元

西餐厅

Vlado's Charcoal Grill Steakhouse Restaurant

这是一家正宗的西餐厅，是在墨尔本当地比较受欢迎的餐厅之一。餐厅牛排可以应客人的要求烹制成客人喜爱的口味，一些漂亮的沙拉，美味的现代美食受到人们的喜爱。

⌂ 地址：61 Bridge Road Richmond
☏ 电话：+6103-94285833
¥ 人均消费：40澳元

靠谱住宿推荐

墨尔本拥有各种条件的住宿供游客选择，无论是在豪华的酒店，还是在小型的旅馆都会令人满意。这里的住宿条件舒适、整洁，选择多样，且价格优惠，游客大可放心地选择。当然，来这座城市旅游住宿需要提前预订酒店，以免到达之后没有适合的酒店。

豪华酒店

Rydges On Swanston

Rydges on Swanston 坐落于墨尔本的城市郊区，交通便利，风景优美。酒店设有餐厅、商店、健身房、游泳池等活动中心，为游客提供休闲服务。酒店的客房住宿选择多样，布置得舒适、干净，为客人营造良好的住宿环境。

⌂ 地址：701 Swanston St., Carlton, 3053 Melbourne。
☎ 电话：+6103-93477811
¥ 价格：行政大号床间302澳元，大号床套房410澳元，行政双床间313澳元，公园景特大号床间362澳元。

Stanton Apartments

Stanton Apartments 是墨尔本比较好的酒店之一，受到许多游客的喜爱。酒店为游客提供宽敞、现代化的公寓，温馨、舒适如家般的客房。酒店内的游泳池、水疗中心、桑拿浴室、健身房等为游客提供休闲服务。

⌂ 地址：622 St Kilda Road, St Kilda, Prahran, 3004。
☎ 电话：+6103-1300550993
¥ 价格：三卧室公寓225澳元

Rendezvous Hotel Melbourne

Rendezvous Hotel Melbourne位于墨尔本的市中心，娱乐、购物、交通就别提有多方便了。酒店的装修具有古老的风格，但设施极具现代化，餐厅、酒吧、健身中心等随时为游客服务。酒店内340间典雅的客房和套房配备了齐全的设施，包括：空调、有线电视、浴室和保险箱。

⌂ 地址：328 Flinders Street, Central Business District, 3000 Melbourne。
☎ 电话：+6103-92501888
¥ 价格：豪华双人或双床间178澳元，高级双人或双床间275澳元，俱乐部双人间302澳元。

家庭旅馆

Magnolia Court Boutique Hotel

Magnolia Court Boutique Hotel是墨尔本比较著名的旅馆，距离周围的娱乐、购物场所步行就可轻松到达。旅馆为游客提供早餐、无线网络以及免费停车场的服务。旅馆的住宿选择多样，既有多种住宿的客房，也有套房和公寓，并配备了齐全的现代化设施。

⌂ 地址：101 Powlett Street, East Melbourne, East Melbourne, 3002。
☎ 电话：+6103-94194222
¥ 价格：双人间107澳元，套房194澳元。

Ciloms Airport Lodge

Ciloms Airport Lodge距离墨尔本的市中心只有20分钟的车程，交通方便、快捷。旅馆设有24小时的前台服务，提供了干洗和行李寄存的服务，此外餐厅为客人准备了丰富的饮食。旅馆的客房配备了浴室、冰箱、沏茶/煮咖啡设施和无线网络，令游客有一个愉快的住宿体验。

🏠 地址：398 Melrose Drive，Tullamarine，Tullamarine，3043 Melbourne。
☎ 电话：+6103-93354388
¥ 价格：双人间133澳元，双床间161澳元，带水疗浴缸的大号床间168澳元，三人间184澳元。

Hotel Sophia

Hotel Sophia位于墨尔本的城市中心，距离购物场所、娱乐场所很方便。旅馆设有餐厅、酒吧、台球桌和24小时接待处，随时为游客服务。旅馆的客房布置极具现代化，空调、电视、冰箱、保险箱等设施一应俱全。

🏠 地址：277 King Street，Central Business District，3000 Melbourne。
☎ 电话：+6103-96701342
¥ 价格：标准双人间112澳元，标准三人间172澳元，高级三人间193澳元。

青年旅舍

Hotel Formule 1 - Melbourne CBD

Hotel Formule 1坐落在墨尔本市中心，交通方便。旅舍的服务周到、细心，附近的餐厅、酒吧、商店等离得很近。旅舍的客房价格便宜，并配有空调、电视、浴室等齐全的设施，客人可以在一些公共区域享受方便的服务。

🏠 地址：97-103 Elizabeth Street，Central Business District，3000 Melbourne。
☎ 电话：+6103-96420064
¥ 价格：标准双人或双床间107澳元，家庭间131澳元，四人间98澳元。

Miami Hotel Melbourne

Miami Hotel Melbourne位于墨尔本的郊

6 布里斯班
7 凯恩斯
8 墨尔本
9 塔斯马尼亚
10 阿德莱德
11 信息补给站

区，距离城市中心只有约10分钟的车程，方便快捷。旅舍的公共厨房、公共浴室、公共用餐区域等为客人提供方便的服务。客房设有暖气、空调、冰箱、电视等设施供客人使用。

🏠 地址：13 Hawke Street，West Melbourne，3003。
☎ 电话：+6103-1800132333
¥ 价格：经济双床间93澳元，高级双床间98澳元。

Hotel Claremont Guest House

Hotel Claremont Guest House位于墨尔本的城市中心，交通方便、快捷。旅馆为游客提供休息室和图书馆，旅游咨询台可以帮助游客办理旅游预订服务。旅馆的客房布置得干净、整洁，为游客提供舒适的住宿环境。

🏠 地址：189 Toorak Road，South Yarra，3141 Melbourne。
☎ 电话：+6103-98268000
¥ 价格：双床间87澳元，双人间96澳元，6人女性宿舍间床位47澳元，6人男生宿舍间床位48澳元。

特色酒店

Oaks On Lonsdale

Oaks on Lonsdale坐落在墨尔本的市中心，到达附近的景点、购物场所极为方便。酒店设有24小时服务台，提供洗衣、旅游咨询等服务。客房配备了平面电视、DVD、空调等设施，还有设施完善的厨房供游客使用。

🏠 地址：23 Lonsdale Street，Central Business District，3000 Melbourne。
☎ 电话：+6103-1300551111
¥ 价格：一室公寓套房245澳元，一卧室公寓325澳元，两卧室公寓432澳元。

Medina Executive South Yarra

Medina Executive South Yarra位于墨尔本的郊区，距离市中心只有4.5公里。酒店设有游泳池、健身中心、餐厅、酒吧等娱乐场所，以及设备齐全的客房。酒店的装修豪华，客房布置干净、舒适，为客人提供舒适的住宿环境。

🏠 地址：52 Darling Street，South Yarra，South Yarra，3141 Melbourne。
☎ 电话：+6103-99260000
¥ 价格：一卧室公寓161澳元，一室公寓套房168澳元，两卧室公寓216澳元。

Travelodge Southbank

Travelodge Southbank位于墨尔本的沿海地区，交通方便、快捷。酒店设有餐厅以及24小时的服务前台随时为游客提供服务。酒店的客房经过精心的装修和布置，配备了齐全的设施，极具温馨、浪漫的氛围，让人有种回家的感觉。

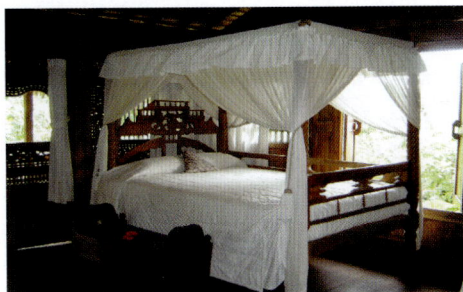

- 地址：Corner Southgate Avenue & Riverside Quay，South Bank, 3006 Melbourne。
- 电话：+6103-86969600
- 价格：标准双床间162澳元，标准双人间193澳元。

小资情调初体验

来墨尔本旅游，娱乐是不可缺少的一部分。墨尔本的剧院、电影院、赌场等娱乐场所有很多，并且每晚都会上演精彩的现场表演。无论和朋友小聚，还是消磨时光，墨尔本的夜晚都会令人愉快和难忘。

赌场

皇冠赌场（Crown Hostel Casino）

皇冠赌场非常豪华，是当地最大的赌场。赌场拥有餐厅、酒店、酒吧、夜总会等齐全的娱乐场所，经常上演精彩的现场表演，如美妙的舞蹈和音乐，游客可以尽情娱乐。赌场有纸牌游戏、桌上游戏、电子游戏、轮盘赌、骰博等，可谓齐全的赌法，经常有游客来这里寻求刺激，但切记不要上瘾。

- 地址：99 Eighth Avenue, Home Hill QLD 4806。
- 价格：35～40澳元
- 营业时间：全天

剧场

摄政剧场

摄政剧场是墨尔本最大的剧场，也是最具规模的剧场。这里经常会上演一些时下流行的精彩电影，也会有各个表演家的精彩表演或音乐剧等，常常是人满为患，人们无不为之惊叹。

- 地址：191 Collins St.，Melbourne，Victoria，Australia。
- 价格：20澳元
- 营业时间：每天16:00～22:00

6 布里斯班
7 凯恩斯
8 墨尔本
9 塔斯马尼亚
10 阿德莱德
11 信息补给站

电影院

IMAX at Melbourne Museum

IMAX at Melbourne Museum 是墨尔本最大的影院，经常上映最新的电影。影院除了上映国产影片，还会上映好莱坞大片以及中国电影。无论是当地人还是游客都可以来这里看上一场自己喜欢的电影，是个不错的体验。

⌂ 地址：Rathdowne Street | Museum of Victoria, Melbourne, Victoria, Australia。
¥ 价格：23～28澳元
⊙ 营业时间：每天10:00～22:30，具体影片会有通知。

购物狂想曲

　　墨尔本的购物地点可谓选择颇多，无论在集市、商场还是购物中心，都可以买到自己想要的物品。墨尔本是澳大利亚的服装设计中心，许多时尚、前卫的服装都出自这座城市。在墨尔本的伯克街与科林斯街以及教堂街与托拉克路，聚集了墨尔本的各个购物场所，商品应有尽有。

市场

维多利亚女皇购物市场（Queen Victoria Market）

　　维多利亚女皇购物市场规模很大，建筑豪华，拥有上百个摊位，出售各种齐全的商品。市场内除了各种美食还可以买到小吃，羊毛时装的质量更是好得没话说。

⌂ 地址：164 Franklin Street, Melbourne VIC 3000。
⊙ 营业时间：每天6:00～17:00

肉食市场工艺品中心（Meat Market Craft Centre）

肉食市场工艺品中心是墨尔本首屈一指的艺术品市场，市场的面积很大，拥有几十个摊位。这里的艺术品收藏价值颇高，此外还有许多具有当地特色的纪念品，价格合理，质量上乘，买一些留作纪念或送给友人都是不错的选择。

🏠 地址：164 Franklin Street，Melbourne VIC 3000。
🕐 营业时间：每天7:00～17:00

商场

墨尔本中心商场（Melbourne Central Mall）

墨尔本中心商场是澳大利亚规模最大的商场之一，其最主要的特点是在新建成的商场中央有一栋老式楼房，楼中楼的景色令人难忘。商场中有超过400家店面，品牌包括世界各大知名品牌，商品琳琅满目，可谓应有尽有。

🏠 地址：1/211 La Trobe Street，Melbourne VIC 300。
🕐 营业时间：周一～周五9:00～17:00，周六、日9:00～15:00。

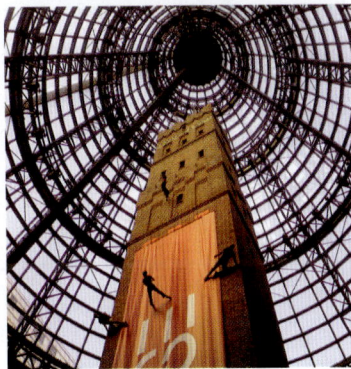

6 布里斯班
7 凯恩斯
8 墨尔本
9 塔斯马尼亚
10 阿德莱德
11 信息补给站

9 塔斯马尼亚

在塔斯马尼亚欣赏美景，会觉得这里是另外一个世界！在这里，不到90分钟的车程内，却可以看到地貌从雨林山谷变成高地湖泊再变成绵长的白色海滩，还有意想不到的活跃文化生活……大自然的风光无需任何修饰，如此古老而美丽的地方使它成为了世界上最令人神往的目的地之一，被称为"假日之州"。

塔斯马尼亚印象零距离

塔斯马尼亚知识知多少

　　塔斯马尼亚位于澳大利亚南部，是澳大利亚最小的州，也是唯一的岛州。它的面积为68 401平方公里，人口约47万，距离墨尔本仅一小时的飞行航程。这是个非常美丽且充满自然气息的岛屿，与澳大利亚大陆荒漠广布的自然景观形成鲜明对比，绿色是这里的主题色彩。结束褐红色大地上的荒漠之旅，一头扎进这景色迷人、绿意盎然的世界，令人耳目一新，神清气爽。这里也被称为"假日之州"。

塔斯马尼亚城区示意图

史密斯顿
Smithton

A2

温耶德
Wynyard

A2

布里德波特
Bridport

B82

B82

B82

乔治镇
George
Town

Burnie

阿尔弗斯通
Ulverstone

B26

Donaldson
River Nature
Recreation Area

B17

德文港
Devonport

B82

B84

斯科茨代尔
Scottsdale

A10

B15

A7

A8

B81

A3

A3

B71

朗塞斯顿
Launceston

B23

B18

B14

1

B72

B43

Meredith Range
Regional Reserve

A10

B12

韦斯特伯里
Westbury

珀斯
Perth

朗福德
Longford

B42

A4

罗斯伯里
Rosebery

A5

B53

A3

齐恩
Zeehan

Central Plateau
Conservation Area

B51

比舍诺
Bicheno

Cradle
Mountain-Lake Saint
Clair National Park

A5

昆斯敦
Queenstown

Mount Dundas
Regional Reserve

B11

B34

1

B27

A10

Tasmania

A3

斯特拉恩
Strahan

A5

奥特兰兹
Oatlands

Macquarie
Harbour

Franklin-Gordon
Wild Rivers
National Park

A10

B110

B31

A3

Lake
Gordon

1

布里奇沃特
Bridgewater

索雷尔
Sorell

Southwest
Conservation
Area

B61

B61

新诺福克
New Norfolk

霍巴特
Hobart

A3

Lauderdale

A9

B61

佩德湖
Lake
Pedder

金斯顿
Kingston

B37

Southwest
National Park

B68

B66

A6

布里斯班 6

凯恩斯 7

墨尔本 8

塔斯马尼亚 9

阿德莱德 10

信息补给站 11

塔斯马尼亚游玩前须知

什么时间旅游最适合

　　塔斯马尼亚的气候温和宜人，四季分明，各有特色。春季是9～11月，到处绿意盎然，乡间小路都布满了盛开的黄水仙和苹果花，似乎在大声地向世人宣布春天的到来；夏季是12月到次年2月，气候非常温和舒适，正是到沙滩、沿海一带或山丘林间探索游玩的好时机；秋季为3～5月，阳光普照大地，一排排的落叶树为宜人的景色增添几分秋色，在农庄、葡萄园和果园里，可以和当地的人们一起体验丰收的乐趣；冬季则是6～8月，山顶都披上了皑皑的冰雪冬装，明朗清新的气候，最适合窝在火炉旁享受天伦之乐。在白天，又适合换上外套，移步屋外尽情享受冬天的乐趣！

最IN风向标——旅游穿衣指南

　　不同的季节去塔斯马尼亚要准备不同的衣服，最主要还是根据当地的实际气温来决定自己需要带的衣服！

　　春秋的平均最高温度大概在17℃，平均最低温度为8℃。如果这个季节出行

的话，温度还不是很高，需要准备厚外套。如果夏天出行的话气候会很舒适，温度在12~21℃，薄外套加上T恤就可以了。这里的冬季也不会特别的寒冷，稍薄的外套就完全可以应付！

必须了解的医疗服务

如果在塔斯马尼亚感觉身体不舒服了，症状轻的话可以到药店买一些药（最好旅游出发前带一些应急的药）。如果非常不舒服，还是要到医院就诊。

名　称	地　址	电　话
Hobart Private Hospital	Cnr Collins and Argyle Streets, Hobart	+6103-62143000
St Helen's Private Hospital	186 Macquarie Street , Hobart	+6103-62216444
North West Private Hospital	Brickport Road , Burnie	+6103-64326000
Steele Street Clinic Private Hospital	166 Steele Street, Devonport	+6103-64244615

6 布里斯班

7 凯恩斯

8 墨尔本

9 塔斯马尼亚

10 阿德莱德

11 信息补给站

周边景致

摇篮山

摇篮山（Cradle Mountain）以崎岖险峻的高峰与高山沼泽吸引着世界各地的游客。摇篮山是塔斯马尼亚西部荒原世界遗产区的一部分，也是塔斯马尼亚荒原的中心地。它四周环绕着具有本土特色的山毛榉、雨林、高山和悬铃木等植物，冰凉的小溪穿过山林，古老的松树倒映在平静的冰湖水面上，从众多的徒步线路中选择一条，漫步在山脚的海岸线上，来回路途长达约8小时，给你充分接近大自然的机会。如果不想消耗大量体力，可以选择轻松简单的短途线路，欣赏一下湖光山色，同样也是美的享受！

········典故解读········

摇篮山海拔约1545米，最高的两个山峦巍然耸立，在群山之中仿如一个英式摇篮，也因而得名。摇篮山鼓舞着澳大利亚当地的拓荒者，他们于1912年在此种植了大量的比利国王松（King Billy pine），经过十多年的辛勤劳作，使此地成为一个"随时向人们敞开"的国家公园。

········玩家指南········

🎧 地址：Cradle Mountain，Tasmania。

🚌 交通：可从霍巴特出发，沿着A10公路向西行驶，大约2.5小时车程。

⏰ 开放时间：8:00～17:00

💰 门票：12澳元

景点 **2** 阿瑟港监狱

阿瑟港监狱（Port Arthur）是澳大利亚目前保存最完好的监狱古迹，有"澳大利亚的古拉格"之称。它坐落在塔斯马尼亚州的塔斯曼半岛上，距离首府城市霍巴特102公里。监狱四周高山林立，犹如天然屏障。从1830年至1877年，这里曾经关押了超过12 000名的英国重刑流放犯人。面对越狱重犯，惩戒人员会把几十千克的铁锁永久地焊住他们的双脚，另外犯人还会承受精神折磨，所以监狱内还设有精神病院。1895年和1897年的两场大火席卷了整个地区，许多建筑物被拆除或者烧毁。现在我们看到的只是遗址。100多年过去了，令人望而却步的阿瑟港如今已是知名旅游胜地。再经过进一步开发后，监狱遗址上还举办以鬼魂为主题的观光活动，漆黑的环境下，时不时听到恐怖的声音，令人毛骨悚然。此地是个观光游览、追忆历史的好地方。

听说当年地峡养满了处于半饥饿状态的恶犬，周围是有大批鲨鱼出没的水域，号称"逃不出去的监狱"。

•••••• 典故解读 ••••••

阿瑟港和大陆的唯一交通要道，就是岛北部那条百米长的"鹰脖"地峡伊格尔霍克（Eaglehawk Neck），

•••••• 玩家指南 ••••••

⌂ 地址：Port Arthur，Tasmania。
🚗 交通：可从霍巴特租车前往，距离首府城市霍巴特102公里，车程1个半小时。
🕐 开放时间：8:30～17:00，晚上有"死亡之灵"的旅游节。
💰 门票：12澳元

6 布里斯班

7 凯恩斯

8 墨尔本

9 塔斯马尼亚

10 阿德莱德

11 信息补给站

景点
3

酒杯湾

  酒杯湾（Wineglass Bay）坐落于弗雷西内国家公园(Freycinet National Park)内，距霍巴特200多公里，号称世界十大顶级沙滩之一。想一睹这征服了世界游客的美景可不是那么容易的，一般会选择走弗雷西内国家公园步道，来回大约2小时。沿途步道奇绝，台阶忽上忽下，蜿蜒跌宕。而且整个山区为了进行自然保护，没有垃圾桶，没有洗手间，纯天然状态。如果决定爬山翻过去，提前准备好饮用水和塑料袋，以备不时只需。到达目的地后海湾的白色沙滩和蓝绿色海洋立刻呈现眼前，弯曲圆弧的外形，闪着蓝光的海水便是那杯中美酒了，真是令人难忘的画面。

······**典故解读**······

  关于酒杯湾名字的由来，有两种不同说法：一说是酒杯湾弯曲圆弧的造型，如同盛装着海水的晶莹酒杯而得名；另说是因为一次渔民大丰收，就在这岸边不知宰杀了多少鲸鱼，鲸鱼的血染红了海面，远远望去，如同大量葡萄酒打翻在海里一般，海湾就像一个盛着红酒的酒杯，后得名酒杯湾。

······**玩家指南**······

地址：Wineglass Bay，Tasmania，Australia。
交通：可从霍巴特沿着Murray St.向东南方向驾驶，车程三个半小时。
开放时间：8:30～17:00
门票：18澳元

景点 **④** 惠灵顿山

惠灵顿山（Mt. Wellington）因其得天独厚的地理位置而成为游客观赏霍巴特的首选之地。它海拔1270米，不算很高，但云雾缭绕，云蒸霞蔚，有种说不出的唯美。这里四季分明，尤其是冬季时节，这里被白雪装点成白色的世界，届时更是吸引着国内外的游客前来一睹为快。登上观景台，霍巴特的城市景色尽收眼底，山下风景，更是一览无余。位于山脚下建于1832年的卡斯科特酿酒厂，至今仍然采用从山中流下来得清澈甜美的瀑布山泉，利用传统的方法酿制美酒，像世人展示着它及其周围地区的历史和人文风情。骑车冲下惠灵顿山是当地一个很有特色的项目，绕绳垂降或沿绳下滑更是惊险刺激，适合各种游客的丛林穿越路线，并且提供烧烤和野餐设施，更是为旅行增添了别样情趣。

······ **典故解读** ······

据记载第一位登上惠灵顿顶峰的人是欧洲探险家布什·巴斯，他在1789年最早来到了澳大利亚大陆与塔斯马尼亚岛相隔的海峡的地方，这个海峡后来被命名为"巴斯海峡"（Bass Strait）。

······ **玩家指南** ······

⌂ 地址：Mt. Wellington, Tasmania, Australia。
🚍 交通：从霍巴特开车沿着修恩路（Huon Road）前行即可到达，大约30分钟的路程。
🕐 开放时间：8:30～17:00
¥ 门票：12澳元

6 布里斯班

7 凯恩斯

8 墨尔本

9 塔斯马尼亚

10 阿德莱德

11 信息补给站

景点 **5** 圣克莱尔湖国家公园

圣克莱尔湖国家公园（Lake St. Clair National Park）占地12万公顷，是塔斯马尼亚州最知名的国家公园，也是全澳14处世界遗产之一，每年吸引了大批的原始森林徒步旅行爱好者前来。公园内纵深的峡谷、高耸的悬崖和众多幽静的湖泊构成了一道仙境般的自然美景，所以同样成为了稀奇动植物的大本营。圣克莱尔湖也是全澳有名的钓鳟鱼的最佳湖泊，每年夏季很多钓鱼爱好者来到这里，在美丽的湖畔悠然垂钓，并享受烧烤鳟鱼的野味大餐。游览圣克莱尔湖公园有徒步旅行和乘车直达两种方式。徒步者可由北部的摇篮山（Cradle Mountain）徒步南下至圣克莱尔湖的辛西亚湾（Cynthia Bay），途经众多小径中最负盛名的全长80公里的欧费兰（Overland Track）小径，全程需要五六天的时间，不过沿途有供游客过夜的木屋旅馆。

玩家指南

⌂ 地址：Lake St. Clair National Park, Tasmania, Australia。

🚗 交通：可自己租车前往，由霍巴特出发，车程两小时。

🕐 开放时间：全天

¥ 门票：12澳元

典故解读

1982年和1989年联合国教科文组织将圣克莱尔湖国家公园作为自然遗产，列入《世界自然遗产名录》。

景点 **6** 福兰克林高尔顿河国家公园

属于世界遗产的福兰克林高尔顿河国家公园（Ranklin-Gordon Wild Rivers National Park）占地44万公顷，这里生长着高原植物，还有突兀的玄武岩峰，景色壮丽，道路艰险，因此深受经验丰富的丛林徒步爱好者喜爱。不过这里的地理环境与世隔绝，游客只能借助冲浪船或飞机才能够进入公园。公园内的费洛奇曼峰，海拔1443米，全长53公里，游客在攀爬时会途经高457米壮观的白色硅岩绝壁和渺无人烟的原始雨林，要花费好几天的时间才到达顶峰。

·····典故解读·····

福兰克林高尔顿河国家公园内以澳大利亚土著人遗址Kutikina Cave岩洞最为知名。澳大利亚土著人是所知的塔斯马尼亚最早居民。1803年英国人定居之时，土著人口为5000～10 000，并有9个部落。但随着处决、疾病感染，在1833年骤减至300人，并同时被迁至芬莲达岛。

·····玩家指南·····

⌂ **地址**：The Esplanade, Strahan。

✈ **交通** 可从霍巴特市区开车前往或者参加当地旅游团

☼ **开放时间**：全天

¥ **门票**：成人16.5澳元，儿童8.25澳元，家庭41.25澳元。

景点 **7** 西南国家公园

西南国家公园（South-West National Park）是目前世界上仅存的几处完全与世隔绝的世界遗产区之一。这里一年中有200天下雨，感觉空气也有点湿漉漉的，这样的环境才能使得这里有占地100多万公顷的绿地面积。你可以通过全长88公里的旅行通道徒步攀爬，在探索过程中，绿色雨林、野生河流和锯齿状的山脉地区——呈现在眼前。高达90米的尤加利树和各种珍贵稀有的针叶植物，以及品种繁多的野生动物更是可以作为攀爬伴侣。观赏原始大自然风光的同时，体验生命的极限。

····· **典故解读** ·····

西南国家公园的中心部位创建于1955年，原名毕打湖国家公园。之后对公园逐步扩大并更名，终于在1990年达到现在的规模。

····· **玩家指南** ·····

🏠 **地址**：Cockle Creek Rd., Cockle Creek TAS 7109 Australia。

🚗 **交通**：可从霍巴特驾车到达公园的北部边界，2.5～3小时车程。

🕐 **开放时间**：全天

¥ **门票**：15澳元

景点
8

国王岛

国王岛（king Island）坐落在维多利亚和塔斯马尼亚岛之间的巴斯海峡。面积为64平方公里。岛上拥有美丽的海滩，丰富的野生动物，海洋历史，精美的食物。而且这里肥沃的土壤生长着澳大利亚最好的牧草，岛上以盛产手工制作的奶酪和高脂奶油而著称。国王岛上共有4个灯塔，以北部的威克姆角的灯塔最高，当然登灯塔俯瞰全岛的旖旎风光也是颇受欢迎的项目。

·······典故解读·············

据说国王岛的翻船海难比澳大利亚其他地方都多，所以有人传说当年在一次翻船事件中，船上有些用稻草做的草甸子被冲到岸上后，里面的草籽便生长出了现在的青草。

········玩家指南·······

🏠 地址：King Island，Tasmania 7256 Australia。
🚌 交通：可从塔斯马尼亚乘坐旅行巴士前往
🕐 开放时间：8:30～17:30
¥ 门票：16澳元

245

景点 **9** 卡德奈特峡谷

卡德奈特峡谷（Cataract Gorge）拥有比任何城市都罕见的自然地貌。穿行于蕨类植物林中，徜徉于英式花园，置身于淡紫色薰衣草花海之中。从这里，循着原建于19世纪90年代的小径，沿着悬崖峭壁而行，还可以俯瞰南艾斯克河（South Esk River）。穿行1867年建成的国王大桥（Kings Bridge），不时还能看到小袋鼠和孔雀肆意地散步。还可以乘坐横贯峡谷、世界上最长的单索椅式空中缆车，在游泳池展现游泳技巧，在餐厅享受当地美味，在小商店为朋友或者家人选择一份称心的礼物。

典故解读

在卡德奈特峡谷溪流的上游是具有历史意义的Duck Reach电力站，如今是一个游客解说中心。该电力站最初是1893年朗塞斯顿市议会委任设立，是当时最大的水利发电站。直到1895年，该电力站一直为城市供电。

玩家指南

- 地址：Cataract Gorge, Launceston the TAS 7250, Australia。
- 交通：可从朗塞斯顿中心沿泰马河（Tamar River）岸边步行到峡谷，大约15分钟的路程。
- 开放时间：春秋季节9:00～17:00，夏季9:00～17:30，冬季9:00～16:30。
- 门票：成人12澳元，老人10澳元，儿童8澳元，3岁以下儿童免费。

景点
⑩

莎拉曼卡广场

莎拉曼卡广场（Salamanca Place）被18世纪30年代佐治亚式砂岩仓库围绕。这里曾经是水手、捕鲸人和工匠们聚集的地方，如今则是霍巴特市的文化中心；您可漫步在沉重的石拱门下，搜寻工艺品商店、珠宝店、咖啡店、餐馆、孔雀剧院（Peacock Theatre）、地下图书室、户外装备和时尚服饰，还可以攀上长梯参观莎拉曼卡艺术中心和艺术家的画廊。每星期六的莎拉曼卡集市是霍巴特人气最旺的露天集市，同样也向人们昭示这城市的繁华。

典故解读

莎拉曼卡广场被命名后，在1812年惠灵顿公爵在西班牙的萨拉曼卡省取得萨拉曼卡战役的胜利。这是以前被称为"山寨绿"。那场战役简称萨拉曼卡战役，是在西班牙西部的萨拉曼卡城南。英国的惠灵顿公爵率领英国、西班牙、葡萄牙联军50000人大败法国元帅马尔蒙指挥的47000法军。

法军伤亡人数和被俘人数达17000，3位将军战死，4位将军被俘，联军伤亡约5000人。

玩家指南

📍 **地址：** Salamanca Place, Battery Point TAS, Tasmania, Australia。

🚗 **交通：** 从霍巴特市区向东南前行，可从Murray St.走到Bathurst St.向右转，进入Davey St./A6，然后稍微向左转即可到达。

🕐 **开放时间：** 全天

💰 **门票：** 免费

6 布里斯班

7 凯恩斯

8 墨尔本

9 塔斯马尼亚

10 阿德莱德

11 信息补给站

塔斯马尼亚旅行资讯

如何抵达

从国内前往塔斯马尼亚岛没有直达的飞机，需要在悉尼、墨尔本等地转机。目前从霍伯特前往塔斯马尼亚岛的航班特别多，而从墨尔本、悉尼和阿德莱德都有航班前往。

飞机

乘飞机前往塔斯马尼亚岛在岛内机场降落，从机场可以乘坐机场巴士（Airporter Shuttle Bus）前往霍巴特市区，单程仅25分钟即可抵达市区。如果离开的时候需要搭乘早上7:30以前的航班，一般需要打电话预约。

市内交通

塔斯马尼亚岛内的交通主要是公共汽车，另外游客还可以自己租车等。

公共汽车

在塔斯马尼亚岛可以乘坐Tigerline长途旅游汽车巴士前往其他城市，并且沿途还可以观赏澳大利亚乡间风光，风土民情，而且费用低廉，舒适安全。

租车

租车旅游也是一种不错的旅游方式，在塔斯马尼亚可以很方便地租到车。艾维斯租车公司在全澳各大中城市和机场都有租车分店，且提供全澳各地异地还车，机场取车，送车到酒店等服务，为游客租车旅游提供了方便。

到塔斯马尼亚游玩必做的几件事

塔斯马尼亚一年四季都有自己的特色，无论什么时候去，都不要错过了很多美好的活动！

TOP1：观赏薰衣草

位于纳宝拉的布莱德斯托薰衣草农场，依着山坡而建，紫色花茎的植株长得生机勃勃，花开时香气扑鼻。它是世界最大的薰衣草产品输出农场之一，面积约40公顷，始建于1921年。农场内还有一座颇有历史的精油提炼工厂；薰衣草开花之后除了可提炼精油，还能引来蜜蜂采蜜，制成薰衣草花蜜。

正当花季之时，当微风吹来，满山伴着浓郁的薰衣草花香，整片薰衣草田呈现粉紫、红紫、深紫，色彩鲜明而梦幻，因而成为著名的蜜月胜地。

TOP2：品尝苏瑞尔水果农庄的水果

塔斯马尼亚凉爽的天气让苏瑞尔水果农庄的水果成熟速度减慢，增加了水果的风味，颜色更加吸引人，这里的水果和庄主Bob一样可爱。深入农庄自由采摘更是游客此行最期待的环节。时不时地，可以看见吃得正开心的顽皮孩子从树丛下钻出来。

TOP3：在惠灵顿山体验山地车的快感

惠灵顿山位于霍巴特市区西边约20公里处，约20分钟的车程，在山顶上有瞭望台，可以俯瞰整个霍巴特的景色以及德元河的河

域，冬天时也可以欣赏雪景，所以因其得天独厚的地理位置而成为游客观赏霍巴特的首选之地。沿着1937年建成开放的登山小路，步行大约2小时即可抵达山顶。在陡峭的惠灵顿山顶的潘纳克尔观景台，可以俯瞰霍巴特的城市景色，德文特河的入海口以及山周围的自然景色。

TOP4：体验丛林穿越

塔斯马尼亚的树林都是天然生长的，而且树木很高，两个地点之间的距离很长，下面还有河流经过，在这能体会到真正的飞翔。同样要强调的是安全，这儿的工作人员非常认真，决不允许任何人做任何违反规定且影响安全的事情。

6 布里斯班

7 凯恩斯

8 墨尔本

9 塔斯马尼亚

10 阿德莱德

11 信息补给站

人气餐厅大搜罗

　　塔斯马尼亚四面环海，独特的地理位置为这个地区带来了丰富的海产品。这里土壤肥沃、空气清新，适合种植苹果、葡萄、蔬菜等。丰富的食材以及厨师高超的手艺，使塔斯马尼亚成为名副其实的美食天堂。一些美味的牡蛎、龙虾、生蚝、鳟鱼等海鲜，是来到这里不可错过的美食，一定要品尝一下。

当地餐厅

Blue Skies Cafe Restaurant & Bar

Blue Skies Cafe Restaurant & Bar是当地的酒吧餐厅，主要经营着当地的各种美食。餐厅濒临海边，可以在用餐的同时欣赏美丽的海景。餐厅里的食物不仅味道很棒，价格也很实在，是一个用餐的绝佳去处。

地址：Murray St. Pier，Hobart，Tasmania 7320。
电话：+6103-62243747
人均消费：19～27澳元

Drunken Adimiral

Drunken Adimiral是塔斯马尼亚地区比较有名的餐厅之一。餐厅采用充满现代化的装饰，极具海洋气息，受到游客的好评和喜爱。餐厅以新鲜、美味的海鲜大餐而闻名，吸引游客来这里享用海鲜大餐。

地址：17-19 Old Wharf，Hobart。
电话：+6103-62341903
人均消费：因人而异

Kelleys Seafood Restaurant

　　这家餐厅曾经获得了澳大利亚的美食奖，可见餐厅供应美食的味道极为正宗。餐厅主要供应当地美食，受到当地人的喜爱，也是游客来这里必去的餐厅之一。餐厅菜式新颖，味道鲜美，用料讲究，一定要去品尝一下美味的食物。

地址：Old Sailmakers Cottage，5 Knopwood St.。
电话：+6103-62247225
人均消费：18～23澳元

亚洲餐厅

Orizuru

这是一家不可错过的日式餐厅，位于塔斯马尼亚。餐厅主要供应各式日式美味的寿司和料理，精湛的手艺配以鲜美的当地海鲜，令人爱不释手。

- 地址：Victoria Dock，Hobart Tasmania。
- 电话：+6103-62311790
- 人均消费：13～19澳元

特色餐厅

Anatolia

这是一家位于塔斯马尼亚的土耳其餐厅，布置得干净、舒适，令来这里用餐的人宾至如归。餐厅供应各式土耳其的风味小吃，味道正宗，价格合适，受到当地人以及游客的喜爱。

- 地址：321 Harrington St.
- 电话：+6103-62543890
- 人均消费：14～18澳元

Riviera Ristorante Italiano

这是位于塔斯马尼亚的一家意大利餐厅，装修风格具有意大利特点。餐厅主要供应意大利美食，有各种口味的比萨以及意大利面，受到游客的喜爱。餐厅的食物不仅味道很好，价格也不是很贵，不妨来品尝一下。

- 地址：15 Hinter St.，Old Wharf，Sullivans Cove，Hobart TAS 7000。
- 电话：+6103-62343230
- 人均消费：28～32澳元

6 布里斯班
7 凯恩斯
8 墨尔本
9 塔斯马尼亚
10 阿德莱德
11 信息补给站

靠谱住宿推荐

　　塔斯马尼亚的住宿选择极为丰富，不仅有高档酒店，还有旅馆和旅舍等一些价格便宜的住宿地点，满足不同人群的需求。这里的住宿地拥有各种类型的客房、公寓、宿舍等，一些连锁旅馆随时准备为游客服务。塔斯马尼亚的住宿环境干净、整洁，可以观赏到优美的景色，度过愉快的假期。

豪华酒店

Franklin Manor

　　Franklin Manor历史比较悠久，可以说是塔斯马尼亚比较古老的酒店了。酒店设有葡萄酒窖、餐厅、休息室、图书馆等，还有旅游咨询台为游客提供旅游咨询及预订服务。酒店的客房配备了冰箱、沏茶/煮咖啡设备、暖气、电视机、闹钟和熨烫设施，为游客的住宿提供方便。

⊙地址： 75 Esplanade，7468 Strahan。
☎电话： +6103-64717311
¥价格： 经济双人间168澳元，套房197澳元，标准大号床间164澳元，配有按摩浴缸的超大号套房213澳元。

Zero Davey Boutique Apartment Hotel

　　Zero Davey Boutique Apartment Hotel坐落于霍巴特的市中心，距离塔斯马尼亚的博物馆、艺术画廊等景点只有很近的步行距离。酒店设有旅游咨询台，帮助客人办理旅游预订服务，浴室、健身房、停车场等场所为游客提供热情周到的服务。酒店客房装修得很舒适，可以欣赏美丽的风景，配备了电视、电话、房内电影等齐全、先进的设施。

⊙地址： 15 Hunter Street cnr of Hunter & Davey Streets, Hobart TAS 7000。
☎电话： +6103-1300733422
¥价格： 豪华一室公寓198澳元，海港景一室公寓249澳元，两卧室公寓360澳元，三卧室公寓463澳元。

Martin Cash Motel

　　Martin Cash Motel位于霍巴特市中心，无论是交通、购物还是娱乐都很方便、快捷。酒店的停车场、餐厅、花园为游客提供休息的场所。酒店的客房布置温馨、舒适，配备了齐全的设施供客人使用，可以说是一个不错的住宿地点。

⊙地址： 238 Main Road，Derwent Park，7010。
☎电话： +6103-62725044
¥价格： 行政大号床间126澳元，标准家庭间130澳元。

家庭旅馆

Motel 429

Motel 429是一个汽车旅馆，距离附近的购物、娱乐场所方便、快捷。这家旅馆虽然不是很大，但设施齐全，温泉池、桑拿房、健身中心等为游客提供了全面的休闲场所。旅馆的客房有多种选择，房间布置干净、整洁，为客人营造舒适的住宿环境。

地址：429 Sandy Bay Road，Sandy Bay，7005。
电话：+6103-62252511
价格：标准大号床间128澳元，标准双床间147澳元，豪华大号床间175澳元，豪华一室公寓195澳元，豪华双人间200澳元，豪华双床一室公寓199澳元。

City View Motel

City View Motel的整体建筑比较古老，风格很特别，可以欣赏到美丽的山景。旅馆提供洗衣服务，还有街边的停车场。旅馆的客房布置温馨、舒适，配备了齐全的设施，令住宿的客人有回家的感觉。

地址：30 Tasman Highway，Montagu Bay，7018。
电话：+6103-15168835
价格：豪华双人间115澳元，豪华特大号床间119澳元，标准三人间161澳元。

青年旅舍

Edinburgh Gallery Bed & Breakfast

Edinburgh Gallery Bed & Breakfast建于1908年，距今已有100多年了。旅舍为游客提供了全面、周到的服务以及多种休闲场所，包括餐厅、公用休息室、洗衣房等。旅舍的客房经过细致的装修和精心的布置，除了齐全、现代的设施，还有许多原创的艺术品。

地址：211 Macquarie Street，7000。
电话：+6103-62249229
价格：双人间75澳元，大床房86澳元，家庭间108澳元，行政双人或双床间129澳元。

Bayside Inn

Bayside Inn 坐落于乔治湾，距离附近的海滩以及主要景点距离很近。旅舍设立了酒吧和一个小酒馆，为游客提供各式美酒以及各种美味的餐点，还有游戏室以及会议室等。旅舍的客房布置干净、舒适，为客人营造良好的住宿环境。

- 地址：2 Cecilia Street，7216 St. Helens。
- 电话：+6103-63761466
- 价格：廉价双人间（2名成人）71澳元，双人或双床间82澳元，城镇景致双人或双床间104澳元，海湾景双人间或双床间122澳元，廉价家庭间（5名成人）98澳元。

特色酒店

Hotel Grand Chancellor Hobart

Hotel Grand Chancellor Hobart位于比较繁华的地带，无论交通还是购物都很方便、快捷。酒店设有24小时服务前台，随时为游客提供洗衣、寄存以及旅游咨询的服务。此外，酒店的艺术画廊、酒吧、餐厅、游泳池、美发沙龙等场所为客人提供了全方位的服务。酒店的客房有多种选择方式，满足不同游客的需求。

- 地址：1 Davey Street，Hobart TAS 7000。
- 电话：+6102-62354535
- 价格：山景特大号床或双床间322澳元，行政海港景套房485澳元，高级山景特大号床359澳元，配备特大号床或双床的海景房360澳元，海港景高级特大号床间383澳元，海港景致特大号床或双床间392澳元，山景特大号床或双床间395澳元。

Freycinet Lodge

Freycinet Lodge 的位置比较偏僻，但丝毫不影响人们的住宿热情，方便的交通和美丽的景致吸引着无数来这里游玩的人。酒店设有两间餐厅、一间酒吧、一个网球场以及旅游咨询台和自行车出租等服务，为住在这里的游客提供方便。酒店的客房配备了齐全的设施，布置得干净、舒适，为客人提供周到而全面的服务。

- 地址：Coles Bay Road，Freycinet National Park，7215 Coles Bay。
- 电话： +6103-62257000
- 价格：Freycinet客舱283澳元，牡蛎湾小屋321澳元，葡萄酒杯豪华客舱350澳元，葡萄酒杯尊贵客舱433澳元。

小资情调初体验

塔斯马尼亚是澳大利亚的岛州，四面环海，拥有丰富的娱乐项目，令人难忘。每当夜幕降临，人们聚集在酒吧、电影院等场所尽情地欢乐、舞蹈。一些酒吧每到夜晚都会上演各种精彩的表演，摇滚、爵士、蓝调等旋律让人流连忘返。

酒吧

Republic Bar and Café

这是一间酒吧和咖啡馆，采用波希米亚的独特装饰风格，环境优美。酒吧内有一个啤酒花园提供各个国家的啤酒，以及各式鸡尾酒等饮品令人大饱口福。此外酒吧还有不同的美食供选择，在娱乐的同时感受美味的食物，同样令人身心愉快。

○ 地址：299 Elizabeth Street North Hobart, TAS 7000。
¥ 价格：15澳元
○ 营业时间：酒吧17:00～次日3:00

T42酒吧

T42酒吧是位于霍巴特的比较有名气的酒吧，吸引了无数时尚男女聚集在此。每当夜晚来临人们在此欢聚，无论是各式美酒还是特色美食，都令人难以忘记。

○ 地址：Elizabeth Street Pier Hobart, TAS 7000。
¥ 价格：15澳元
○ 营业时间：每天10:00～次日1:00

Birdcage Piano Bar

Birdcage Piano Bar是一间位于酒店里的酒吧，每天都吸引着人们来这里尽情狂欢。每当夜晚来临人们聚集在酒吧里聆听现场音乐，或伴着劲爆的音乐舞蹈。这里的饮料、鸡尾酒味道不错，前来品尝一下也是不错的。

○ 地址：410 Sandy Bay Road Hobart, TAS 7005。
¥ 价格：14～26澳元
○ 营业时间：周一～周五11:00～24:00，周六、日11:00～次日2:00。

6 布里斯班
7 凯恩斯
8 墨尔本
9 塔斯马尼亚
10 阿德莱德
11 信息补给站

255

电影院

Liverpools

Liverpools 是塔斯马尼亚最为出色的电影院，受到当地人的喜爱。电影院附近有许多小吃店，可以品尝到各式小吃，交通也很方便快捷。影院经常上映最新的影片，除了上映国产影片，还会上映好莱坞大片，来这里看上一场自己喜欢的电影，是个不错的体验。

- 地址：201 Liverpool Street Hobart，7000。
- 价格：20澳元
- 营业时间：每天10:00～23:00

购物狂想曲

来到塔斯马尼亚不仅会令人对这里的美丽景色、丰富的娱乐活动所着迷，当然购物也是一大乐趣。不妨购买一些当地的特色手工艺品，以及当地的特色服装，无论是留作纪念还是送给友人，都是不错的选择。塔斯马尼亚的购物场所选择特别多，无论是百货公司、购物中心还是特色商店，无不挑逗着游客的购物热情。

百货公司

梅亚百货公司（Myer）

梅亚百货公司可以说是澳大利亚零售业的巨头，在塔斯马尼亚更是一个购物的好去处。百货公司位于霍巴特，采用一站式购物，商品囊括衣、食、住、行各个方面。百货公司的商品种类齐全、价格实在，从服装到珠宝，从配件到电器可以说是应有尽有，吸引无数游客来这里购物。

- 地址：98-108 Liverpool Street Hobart，TAS 7000。
- 营业时间：每天9:00～17:00

Chickenfeed Bargain Store

Chickenfeed Bargain Store 是位于霍巴特的国有商店，以价格便宜而著称，已有10年的历史了。百货公司的商品齐全，质量不错，包括：玩具、服装、食品、化妆品、办公用品、家居用品等。许多游客看中了这里的物美价廉，来这里疯狂抢购。

- 地址：Murray Street Centrepoint Shopping Centre Hobart，TAS 7000。
- 营业时间：每天9:00～17:00

购物中心

诺斯盖特购物中心（Northgate Shopping Centre）

诺斯盖特提供所有的购物需求。有各种各样的商店，包括科尔斯超市，专卖店和大型零售商。这里还有一个美食广场，提供多种多样的美食。并有免费地下停车场。星期天的停车场会转化为市场，有多种选择可用的二手货。

- 地址：387 Main Road Hobart，TAS 7010。
- 营业时间：每天9:00～17:00

先得坊购物中心（Centrepoint Shopping Centre）

先得坊购物中心位于塔斯马尼亚州的霍巴特，是当地最大的购物场所。购物中心有30家商店，商品从世界品牌到当地品牌，服装到日常用品应有尽有。购物中心的商店中央拥有一个美食区以及供游客休息的桌椅，此外还有面包店、咖啡店等场所供游客休息。

- 地址：70 Murray Street Hobart，TAS 7000。
- 营业时间：每天9:00～17:00

特色商店

Socrates for Curious Minds

这是一家当地的小商品店，可谓是一个小的宝库，令游客对店里的商品爱不释手。店内商品有各种书籍、拼图、玩具以及新奇的物品，甚至还有乐器和科研设备，品种齐全，种类繁多。

- 地址：10 Salamanca Square Hobart，TAS 70000。
- 营业时间：周一～周五9:00～17:00，周六、日9:00～16:00。

巧克力工厂（Cadbury Schweppes Chocolate Factory）

这是一家巧克力制造工厂，成立于1922年。游客可以在工厂里参观、游览巧克力的制作过程，并且亲自参与制作自己喜爱的形状和口味。在这里也可以讨价还价，购买到比市面上便宜一半的巧克力食品。

- 地址：Cadbury Road Claremont，TAS 7011。
- 营业时间：参观时间为10:00～14:00

6 布里斯班
7 凯恩斯
8 墨尔本
9 塔斯马尼亚
10 阿德莱德
11 信息补给站

10 阿德莱德

　　百年来阿德莱德人保持着淳朴的生活传统，城市优雅宜人，四周被翠绿的园林所环抱，各式各样的花园赋予城市高贵典雅的气质。经过翻修的教堂和各种现代化设施以及维多利亚、爱德华式建筑，是城市中的亮点。从飞机上鸟瞰这个城市，一片片丰饶的土地映入眼帘，宛如在茫茫海岸线上的一颗珍珠，散发着独特的光芒！

阿德莱德印象零距离

阿德莱德知识知多少

阿德莱德是南澳大利亚的首府，也是澳大利亚的第四大城市，建于1836年，是一个旅游胜地。城市的规划及架构很集中，观光客可徒步游览，相当方便。这里既干净又平和，以广大众多的公园、蓝灰砂岩的建筑和轻松愉快的生活方式而著称，是人们享受生活的优美城市。另外，市区内有许多保存完好的老建筑物，整个市中心都被公园绿地包围，是个非常吸引人的城市。阿德莱德同时还是一座"节日之都"，那节庆中心位于市区北部的河畔区，不能错过。节庆中心的设计风格独特，决非一般的传统建筑物可比拟，是阿德莱德的地标之一。同时，品类繁多的新鲜蔬果、海鲜和澳大利亚美酒，使得游客可尽情享受佳肴美食带来的愉悦。

阿德莱德城区示意图

阿德莱德游玩前须知

什么时间旅游最适合

　　春季和秋季气候宜人，降雨不多，但气温略低，稍有凉意，适合外出游玩，最好不要在盛夏和严冬来这里游玩，这里极端的气候恐怕不会给你带来什么快乐的回忆。因此，如果要在这里长住，一定要有足够的心理准备，准备好大量的衣服。

6 布里斯班
7 凯恩斯
8 墨尔本
9 塔斯马尼亚
10 阿德莱德
11 信息补给站

最IN风向标——旅游穿衣指南

阿德莱德是典型的地中海式气候，冬天潮湿而寒冷，夏天干燥而炎热。春天和秋天昼夜天气都相当暖和，夏天平均最高温度约为28℃，冬天温度则降至约15℃，平常可穿清爽的休闲衣服，但昼夜温差大，需要额外多加一件外衣。

必须了解的医疗服务

阿德莱德的医疗条件很好，在游玩的旅途中如身体感到不适，可到当地的医院进行检查，最好去之前打一下医院的预约电话，确保看病时节省一些不必要浪费的时间！

名　　称	地　　址	电　　话
Abergeldie Hospital	548 Portrush Rd. Glen Osmond	+6108-83797887
Central Districst Private Hospital	25 -37 Jarvis Road Elizabeth Vale	+6108-82504111
Flinders Private Hospital	Flinders Drive Bedford Park	+6108- 82753333
Fullarton Private Hospital	295 Fullarton Road Parkside	+6108-82720233

市区景点

景点
①

南澳大利亚艺术长廊

南澳大利亚艺术长廊（Art Gallery of South Australia）建于1881年，这里展出了澳大利亚艺术史上众多大师们的作品，包括罗勃茨（Roberts）、斯特利通（Streeton）和康德（Conder）等人的作品。展品中不仅有描绘风景和历史题材的油画，更有反映澳大利亚生活方式的作品，是全方位体验澳大利亚文化必到之处。

典故解读

阿德莱德建于1836年，是个非常年轻的城市。这个城市的节日文化气氛非常浓重，人们热爱艺术，喜欢悠闲的生活。其中阿德莱德艺术节（Adelaide Festival of Arts）是世界最著名的艺术节之一，是世界艺术的大杂烩。阿德莱德另类艺术节（Adelaide Fringe）也备受欢迎，每年举行一次，是继爱丁堡之后最大的另类艺术节。

玩家指南

⌂ **地址：** North Terrace, Adelaide SA 5000。
🚌 **交通：** 乘坐环城巴士在相应的车站下车即到
🕐 **开放时间：** 周一～周五 10:00～17:00
¥ **门票：** 免费

布里斯班 6
凯恩斯 7
墨尔本 8
塔斯马尼亚 9
阿德莱德 10
信息补给站 11

景点 ② 南澳博物馆

南澳博物馆（South Australian Museum）地处市中心，是澳大利亚收藏土著艺术品和历史文物最多、最全的博物馆。其中最著名的，莫过于在高巴柏迪（CooberPedy）出土的"澳宝化"恐龙化石。除此还藏有南太平洋拉美尼亚人的文物，世界各地的绘画、雕刻、陶器、硬币等艺术品，其中以欧洲早期画家的作品最著名。当然在南澳博物馆中不可缺席的重点——土著人祖先在梦幻时代的故事以及墨累河是如何被创建的，感觉具有传奇色彩。

········ 玩家指南 ········

⌂ 地址：South Australian Museum Adelaide South Australia 5000
🚌 交通：乘坐公共汽车在Ade-laide Railway Station站下车，向西步行576米即到。
⏰ 开放时间：10:00～17:00
💰 门票：免费

······ 典故解读 ······

高巴柏迪被誉为"澳大利亚和世界的蛋白石之都"，蛋白石第一次在这里被发现是在1915年2月1日。1920年，这里被正式命名为高巴柏迪。高巴柏迪是土著单词"kupapiti"的英语发音，它的意思是"洞里的白人"。由45个以上的民族组成的3500个高巴柏迪人，大多数生活在地下的洞穴房屋里。它是澳大利亚唯一一座地下城，位于维多利亚沙漠腹地，是澳大利亚最干旱的地方之一，原本是片鸟都懒得落下的不毛之地。

景点 3 移民博物馆

神奇的移民博物馆（mmigration Museum）讲述了移民们是如何从世界各地来到南澳创建新的家园，主要以历史照片和实物布展，设计创意很新颖。其中一处再现100多年前的伦敦码头的场景，以惟妙惟肖的方式展示了当时的街道及两旁的建筑、奔驰的马车、起锚的海船、过往行人的容貌、服饰，甚至还可以通过音响听到海涛的冲击声、海鸟的叫鸣声以及送别亲人远航的哭喊声。不过当你看完数据库里的一百多个民族的移民资料时，不禁会有些心酸。

越南战争后许多亚洲人来到阿德莱德。

典故解读

与其他城市相比，阿德莱德最初就是移民城市，而不是犯人流放地。从一开始阿德莱德就吸引了许多国家的移民，尤其是来自德国的移民。他们带来了种植葡萄和酿葡萄酒的技术。"二战"后意大利人、希腊人、荷兰人、波兰人和其他欧洲国家的移民移居阿德莱德。

玩家指南

⌂ 地址：Kintore Avenue, Adelaide SA 5000。
🚌 交通：乘坐公共汽车在Adelaide Railway Station 站下车，向西步行 500米即到。
⌚ 开放时间：周一至周五 10:00～17:00，周六、日 13:00～17:00。
¥ 门票：免费，但需要捐款进入。

6 布里斯班

7 凯恩斯

8 墨尔本

9 塔斯马尼亚

10 阿德莱德

11 信息补给站

景点 **4** **阿德莱德动物园**

阿德莱德动物园（Adelaide Zoo）中的动物超过1300种，包括哺乳类、鸟类、爬行类等，其中约300种是外来引进动物。除了可爱的动物外，这里的南澳热带雨林展区也备受游客喜爱。

······**典故解读**······

2009年11月28日，中国出借了2只大熊猫给阿德莱德动物园，熊猫的名字是网网和福妮。这使得阿德莱德成为南半球第一个拥有大熊猫的地方。

······**玩家指南**······

📍**地址**：Frome Rd., North Adelaide。

🚢**交通**：可从Pop-eye的节日中心前的老年公园坐船直接进入动物园。

🕐**开放时间**：9:30～17:00

💴**门票**：成人18澳元，儿童10澳元，家庭票52澳元。

景点 **5** # 北大街

北大街（North Terrace）也被称为"文化大道"，是阿德莱德的主要街道。整条街绿树成荫，各种景色交错，既有风光迷人的园林，又有雕像、林荫大道及咖啡屋，是阿德莱德文化宝藏的聚集地。现在很多建筑被改造为美术馆、博物馆、大学等，是认识南澳历史的好地方。

····· **典故解读** ·····

北大街附近的阿德雷德大学建立于1874年，是澳大利亚最古老和最有声望的大学之一，学校把阿德莱德大学学术特色和丰富的学生生活相结合，也是澳大利亚政府对大学生综合测评后推举的最优秀的四所大学之一。阿德莱德大学设有3个全国性的专业研究中心和12个合作研究中心，在工业界、高等教育和政府部门阿德莱德大学对国家重大问题进行联合研究。学校共培养过5位诺贝尔奖得主及近100位获罗德奖（Rhodes）的学者。整个校园既充满时代感，又保留了珍贵的历史魅力，也正是阿德莱德城市文化的体现。

····· **玩家指南** ·····

🏠 **地址：** North Terrace, Adelaide SA 5000, Australia。

🚌 **交通：** 乘坐144、147、178、241、248路等公共汽车，在Stop G3 North Tce – North side 站下车即到。

🕐 **开放时间：** 全天

💲 **门票：** 免费

布里斯班 6
凯恩斯 7
墨尔本 8
塔斯马尼亚 9
阿德莱德 10
信息补给站 11

景点 **6** **阿德莱德中央市场**

阿德莱德中央市场（Adelaide Central Market）是南半球最大的菜市场。走进这个拥有几十个大大小小的货摊的市场，永远是人声鼎沸，健康生长的食材总能带给人们欢愉的心情。中央市场主要出售各种新鲜蔬菜水果、肉类海鲜、蛋奶制品、面包干酪、糖果巧克力、特色干果、咖啡茶叶等，甚至还有摄影器材店和书店。各种小店也是别出心裁，给旅途带来了无穷的乐趣。

玩家指南

⌂ **地址**：Gouger Street, Adelaide。

🚌 **交通**：乘坐公共汽车在Victoria Square Tram Stop站下车即到

◴ **开放时间**：周二、四、五7:00～17:30，周六7:00～15:00。

¥ **门票**：免费

典故解读

阿德莱德城市人口才140万，但著名餐馆和优秀厨师的数量却占澳大利亚全国人口比例之冠，中央市场是澳大利亚食材的集散地。而且中央市场已经有140年的历史了，当地政府也很清楚它的文化价值，不仅将市场完整保留，还将租金降低，让经营了几代的小贩能继续经营下去。

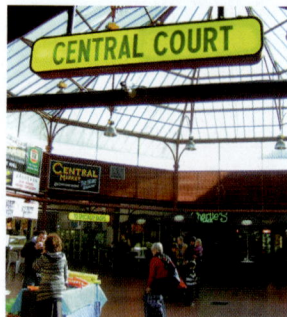

周边景致

景点 **1** 格莱内尔格

海滨小城格莱内尔格（Glenelg）距离市区仅10公里，生气勃勃的格莱内尔格拥有洁白的沙滩、迷人的精品酒店、熙熙攘攘的商店、人行道旁的咖啡馆，还有各种夏日娱乐活动。城中街道两侧随处可见古老的教堂和豪华的度假别墅。海滩边盛行游泳、冲浪和出海钓鱼等水上活动。在步行道和自行车道上欣赏格莱内尔格的美景，在艺术画廊和博物馆里追溯格莱内尔格的历史，逗留在水清沙白的海滨浴场做一次温泉SPA，让存蓄了一天的舟车劳顿渐渐在海风中稀释，都是游客追捧的事情，夕阳巡游同样广受欢迎。在市中区维多利亚广场（Victora.Square）搭乘有轨电车，重温旧日情怀。参与到澳大利亚海滩节日的庆典之中，体验不一样的文化氛围，总之格莱内尔格有不少的惊喜等着您。

·······典故解读·······

阿德莱德的历史不过一百多年，但在澳大利亚，它是个很有历史的城市。其中格莱内尔格同时也是南澳大利亚重要的历史城镇。在19世纪欧洲人移民于南澳大利亚并最早开发的城镇便是格莱内尔格。从市中心到达格莱内尔格的有轨电车也是目前仅存的一辆，这种电车从20世纪20年代就开始从阿德莱德北台地（North Terrace）向格莱内尔格运送乘客，历史非常久远。

·············玩家指南·············

⌂ **地址**：Glenelg South Australia state 5045
🚌 **交通**：可在阿德莱德胜利广场（Victory Square）乘坐开往格莱内尔格的直达电车
🕐 **开放时间**：全天
¥ **门票**：免费

景点 ② 巴罗萨

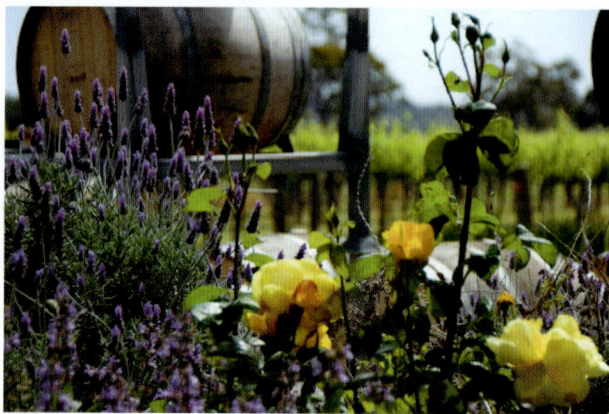

距离阿德莱德以北55公里的巴罗萨（Barossa）因有着得天独厚的红砂土壤、适宜的水分以及永远灿烂的热情阳光，成为澳大利亚最知名的葡萄酒产地。这里长达30公里的葡萄园，远看宛如绿色的波浪，目前拥有大大小小的葡萄园共有50家。澳大利亚绝大多数知名葡萄酒品牌均产于此，如杰卡斯、奔富、禾富等。这些品牌以丰富的口感，上乘的品质，为巴罗萨赢得了"美酒圣地"的美誉。来到巴罗萨参观感觉就连空气中都洋溢着沁人的葡萄和花草的清香。而如今的巴罗萨发展成为一个集建筑、美术、美酒佳肴与音乐为一体的充满活力的旅游胜地。

······典故解读······

巴罗萨是南澳最具历史且深具德英文化的葡萄酒乡，1838年，来自德国的移民带来了欧洲文化，也带来了葡萄种子，在这片土地上繁衍生息，也酿制了香醇的酒。巴罗萨是由古老的巴罗萨谷（Barossa Valley）和伊登谷（Eden Valley）组成，巴罗萨的地名是威廉莱特上校取的，这个字在西班牙语是"玫瑰之丘"。

················玩家指南················

🏠地址：Barossa Goldfields, South Australia，Australia。
🚍交通：可乘坐阿德莱德发往巴罗萨的巴士抵达
🕐开放时间：全天
💰门票：免费

景点 **3** **墨累河**

墨累河（Murray River）全长3719千米，流域面积达100万平方千米，是澳大利亚最长、最大的河流。整条河流气势磅礴，景色壮丽非凡。如想尽情饱览沿途风光，最好的选择就是乘坐设备齐全的豪华住宿游艇泛舟墨累河，沿途的悬崖峭壁、高大的红胶树、脐橙果园和青葱碧绿葡萄园——映入眼帘，使人心旷神怡。

另外，其他的水上活动，如滑水、垂钓和露营项目等更是展现了这条河域的多姿多彩及无限活力。

•••••• **典故解读** •••••••••••••

墨累河是澳大利亚第二长河，仅次于其支流达令河，发源于澳大利亚阿尔卑斯山脉（大分水岭的一部分），于阿德莱德附近入海。当它往西北方流时，成为维多利亚州与新南威尔士州的边界。在19世纪后半叶，河上航运是十分重要的行业，后来，由于铁路日益成为竞争对手，加之灌溉用水，航运基本上已结束。现在它是澳大利亚的灌溉主力军，主要出产牛、绵羊、谷物、水果和葡萄酒。

••••••••••• **玩家指南** ••••••••

⌂ 地址：Leonard Norman Dr, Waikerie SA 5330。
🚌 交通：乘坐公共汽车在 Waikerie Ferry Sw Terminal站下车即到
🕐 开放时间：全天
¥ 门票：免费

景点 **4** **袋鼠岛**

袋鼠岛（Kangaroo Island）位于阿德莱德约100公里的西南方，是澳大利亚第三大岛。袋鼠岛是一个安静的地方，这里只有5000居民在酒厂工作，还有野生动物公园、羊养殖场、奶酪和蜂蜜工厂。岛上未受破坏的环境使得这里成为了没有栅栏的动物园，岛上聚集了袋鼠、考拉、猎海豹、海豚，以及企鹅等宝贵动物，还有叫人眼界大开的多种奇花异草。在野生动物生活的自然生活环境里参观，所获得的经验会比到动物园来得深刻。坐落在袋鼠岛南面海滨的海狮湾保护公园是岛上最出名的风景名胜，栖息着500多种海狮，占全球海狮总数的10%。非凡石更是每个初访游客的必到之处。欣赏常年在海水强风侵蚀下形成的艺术品之余，我们还可以一睹充满原始生命力的海岸景观。游客还可参加骑自行车、骑马、潜水、耕种、散步和垂钓等活动。欣赏着比蓝天更蓝的海水、晚霞掩映下的天空、动物们憨态可掬的模样，不得不感叹袋鼠岛不愧是一个文化与自然和谐共处的天堂。

------ 温馨提示 ------

由于袋鼠岛比较靠南，岛上气温一般低于阿德莱德。请您多携带一件保暖外套，以备不时之需。

------ 典故解读 ------

袋鼠岛由英国航海家马修·弗林德斯在1802年发现。当时英国政府把澳大利亚看做可能的新殖民地。但是有关这块大陆的详细资料很少。于是，皇家海军的马修·弗林德斯船长于1801年被派往澳大利亚进行探险，调查海岸的情况。在此期间他曾围绕澳大利亚探险航行，发现了澳大利亚许多新的地区并为其命名，绘制了世界上第一幅澳大利亚全图。其中澳大利亚塔斯马尼亚海岸外一个较小的岛屿，就是以弗林德的名字来命名的。

------ 玩家指南 ------

🏠 **地址**: Howard Dr, Penneshaw SA 5222。
🚌 **交通**: 乘坐观光巴士在 Kangaroo Island Sealink 站下车即到
🕐 **开放时间**: 全天
🎫 **门票**: 免费

阿德莱德旅行资讯

如何抵达

抵达阿德莱德的方式非常多，可以乘坐飞机、火车或长途巴士。无论哪一种，都会让您有一个非常愉快而难忘的旅途！

飞机

中国目前没有直飞阿德莱德的航班，前往阿德莱德需要从悉尼或墨尔本等地转机，在阿德莱德机场降落。

阿德莱德机场就位于市中心以西6公里处，是澳大利亚最具现代化、最新和最有效率的机场，它于2005年10月开始使用，从悉尼到阿德莱德需要1小时10分钟，从墨尔本到阿德莱德需要40分钟。

从阿德莱德机场前往市区可以乘坐机场巴士或出租车。其中，乘出租车到阿德莱德机场要另收2澳元的税，平均车费为17澳元。而机场巴士主要从机场前往市区以及州际铁路站。

火车

乘坐火车前往阿德莱德也很方便，乘坐火车可以在阿德莱德的Keswick和Railway Tce街的州际火车总站下车。

长途巴士

乘坐长途巴士通常是最便宜的交通工具，并且巴士汽车公司有比铁路覆盖更广的网络。所有州际与区域间长途巴士的始发与终点站都是位于阿德莱德富兰克林大街的中央汽车站。其中，从墨尔本前往阿德莱德的班车，时间为11个小时，票价是60澳元。

必须掌握的市内交通

阿德莱德的交通主要以公共汽车与火车为主，公共汽车和火车来往市内及各市郊。另外，还有一条有轨电车，这三种交通工具都共用同一种车票。车票可以在超市或大型车站购买，一般车上都没有售票员和乘务员，公共汽车和有轨电车的车上都设有电子刷卡机，上车后需要打票，乘坐火车时需要在上车前打票。

无论你乘坐哪一种公交，每张都是4.2澳元，这张票在两小时内是有效的，若你上车刷卡后到目的地下车，只要在两小时内仍然可以使用这张票乘任何公共汽车。如果坐车的时间比较长，可以考虑购买全日票，全日票的票价为7.2澳元，也有两小时票，分为高峰时段和非高峰时段，票价分别为3.8澳元和2.3澳元，上午9点以前及下午3点以后是高峰时段。火车票可以从车上的自动售票机里买，也可以在火车站售票处买。蜜蜂线和城市环线是免费乘坐的。

公共汽车

公共汽车是阿德莱德重要的交通工具，乘坐公共汽车非常方便，在市中心的绝大部分公交站为多线路站点，所以如果想要搭乘某一线路的公共汽车时一定要向司机招手示意，直至司机打出停车信号以后才能把手放下。

阿德莱德的公交汽车都是无人售票车，乘客上车后通过车厢内右侧的蓝色检票箱自助检票或向司机购买单程车票。

在到站下车前可以通过两种方式提醒司机：一种是按动座位背后或手扶立柱上的红色按钮；另一种是拉动车辆两侧位于窗口上方的牵引线来启动车顶的"STOP"（停车）标志，提醒司机下站下车。

有轨电车

阿德莱德会展中心与海边的格莱内尔格之间有轨电车联系。自阿德莱德会展中心出发，经购物区到火车站，穿梭于会展中心和风景优美的格莱内尔格海滩。

出租车

阿德莱德市里到处都有出租车，实在找不到也可打电话提前预约。这里提供两家出租车公司的联系方法。

Adelaide Independent Taxis，电话：132211

Suburban Taxi，电话：131008

自行车

游客或者市民可以从市内的Bicycle SA免费租用自行车2小时。超过2小时的话，每小时的租费为6澳元或日租费为25澳元。也可以在另外一家名为Glenelg Cycles的公司租用自行车，这里的费用为每天30澳元。

地址：754 Anzac Hwy，Glenelg。

电话：82944741

到阿德莱德游玩必做的几件事

无论是旅途刚刚开始还是即将结束，无论去的是哪里，都一定不要错过那里独特的风景！

TOP1：体验阿德莱德的红酒与海鲜佳肴

来到阿德莱德，最不可错过这里的红酒和海鲜美食。这里坐拥一望无尽的葡萄园，有全世界销量最高的杰卡斯酒庄以及全球最佳百大酒庄之一的奔富酒厂，五十几家酿酒厂，种类不同，口味各异的葡萄酒为各地游客提供了品酒的好机会。除了品酒，还可以亲自调制标有自己名字的葡萄酒当纪念品带回家珍藏留念。

TOP2：在明媚秀丽的乡村风景中感受慢生活

阿德莱德的汉多夫德国村是澳大利亚现存历史最古老的德国人聚居点。据说，在1839年，首批德国难民抵达南澳，就被这里的气候所吸引，决定在这里生活。漫步在主街道上，与富有德国建筑风格的农舍、房屋、商店擦身而过，让人有置身德国的错觉。如今，这个小村庄已经成为阿德莱德地区品尝德国美食的好地方。坐在枫树叶下，一边品尝德国的各种特色美食，一边喝着店主自家酿制的德国麦芽啤酒，如此奇妙的经历，让人十分惬意。

TOP3：往返于大街小巷，寻找独特的人文文化

与其他澳大利亚城市不同的是，当初阿德莱德是一个地地道道的移民城市。市内有几个移民时期留下来的广场，格调典雅，其中维多利亚广场位于阿德莱德市中心，从广场周围可同时眺望新旧两代的建筑物。除了这种移民风格的文化，在阿德莱德还经常能看见土著人，他们拥有世界上最古老的艺术形式，随处可见的岩石艺术记录他们长达五万年历史长河中的传说、图腾及宗教信仰。

6 布里斯班

7 凯恩斯

8 墨尔本

9 塔斯马尼亚

10 阿德莱德

11 信息补给站

TOP4：逛美食街

在唐人街充满异国情调的繁忙餐厅品尝各种美食，从亚洲风味到阿根廷菜肴，应有尽有。融入阿德莱德东端蓝道大街的露天氛围，或者到这座城市众多雅致的葡萄酒吧和新潮饭店好好享受一番。如果您是新鲜食物爱好者，阿德莱德中央市场可以为您提供栽培者生产的优质特产。在中央市场里，还有不少特色店铺，这里有俊男美女的服务员为游客提供奶酪试吃以及鉴赏课程，将娱乐和教育结合为一体，更增添了旅程的乐趣。

人气餐厅大搜罗

阿德莱德被认为是澳大利亚地区的"适合生活之城"，这里的美食别具一格、多种多样，受到人们的喜爱。在阿德莱德不仅可以吃到正宗的澳大利亚美食，还可以品尝到中餐、日本料理、意大利餐、马来西亚美食和斋菜等美食。人们一边欣赏美景，一边享受食物的美味，包括：桉树熏袋鼠肉、金枪鱼、鲑鱼、鳕鱼、新西兰鲷鱼、鲨鱼、长嘴硬鳞鱼、岩石龙虾、鲍鱼、生蚝和小龙虾等。

特色餐厅

Drift Café

Drift Café 是一间位于阿德莱德的素食餐厅，餐厅装修风格很豪华、现代。餐厅经营素食，有素汉堡包、香蒜酱、鳄梨、西红柿干、烧茄子、新鲜豆芽、沙拉、意式脆面包片、素式卷、咖喱和比萨饼等多种美食，味道不错。

⌂ 地址：270 Morphett St.
☎ 电话：+6108-82120711
¥ 人均消费：5.5～11.5澳元

Sprout

Sprout 是一家素食餐厅，门面不大却吸引了许多食客来这里用餐。餐厅主要经营素食，有阿卡迪亚风味的辣豆腐、蘑菇卷等，味道极为正宗。餐厅的价格合理，菜式新颖，不妨来这里品尝一些美味。

⌂ 地址：39 Hindmarsh Sq
☎ 电话：+6108-82326977
¥ 人均消费：主菜14～19澳元

Good Life

这是一家比萨饼店，主要销售各种味道的鲜美比萨饼。薄薄的面饼配上可口馅料，包括：新鲜辣椒和罗勒配大虾或用香菇和春葱、生姜配烤鸭。这家比萨饼店面不大，由于味道出众而受到食客的喜爱，比萨饼往往需要提前预订。

- 地址：170 Hutt St.
- 电话：+6108‐82232618
- 人均消费：14.5～24澳元

亚洲餐厅

Kwik Stix

Kwik Stix是一家经营亚洲美食的餐厅，有马来西亚菜、越南菜和日本菜。餐厅的饮食味道不错，还有专门为儿童准备的套餐、炒菜、炭烧、越南柠檬草虾以及铁板类的菜肴，价格不贵。一些喜爱亚洲美食的食客不妨来这家餐厅，可大饱口福。

- 地址：O'Connell St.
- 电话：+6108‐82392023
- 人均消费：主菜9～14澳元

Rickshaws

这是一家经营亚洲美食的餐厅，受到许多食客的好评。餐厅美食包括印度尼西亚、泰国和印度的各式菜肴，口味极为正宗。绝对可以吃到物超所值的美味，是喜爱亚洲美食的游客的最好去处。

- 地址：Stamford Grand, Moseley Sq, Glenelg。
- 电话：+6108‐83750629
- 人均消费：主菜15～20澳元

6 布里斯班

7 凯恩斯

8 墨尔本

9 塔斯马尼亚

10 阿德莱德

11 信息补给站

当地餐厅

Archer

Archer主要经营当地的各种美食。餐厅里除了各式大菜肴，还有各个国家的啤酒，此外还有汉堡包、咖喱、烤肉等美食可供品尝。餐厅里的食物不仅味道很棒，价格也很实在，是一个用餐的绝佳去处。

- 地址：60 O' Connell St.
- 电话：+6108-83619300
- 人均消费：25～30澳元

靠谱住宿推荐

阿德莱德虽然不大但住宿地点比较多，总有适合游客需求的住宿点。无论住在城市的哪一个位置，都会比较快速、方便地到达目的地，不会为了交通而发愁。在旅游旺季的时候一些海滨地区的酒店需要提前预订，而且价格会有所上涨，所以要提前选择适合自己的住宿地点。

豪华酒店

iStay Precinct

iStay Precinct 坐落在阿德莱德市中心，无论是交通、购物还是娱乐，都很方便。酒店提供24小时服务台为客人提供洗衣服务，设立了酒吧、餐厅、健身中心、游泳池等娱乐场所供客人休闲。酒店的客房设施齐全，布置温馨舒适，是一个很好的住宿场所。

- 地址：185 Morphett Street，中央商业区，5000。
- 价格：一卧室公寓174澳元，空景单卧室公寓197澳元，两卧室精巧公寓205澳元，卧室公寓223澳元，空景两卧室公寓257澳元。

Oaks Liberty Towers

Oaks Liberty Towers位于阿德莱德的郊区，距离市中心只有20分钟的车程。酒店的游泳池、桑拿浴室、健身中心、酒吧、餐厅等随时为游客提供服务。酒店的客房经过装修和细心地布置，配备了齐全的设施，为客人营造舒适的住宿环境。

🎧 地址：25 Colley Terrace，格莱内尔格，5045。
💲 价格：一卧室公寓135澳元，两室公寓354澳元。

Oaks Embassy

Oaks Embassy是阿德莱德一家规模比较大、广受到好评的酒店。酒店内设有豪华的设施包括：游泳池、桑拿浴室、酒吧、餐厅、健身中心等设备先进的休闲场所。酒店设有多种住宿方式，房间布置干净、整洁，受到客人的喜爱。

🎧 地址：96 North Terrace，中央商业区，5000。
💲 价格：豪华一卧室公寓232澳元，行政公寓278澳元，豪华两卧室公寓351澳元，行政两卧室公寓376澳元。

家庭旅馆

Princes Lodge Motel

Princes Lodge Motel坐落在一栋古老的大楼里，旅馆成立于1913年，一直以来受到许多游客的青睐。旅馆内提供各种房型的住宿，每间客房都具有不同风格的设计，而且价格合理。在楼层高的房间还可以欣赏到优美的景观，是一个理想的住宿之地。

🎧 地址：73 Lefevre Tce
📞 电话：+6108-82675566
💲 价格：单人间51～82澳元，双人间71～92澳元。

Greenways Apartments

Greenways Apartments 是一个位于阿德莱德城市中心的旅馆，附近的交通、娱乐、购物等场所很近。旅馆设有许多公共休息场所，比如公共厨房、公共餐厅、公共休息区域等供客人休息。旅馆的客房经过细心的装修和简单的布置，令人有种回家的感觉。

🎧 地址：45 King William Rd.
📞 电话：+6108-82675903
💲 价格：95～170澳元

布里斯班 6

凯恩斯 7

墨尔本 8

塔斯马尼亚 9

阿德莱德 10

信息补给站 11

青年旅舍

Cannob St Backers

Cannob St Backers是一个适合背包游客居住的旅舍，这里的服务细致、周到，价格便宜。旅舍里有一个在当地比较有名的酒吧，为住在这里的客人提供优质的服务和各种美酒。旅舍为游客提供了当地的旅游信息，客房也收拾得干净、整洁。

🏠 地址：110 Frankin St.
☎ 电话：+6108-84101218
¥ 价格：19～22澳元

My Place

My Place 是当地一家不大的旅舍，距离附近的娱乐场所只有很短的步行距离。旅舍设立的公共场所包括：公共浴室、公共休息室、公共厨房等，为客人提供方便。旅馆为背包客提供多种住宿方式，简单的宿舍式客房满足了不同客人的需求。

🏠 地址：257 waymouth St.
☎ 电话：+6108-82215299
¥ 价格：24～57澳元

特色酒店

Quality Hotel Old Adelaide

Old Adelaide Hotel坐落于阿德莱德的城市中心，拥有方便的交通和众多购物场所。酒店的游泳池、浴室、健身中心、酒吧、咖啡厅等场所随时为客人提供服务。此外，旅游咨询台满足了游客的旅游咨询服务。酒店的客房配备了电视、冰箱、煮咖啡设施以及其他先进的设施，满足客人的需求。

🏠 地址：160 O'Connell Street, North Adelaide，北阿德莱德，5006。
¥ 价格：商务双人间193澳元，商务双床间195澳元，商务双人间215澳元，带SPA浴缸的双人间261澳元。

Adelaide Royal Coach

Adelaide Royal Coach 位于阿德莱德市郊，拥

有方便的交通。酒店设有餐厅、酒吧、室内恒温游泳池、温泉水浴场、桑拿和免费停车场等设施为游客提供服务，还可以观赏美丽的风景。酒店的客房经过简单的装修和细心的布置，令游客拥有一个舒适的住宿环境。

- 📍 **地址：** 24 Dequetteville Tce, Kent Town, 5067。
- 💰 **价格：** 标准大号床间163澳元，行政套房206澳元，标准双床间168澳元，家庭间173澳元，温泉套房217澳元。

小资情调初体验

阿德莱德的夜生活丰富多彩的程度绝对不输给澳大利亚的其他城市，只要放松心情，一定会体验一个充满乐趣的假期。每当夜幕降临，在璀璨霓虹灯的点缀下，人们在音乐充斥的空间里载歌载舞，伴着各种美酒度过一个美好的夜晚。

酒吧

Austral

Austral是一间极受欢迎的酒吧，酒吧内部经过简单的装修和细心的布置，采用纯木质的桌椅。人们围坐在长长的吧台边畅饮、娱乐，在现场音乐的旋律中沉醉。酒吧里各种美酒以及炸薯条、地中海炸羊扒，令来到这里的人们赞不绝口。

- 📍 **地址：** 205 Rundle St.
- 💰 **价格：** 15～26澳元
- 🕐 **营业时间：** 周一～周五14:00-24:00，周六、日15:00～22:00。

Royal Oak

这是一间具有澳大利亚乡土气息的怀旧酒吧，酒吧的装饰风格很特别，用汽车座椅和钢管做装饰。每当周末这里都有现场的音乐演出，以爵士乐为主，吸引了许多年轻人前来欣赏。酒吧内又有各式美酒，还

布里斯班 6

凯恩斯 7

墨尔本 8

塔斯马尼亚 9

阿德莱德 10

信息补给站 11

有霸王蟹面、牛肉火腿鸡胸卷等许多精品菜式。

- 🏠 地址：123 O' Connell St.
- 💲 人均消费：19～23澳元
- ⏰ 营业时间：周一～周五14:00～次日2:00，周六、日15:00～24:00。

Spats

Spats 是一个在当地比较受欢迎的酒吧，每天都吸引许多年轻人来这里娱乐。酒吧的装饰极具潮流，灯光闪耀，人们在音乐声中舞蹈。酒吧的热巧克力、咖啡、南澳大利亚葡萄酒最为有名，不妨来这里品尝一下。

- 🏠 地址：108 king William Rd.，Hyde Park。
- 💲 价格：9澳元
- ⏰ 营业时间：每天16:00～次日3:00

电影院

新星电影院

新星电影院是当地最主要的电影院，面积比较大，经过重新的装修和布置。影院一般上映澳大利亚独立制作的新片、文艺片以及外国最新的影片，有时也上映一些主流电影。

- 🏠 地址：251 Rundle St.
- 💲 价格：11～15澳元
- ⏰ 营业时间：每天18:00～22:00

月光电影院

月光电影院之所以叫这个名字，是因为这是一个只有在夏天开放的电影院。每当夏季来临在室外伴着月光播放一部部精彩的电影，许多人都会来这里消磨时间。只是因为是在室外，需要涂抹一些驱蚊剂，防止蚊虫叮咬。

- 🏠 地址：Adelaid Botanic Gardens，Hackney Rd.。
- 💲 价格：10～14澳元
- ⏰ 营业时间：12月中旬～2月中旬

购物狂想曲

　　阿德莱德可以说是购物狂人的必到之地，出售的商品不仅价格便宜，质量也是好得没话说。这里的最新时装和家居用品最受欢迎，绝对物超所值，而且极具异域情调，不妨购买一些带回国内。

购物街

伦德广场（Rundle Mall）

　　伦德广场是由咖啡厅、现代雕塑以及购物场所所组成的街道。这条街道上有750间包括百货公司、品牌服饰店、书店和超市等的购物场所，还有许多娱乐、游行等项目。在这里可以购买到想买的任何商品，可以说是应有尽有。

　　⌂地址：level 2，7 James Place，Adelaide SA 5000。
　　◔营业时间：全天

市场

中央市场（Central Market）

　　中央市场可以说是阿德莱德地区最大的市场，每天都有很大的交易量。市场内摊位不计其数，不仅可以买到葡萄酒、巧克力、水果干、腌渍水果、新鲜水果，还可以买到当地的手工艺品、护肤品以及装饰品等。市场内云集了世界各地的经典美食，味道极为诱人，令人难以抗拒。

　　⌂地址：44 -60 Gouger Street，Adelaide SA 5000。
　　◔营业时间：每天9:30～18:00

6 布里斯班

7 凯恩斯

8 墨尔本

9 塔斯马尼亚

10 阿德莱德

11 信息补给站

常用语对照表

机场篇

托运行李

英 文	中 文
How many luggage are you checking in?	有多少件托运行李？
Do you have a carry on?	有手提行李没？
Can you place your baggage up here?	请把行李放上来（传送带/小盒子）
Where can I get my baggage?	我在何处可取得行李？
I can't find my baggage.	我找不到我的行李。
Here is my claim tag.	这是我的行李票。
Could you please check it urgently?	是否可麻烦紧急查询？
How many pieces of baggage have you lost?	你总共遗失了几件行李？
Can you describe your baggage?	请描述你的行李。
It's a small travel bag. It's light brown.	它是一个茶色小旅行袋。
Please wait for a moment while we are investigating.	我们正在调查，请稍等一下。
We may have lost some baggage, So we'd like to make a lost baggage report.	我们可能遗失了几件行李，所以必须填份行李遗失报告。
Would you come with me to the office?	请和我到办公室。
Please deliver the baggage to my hotel as soon as you've located it.	一旦找到行李，请立即送到我停留的饭店。
How can you help me if you can't find my baggage today?	若是今天无法找到行李，你可如何帮助？

买车票时

英 文	中 文
Do you prefer window or aisle?	想靠窗还是靠走廊？
Can I have a seat close to the window?	我能选个靠窗座位吗？
Here are your tickets.	这是你的票。
The gate number is on the bottom of the ticket.	登记门号在票的底部。
They will start boarding 20 minutes before the departure time. You should report to gate C2 by then.	他们将在发车前20分钟开始登机。届时，你应跟随他们走C2号门。
Your luggage is overweight.	你的行李超重。
Hello, Could I get one ticket to London, please.	买张到伦敦的票。
Single or return?	单程还是往返？
64 Pounds, please.	请付64磅。（假设在英国）
Here's your ticket and change.	这是你的车票和找回的零钱。

乘飞机时

英　文	中　文
chicken/beef	鸡肉/牛肉
Excuse me, Could I have a cup of orange juice, please?	打扰了，可以给我一杯橙汁吗？
Could I get another blanket, please, I'm a little cold.	有点冷，我能多要一个毯子吗？
Would it be possible to change seats with someone?	可以找人换座位吗？
I'm sorry, I think you are in my seat.	打扰了，这是我的座位。

入关

英　文	中　文
Where did you fly from?/ Where have you come from?	你从哪个国家来？
May I have/see your passport, please?	我可以看看你的护照，好吗？
Here is my passport / Here it is.	这是我的护照。
What is the purpose of your visit?	您访问的目的是什么？
I'm visiting my relatives/ Sightseeing（Business）.	我来探亲/观光（公务）。
How long are you planning to stay?	你打算在这待多久。
Where will you be staying?	你会在哪里停留？
How much money do you have with you?	随身携带多少现金？
I have 800 dollars.	我有800美元。
Good. Have a nice day.	祝你玩得愉快。
Thank you.	谢谢。

购物篇

英　文	中　文
What can I do for you?/Can I help you find something?	我能为你做什么？
I'm just looking around.	我只是在看看。
Yes, Do you have this shirt in a smaller size?/Where are your blue jeans	有小一号的衬衣吗？
Can I try this shoe on in a seven?/Can I get this in a size six?	我可以试一下6/7号的这种鞋吗？
Where can I find...? / Do you sell... here?	你们有卖…吗？
Where are your fitting rooms?	请问试衣间在哪里？
Can I pay by credit card?	是否能刷卡？
It's on sale, right?	衣服是在打折吗？
Excuse me, Do you know where the post office is?	请问邮局在哪？

（续表）

英文	中文
Excuse me, I am looking for the post office, do you know how to get there?	打扰一下，我正在找邮局，你知道怎么到那吗？
This is a great area of the city for shopping.	这儿可是市区里购物的好地方。
What about things other than food?	除了食物还有什么？
Are there small shops near here as well?	这儿附近也有小商铺吗？
The grocery store is closed.	杂货店关门了。
Our schedules are so weird.	我们的作息时间有些离谱。
We are out of everything.	我们什么也没有了。
I mean give me a break.	我的意思是算了吧。
I'd like to buy this dress.	我想买这件衣服。
Will you be paying by cash, check , or credit card ?	您付现金、支票还是信用卡？
Yes, it seems to be working fine.	是的，这次好像有用了。

住宿篇

英　文	中　文
Hi, I have a reservation and I am checking in.	嗨，我预订了房间要办理入住。
What time do I have to check out tomorrow?	我明天什么时间可以办理退房。
Welcome to… . Do you have a reservation?	欢迎来到…。请问您有预订吗？
Could we get a table by the window?	想找个靠窗的桌子。
Can I get you a drink? / Would you like to order a drink now? / What would you like to drink.	喝点什么？
What kind of drinks do you have?	有什么喝的？
Water will be fine / Can I have a glass of water?	我想喝杯水。
How is everything?/Is everything ok?/Do you need anything else?	您还需要别的帮忙吗？
Can I have my check? / I would like my check please.	我需要结账。

外交机构信息

中国驻澳大利亚大使馆

地址: 15 Coronation Drive, Yarralumla, Canberra, Act 2600, Australia

电话: 62734780

传真: 62734878，62735189

网址: http://au.china-embassy.org
http://au.chineseembassy.org

邮箱: chinaemb_au@mfa.gov.cn

中国驻悉尼总领馆（澳大利亚）

地址: 39 Dunblane Street, Camperdown, NSW 2050, Australia

电话: 0061-2-85958002　0061-2-8595 8000 （录音电话）

传真: 0061-2-85958001

网址: http://sydney.china-consulate.org
http://sydney.chineseconsulate.org

邮箱: webmaster@sydney.chineseconsulate.org

中国驻墨尔本总领馆（澳大利亚）

🔈 地址：75-77 IRVING ROAD, TOORAK, MELBOURNE, VICTORIA 3142
☎ 电话：+613-98220604，98220605
📠 传真：+613-98220320
🌐 网址：http://www.chinaconsulatemel.org
http://melbourne.china-consulate.org
http://melbourne.chineseconsulate.org
@ 邮箱：ZHS@NETLINK.COM.AU

中国驻珀斯总领事馆（澳大利亚）

🔈 地址：45 Brown Steet, East Perth, W.A. 6004, Australia
☎ 电话：92220333, 92220305
领侨组（签证，侨务）：92220300, 92220321, 92220302
商务室：92220311, 92220310
📠 传真：92216144
@ 邮箱：chinaconsul_per_au@mfa.gov.cn
chinacon@iinet.net.au

澳大利亚驻华大使馆

🔈 地址：北京朝阳区东直门外大街21号(100600)
☎ 电话：010-65322331-182 / 250
📠 传真：010-6532558565320724
@ 邮箱：studyinaustralia.beijing@dfat.gov.au
sia.beijing@dfat.gov.au

澳大利亚驻上海总领事馆

🔈 地址：上海南京西路1168号中信泰富广场22楼(200041)
☎ 电话：021-52925500-210
📠 传真：021-52925267

澳大利亚驻广州总领事馆

🔈 地址：广州市环市东路339号广东国际大厦主楼15层(510098)
☎ 电话：020-83350909-213
📠 传真：020-83325280
@ 邮箱：studyinaustralia.guangzhou@dfat.gov.au
sia.guangzhou@dfat.gov.au

澳大利亚驻香港总领事馆澳大利亚教育中心

🔈 地址：香港湾仔港湾道25号海港中心17楼1708室
☎ 电话：00852-28275475
📠 传真：00852-28271765
@ 邮箱：student@studyinaustralia.org.hk

6 布里斯班
7 凯恩斯
8 墨尔本
9 塔斯马尼亚
10 阿德莱德
11 信息补给站

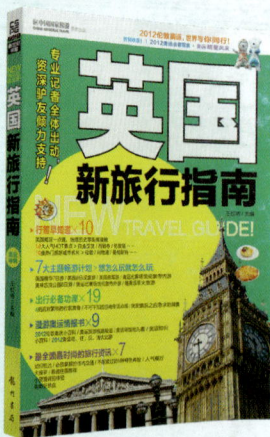